基于**教学评**

一体化理念的小学数学课堂教学问题诊断与对策

杨 灿◎著

吉林出版集团股份有限公司

全国百佳图书出版单位

图书在版编目（CIP）数据

基于教学评一体化理念的小学数学课堂教学问题诊断
与对策 / 杨灿著. -- 长春 : 吉林出版集团股份有限公
司, 2023.9

ISBN 978-7-5731-4250-4

Ⅰ. ①基… Ⅱ. ①杨… Ⅲ. ①小学数学课－课堂教学
－教学研究 Ⅳ. ①G623.502

中国国家版本馆CIP数据核字(2023)第172504号

基于教学评一体化理念的小学数学课堂教学问题诊断与对策
JIYU JIAO XUE PING YITI HUA LINIAN DE XIAOXUE SHUXUE KETANG JIAOXUE WENTI ZHENDUAN YU DUICE

著　　者	杨　灿	
责任编辑	孙　璐	
助理编辑	牛思尧	
开　　本	787 mm × 1092 mm　　1/16	
印　　张	13	
字　　数	300千字	
版　　次	2023年9月第1版	
印　　次	2023年9月第1次印刷	
出　　版	吉林出版集团股份有限公司	
发　　行	吉林音像出版社有限责任公司	
	（吉林省长春市南关区福祉大路5788号）	
电　　话	0431-81629679	
印　　刷	吉林省信诚印刷有限公司	

ISBN 978-7-5731-4250-4　　　定　　价　　48.00元

如发现印装质量问题，影响阅读，请与出版社联系调换。

前　言

新高中课改背景下，培养学生学科核心素养及综合能力的育人理念应得到充分的实践，但目前存在小学数学教学育人目标没落实、评价缺失、教学评不一致等状况，且不能为学生数学素养的发展提供适应的沃土。而用教—学评—体化的理念指导教学设计，可以促进小学数学课堂实现教、学、评的一体化，改善目前不乐观的现状，为提高课堂效率、数学学科核心素养有效落地探寻出一条可行途径。

本书首先阐述了当前小学数学教学的现状、教学模式、教学方法、教学目标，分析了小学数学课堂"教—学—评"不一致的表现、小学数学课堂"教—学—评"一体化构建的必要性以及"教学评"一体化的课堂教学构建策略。接着通过案例导入以及案例诊断分析的方法对小学数学课堂教学中存在的问题进行探究，从教材把握、教学设计、情境导课等几方面论述了小学数学课堂的教学改进策略。随后详细地介绍了数、方程式与应用题、图形、统计概论与综合实践等方面，论述了小学数学课堂的学习策略。最后阐述了小学数学教学评价的基本问题、理念与评价方法。

在写作本书的过程中，借鉴了一些前辈的研究成果，在此表示衷心的感谢。由于作者水平有限，加之写作时间仓促，书中难免存在不妥和疏漏之处，恳请广大读者批评指正。

目　录

第一章 小学数学教学概述

第一节 小学数学教学现状

一、数学课堂教学现状

随着时代的发展，数学在当今世界各国高科技的较量中起着举足轻重的作用，而在学校教育中，数学是小学教学的必修课之一，有着不可比拟的重要地位。课堂教学是一种目的性和意识性都很强的活动，是全面实施素质教育的主渠道。数学课堂教学又是学生学习数学知识和技能的主要方法，是提高数学教学质量的重要环节，也是师生成功合作的体现。自新一轮课程改革实验以来，小学数学教学经历了一次巨大的洗礼，学生变得爱提问、爱交流，创新思维的火花在课堂上不断闪现。但深入地看，当前小学数学课堂教学现状不容乐观。

第一，教师把握教材不精准。同一本小学数学教材，同样的教学过程，而不同班级的教师教出来的学生却存在差异，哪怕是一个教师教出来的学生同样也存在个体差异。这是因为教师在教学方式上存在差异，同样，学生的接受能力也存在差异，还有一部分原因是教师对于教材的把握不够精准，没有将小学数学的教材完全吃透，甚至随意地按照自己的意愿将教材进行改编，没能达到教学的目标。小学生毕竟还处在一个开始认知世界的过程，对很多事情无法进行有效判断，如此一来，甚至会误导小学生的思维，从而影响到小学生今后数学的学习。

第二，教学内容繁杂。目前，我国在数学方面的研究已居世界前沿，关于数学知识的学习我国也是当仁不让地排在世界首位。但是，随之而来的是小学生关于数学的学习内容一再增加，而且很多家长为了不让孩子输在起跑线上，为学生报名奥数班、数学辅导班等各种课后学习班。这导致学生面临着数学学习内容繁多，学生学业负担加重。就我国目前小学数学教育现状来看，数学学科的学习难度明显高于其他国家，课后作业量也明显高于其他国家。这一现状容易使学生掌握知识不牢固，对知识难以理解和掌握，容易使学生产生挫败感，导致学生对数学产生厌烦心理，从而不愿意学习数学，最终反馈到小学数学课堂上来，产生学生厌恶数学课堂或存在走神、睡觉等问题，导致课堂教学效率低下。

第三，数学教育理论大于实践。小学数学的教育教学，有时仍然过多看重学生对知识的掌握程度以及考试分数的高低，对学生在实际生活中的应用关注力度不大。这一现象一方面，容易导致学生只注重学习课本知识，但是对学习到的知识不能很好地进行应用，造成学生过度崇拜高分，但是对世事的应用意识不强，造成高分低能的现象；另一方面，容易导致学生丧失自我思考、自我创新的意识，没有严谨的钻研态度，也无法培养学生认真、严谨的数学思维，导致在小学数学课堂教学中，学习内容与实际生活脱节，无法做到应用与实践相结合。

第四，课堂教学模式陈旧。目前，由于小学数学的教学目标与任务较重，老师为了提高课堂效率，大部分时间在课堂上仍然较多地采用"老师讲，学生听"的方式来进行教学，但这种落后陈旧的课堂教学模式，一方面容易导致学生丧失自主思考的意识和意愿，只听老师的讲授，不对知识进行思考；另一方面容易导致课堂枯燥无味使学生学习数学成了被迫性的学习，无法调动学生自主学习数学的积极性。学生没有兴趣学习数学，也就不能培养学生对数学学科的兴趣和热爱，从而影响学生自己的潜能开发和个性发展。

第五，课堂情境设计流于形式。情境教学可以说是新课标教学中非常重要的一项教学形式，通过情境教学为学生营造良好的教学氛围，提高学生的思维活性与参与积极性。但是，现阶段的教师在引入情境教学的过程中，仍旧存在一定的认识误区，造成为了情境而设计情景的教学局面。在设计教学情境时，很多教师盲目地开展活动，制造一些和数学知识不相关的情境，尽管这样的教学能提高学生的学习兴趣，活跃课堂学习气氛，但是，并不能将教学情境和数学学习有机结合起来，导致了课堂资源的浪费，这样的教学也不能取得预期的教学效果。

第六，自主学习变成了放任自流。新课改要求培养学生自主学习的能力，但并不是要求教师在教学的过程中放任学生。但是，很多教师对自主学习的认识过于片面，认为自主学习就是学生自己的事情，教师只要组织了丰富的自主学习的形式，让学生自己进行探究学习就行了。实际上，教师在这一过程中，并没有给学生提出一定要求和必要的指导，自主学习活动也过于敷衍，目的性不强，学习目标不明确，这样的教学不仅不能达到自主学习的目的，有时候还浪费了课堂宝贵的时间，降低了课堂的教学效果。

针对以上数学课堂教学现状，结合多年教学经验，提出以下解决策略：

第一，优化课堂教学目标。教学目标对于整个课堂教学非常重要，可谓是教学效果的灵魂。它是教学的出发点，也是教学的最终目的。教师对于教材内容与知识点的把握是整个教学过程中重要的一环，假如教学目标不明确，教学效果势必会出现重复，效果将大打折扣。以小学数学人教版教材为例，五年级的课程中关于"分数的意义"一课，教师让学生拿出一张纸，将纸张对折两次，折成原纸张的 1/4 大小，或是用铅笔画出 1/4 的线段，通过设置这些教学情境，让学生对分数有一个清晰的认识。这种教学方式看似效果好，其实是教师对教材的编排意义理解得不透彻。其实，在三年级的课程学习中，学生已对分数有了直观的认识，还学会了同分母的情况下分数的加减法运算。所以，在五年级的课程中这样的教学是重复的，耽误了教学时间。

第二，精简教学内容。为了加强我国数学教育事业的发展，改善小学数学课堂效果，一方面，我国教育部门要对小学数学的课本内容进行改进，精简教学内容，做到夯实数学基础知识，而不要只图难图快。这样做既可以使学生减少学习负担，容易让学生建立自信心，减轻对数学的厌烦心理，从而增进学生学习数学的兴趣；也可以给予学生足够的自主时间来对自己感兴趣的方面进行研究，加强数学知识对学生的吸引力，激发学生学习数学知识的好奇心，提供学生自主学习的动力；另一方面，要加大对校外辅导班的查处力度，提高办学标准，避免学生和家长舍本逐末，因校外的学习辅导而影响校内课堂学习质量。通过精简教学内容，减轻学生负担两方面促进我国数学学科的发展。

第三，学以致用。数学除了具有高度的抽象性，严密的逻辑性的特点以外，还有应用广泛的特点，在我们的生活中数学无处不在，以往我们的数学教学忽略了这一点。因此，在数学教学中，我们就应该尽量使问题更实际，更贴近生活，让学生从自己的身边找出答案。在教学过程中，时刻注意把数学与生活紧密地结合起来，让数学在孩子的眼里，变成看得到、摸得着、用得上的学科，从而使学生从枯燥的公式和抽象的符号中解脱出来。

第四，构建媒体型学习模式。使用多媒体与数学教学相结合，对教师来讲，就是在一定的时间内要完成比原先更多的教学任务和目的。利用信息资源，可以节省教师的备课时间；运用多媒体课件可以加大课堂教学的信息量等。对学生来讲，就是在一定的时间内要学到比原先更多的东西。利用网络资源，学生可以在很短的时间内获取大量的教学信息，提高学习效率；多媒体教学可以使学生多种感官并用，加快了知识的理解和记忆。随着教育教学手段的现代化，在一些难点问题的突破上起到了事半功倍的作用。课堂教学实践证明，多媒体辅助教学是一种高层次、高效率的现代教育手段，把它运用到数学教学中，不仅能有效地提高学生数学素养、数学计算能力和拓展数学思维方法等智力素质，同时像情感因素、心理素质、精神品格等智力因素也得到相应的发展，使学生的整体素质得以全面的发展和提高。

第五，创设情境。小学阶段学生的自律能力不强，他们往往需要家长和教师的正确指引才能及时完成课程的预习和复习等工作。在指导过程中，家长和教师应根据他们的实际情况，教师可充分利用课堂时间，在课堂上巧用情境教学的方法，在由教师和学生一同创设的虚拟环境中提高学生探究知识的兴趣，借助数学教材之外的实物、图形、表格或符号表达出来的教学观念进行操作的活动。如在教学一年级数学下册"用3根小棒可以摆出1个三角形，摆两个这样的三角形最少要用几根小棒？摆3个呢？用10根小棒最多能摆出几个正方形？"等这些问题时，在数学教师的带领下，学生不仅学懂了这一数学知识，还能够更加深刻地记住这个问题，获得更高一级的学习体验。

第六，合作学习。合作学习可以将学生联系在一起，每个小组在完成任务的同时，小组成员之间也要相互探讨，彼此分析。在这种环境下，学生的创新思维与独立思考问题的能力很大程度上都能得到锻炼，团队合作意识也会得到有效发展。合作学习的有效开展还能促使学生参与到活动中来，有利于培养他们的自主学习意识，提高学习成绩。

二、课堂教学中教－学－评不一致的原因剖析

（一）教师的目标意识薄弱

教师的教学目标是本节课的核心，只有教学目标制定好了，课堂围绕着教学目标在执行，才能最终达到将教学目标转化为学生学习结果的目的。具有清晰的目标意识的教师能够参照课标、教参，以及学生的学习情况制定可操作、可测量的教学目标，以目标为导向，选择有助于实现目标的教学材料、教学内容，制定检测教学目标的课堂评价任务，设计教学活动，确定教学方案，组织教学活动，开展评价，将教师的教学目标转化为学生最终的学习结果。

（二）教师的评价素养不够

课堂评价要促进学生的学习，其执行者是教师。教师具有评价意识的表现，不仅能够在课堂上对学生的行为表现、行为态度、学习表现、回答问题的情况给予适当的评价，还能够根据教学目标，相应的评价任务、方式对学生的学习进行评价，促进学生的学习态度，以此达成教学目标。

教师评价素养的缺失主要体现在以下几个方面。

①体现在教师的教学设计中缺乏专门的评价任务设计，部分教师会根据教学目标专门设计评价任务，但是还有一部分教师未根据目标而设计与之相对应的教学目标。

②体现在无评价反馈和评价内容的单一。

③体现在课堂教学中评价的随意化，不指向教学目标。

（三）教学活动不足以实现教学目标

教学活动的开展不足以实现教学目标，体现在教师开展的教学活动并不是为了完成教学目标这个目的，只有70%左右的教师意识到课堂教学活动的开展是为了完成教学目标，有30%的教师还未意识到，这就最终导致教师的课堂教学的不一致。

教学活动开展不足以实现教学目标，也表现在教师的课堂以教师的教为中心，忽视学生学的存在。现代学生观认为，学生是独特的、发展中的，是独立意义的人，要求在教学过程中要以学生为中心，发挥学生的主观能动性和积极性，但是现实中的教学活动的存在是教师的教学活动只注重教师自己的教，忽视学生的学习，课堂上缺少与学生的互动交流。

（四）教师教学设计不充分

教—学—评一体化课堂教学的实现，要以教师细致的教学设计为基础。教—学—评一体化的课堂教学所要求的教学设计是教学目标要具体合理可测、可评、可量，教师能够根据教学目标选择评价任务，以目标和评价为依据设计相对应的教学活动，也就是评价和目标保持一致性，教学活动过程也和目标保持一致性，最终实现一致性的教学设计。

总的来说，教师的教学设计未达到能够实现教—学—评一体化的课堂教学设计，对于教学设计得不够细致，不够充分，不够深入，教学设计中的不一致性的现象，也是导致教师最终课堂上教学目标、学习结果、评价的不一致性出现的原因之一。

第二节　小学数学课堂教学模式

一、数学课堂教学模式的认识

（一）数学课堂教学模式的特点

首先，数学课堂教学模式是联结教学理论与教学实践的桥梁。教学模式是在教学活动中形成的相对稳定的教学格局和框架，是教学理论与教学实践的"中介"。其次，数学课堂教学模式可以从总体上认识和控制教学过程，为数学教学改革提供理论指导和质量保证。现代的数学教学应该把教学的着力点放在数学课堂教学模式上，学会运用模式来控制教学过程。通过对教学模式的选择与调整，教学活动更加符合教学实际的需求，教学的各环节、各方面的配合更合理、更协调。因而，数学课堂教学模式具有中介性、整体性、针对性、可操作性和相对稳定性。

（二）与教学过程、教学方法的关系

数学课堂教学模式不是数学教学过程，而是教学过程的模式。从辩证法观点看：模式中有过程，过程中有模式，具有一定特点的较稳固的教学过程，经过多次实践可能形成模式。也就是说，教学模式总有相对应的教学过程；反之，一个教学过程可以包含一种或多种教学模式。数学课堂教学模式实际上就是数学教学过程的"模型"，而数学教学过程就是数学课堂教学模式的一个原型。教学模式是教学过程的本质、概括和抽象，是运用不同思想，从不同角度、不同侧面认识和探讨教学过程的结果。因此，相对于教学过程，教学模式是概括的、理性的，具有主观倾向的；而相对于教学模式，教学过程可以更直接反映教学实际，是教学模式的基础和依据。

数学课堂教学模式不是教学方法，只是"与一定的教学方法的策略体系相关"，教学方法的策略体系就是综合运用各种单一教学方法的整体。在数学教学模式中，各教学阶段都要采用一定的教学方法，将各阶段教学方法有机地衔接起来，构成一个稳固的、能解决一定教学课题的教学方法策略体系。因此，在运用教学模式时，总要涉及一种或多种教学方法。在具体每节课、章节的教学过程中，可以是多个教学模式的综合运用而表现为一种或多种教学方法。

二、数学课堂教学的基本模式

数学课堂教学模式因不同的侧重、不同的针对性可以有很多种，其中大多数教学模式都是由基本的教学模式复合而成的。掌握了基本教学模式，加上各种不同的针对性因素，就可以产生具有各自特征的数学课堂教学模式，这些数学课堂教学模式相互关联构成数学课堂教学模式的体系。数学课堂教学的基本模式有两种：启发式教学模式和教师讲授模式。

（一）启发式教学模式

启发式教学模式是教学基本原则——启发性原则的具体体现。它作用于各个具体教学过程之中，也就是说，哪里有教学，哪里就有启发式模式的运用。启发式教学模式是经过各国、各个时代的数学教育实践证明的基本教学模式。简要地说，启发式教学模式就是教师不直接地把现成的知识传授给学生，而是引导学生自己独立地去发现相应的结果的教学模式。启发式教学模式也充分体现了发展性原则，它是学生在数学教学过程中发挥主动性、创造性的基本模式之一。具体操作程序：教师提出某一个学习问题，引导学生解决它，并从中获取解决问题的经验（知识与思想方法）；然后教师再提出一些与前述问题有关的问题，进一步引导，逐步解决，从而形成整体经验。

启发式教学模式的实施：启发式教学模式实施的根本要求是要组织好学生，也就是要充分调动学生参与启发活动的积极性，通过预先评价的方法将学生从事发现时所需要的知识在其脑子里组织起来，学生按引导的方向进行脑力活动和思维操作。而启发式教学模式在具体的实施过程中有不同的启发方式，主要有以下几种：

1. 归纳启发式

归纳启发式是以归纳过程为支配地位的一种启发方式，其显著特点是从具体到概括或者是从特殊到一般。在归纳启发作用下，学习者运用直观法（和一些逻辑方法）把所观察到的一些具体事例、有关条件、技巧或者解题方法的共同性质加以概括，形成新知识。归纳启发式是一种应用比较广泛的方法，如概念、原理、公式、法则都可以通过若干个具体例子来启发发现，在运用归纳启发式教学时，教师应当确实让学生得到所有必要的具体情况，使他们能有所发现并进行恰当的概括，应当给每个概括提供多个不同的例子，使这种概括得到充分说明。并且，为了避免不恰当的概括，还应有反面的例子。

2. 演绎启发式

演绎启发式是以演绎过程为支配地位的一种启发方式。其特点是从概括到具体或者是从一般到特殊。在演绎启发式的作用下，学习者运用逻辑方法（和一些直观方法）构成一个以抽象概念和其他概括为基础的概括。演绎启发式首先指明欲解决或必须解决的问题，使学生产生自己的问题空间；其次运用预先评价方法确定学生是否具备进行演绎启发所必要的技能、知识、概念及原理，这可以通过全班讨论等方式进行；最后着手引导演绎，演绎启发式比较适合于从定义、公理和其他定理推导出新定理或组织新定理的证明，对学生要求也比较高，因为演绎需要运用数学逻辑和抽象概括。演绎启发比归纳启发需要更多的时间，更易于陷入困境，这时教师应给予适当提示（引导性问题或其他暗示）。

3. 类比启发式

类比启发式是借助类比思维进行启发的一种方式。其特点是学生的认识活动是以确定各种对象或者现象之间在某些特征或关系上的相似为基础的。它既不是从概括到具体，也不是从具体到概括，而是从相似的一方到另一方，是从具体到具体，从特殊到特殊。类比启发式是一种很重要的启发方式，它要求教师首先要给学生引导出所要研究的数学对象的类比物（依据某类相似性），进而设置问题情境，激发并组织学生运用类比进行探索活动，引导他们寻找相似的现象、属性和性质，查明结构的相似性，进而进入类比推理，建立假设，并加以检验。

4. 实验启发式

数学虽非实验科学，但观察和实验同样既可以用来说明所研究的对象的某一数学性质或者对象本身，也可以用来判断所研究的性质是否正确，从这个意义上说，观察和实验对于数学教学具有重要的意义。1986 年国际数学教育委员会也提出"有必要去选择那些鼓励和促进实验方法的数学课题或领域"。的确，有些课题从实验入手引导学生发现结论是很有效的。学生可以通过数学实验研究问题，并且通过实验操作来具象化相对抽象的数学概念，让学生经历数学发现的过程。

在运用实验启发式教学时，教师需做三项特殊活动：第一，布置或准备实验材料，若是学生自己动手的实验，应事先安排好学生按要求制作实验材料。第二，制订上课期间组织和使用的计划以及监督学生实验活动的计划。第三，教给他们如何有效地操作。如有必要，可提供给学生如下活动程序：确定问题，决定准备做什么；思考解决问题的方法；通过实验，找出典型关系并进行概括；陈述你的收获；分析和评价你的方法和过程。

不论采取何种启发方式，教师应当引导与协同学生把启发所得到的结果组织成一个可理解的、有用的结论，并通过应用把它与有关信息结合起来，纳入学生的原认知结构中，而且应使学生体会到获得成功的喜悦感。

启发式教学模式在教学实践中常常表现为启发式谈话的教学方法。启发式教学模式可以影响学生对待学习活动的态度。当学生因启发而产生"兴趣"时，他们就会开始把那种按"现成的指示"一步一步地工作看成乏味和枯燥的事情。在课堂上或在做家庭作业时，学生一旦独立"发现"题目的某种解法，就会难以忘怀。

当然，我们在运用启发式教学模式时，可能所需的教学时间较长，所以不可能在每节课上完全采用这一模式，而是结合教师讲授或其他复合模式来实现教学任务的。

（二）教师讲授模式

教师讲授模式也被称为"讲解—传授"模式或"讲解—接受"模式。教师讲授模式是数学教学的基本模式，是一种以教师系统讲授为主的课堂教学模式。其主要理论依据是奥苏伯尔的有意义言语学习和皮亚杰的智力发展阶段论。其教学目的是通过数学教学，学生形成良好的数学认知结构。

它的主要实施程序为：导入新课；讲授新课；巩固新课和布置作业。在教学的各阶段可根据实际情况采用不同的教学方法和教学技术。讲授新课可穿插提问、谈话、演示等方法，巩固新课可采取课堂总结、提问、课堂练习等方法。讲授式虽然对培养学生智力及动手能力的作用较弱，但如运用得法，也可使其不足得到一定的补偿。如讲得含蓄可以启发学生开动脑筋；讲得生动有趣，可以引发学生学习兴趣以及想象力；讲得重点突出，可以使学生形成正确的概念，发展逻辑思维，提高数学能力。

数学思想方法教学模式、启发式教学模式和教师讲授模式这三种基本模式的交叉、复合就可以得到其他的教学模式，而构成的教学模式体系作用于数学教学的最优化过程中，就可实现数学的教育目标。

数学课堂教学模式很多，而且每种模式都可以有几种变式。由于每个具体数学教学活动方式，在数学教学目标、教材性质和学习者的水平等方面都存在着诸多变量。所以，每个数学课堂教学模式只能对相应的教学过程做大概的描述。在不同地区、不同学校乃至不同年级、不同班级的数学教学中，一成不变地使用某一数学教学模式，是没有道理的。数学课堂教学模式为适应时代发展、教育发展和改革的需要将不停地演化。

第三节　小学数学课堂教学方法

一、教学方法概念

教学方法是指在教学过程中，教师的工作方法和相应的学生学习方法，以及二者之间的有机联系。教的方法，包括讲解、启发、指导和检查学生认识活动的手段、方式和方法。学的方法包括获得知识、技能和自我检查发现的手段、方式和方法。教学方法也是教学论的方式和手段的完整体系。教师通过教学方法，实现在教学的某一阶段对学生进行知识传授、技能训练、能力培养和思想教育的目的，把教与学融为一体。

二、教学方法分类

在教学方法中，既有教师教的方法（讲解、演示、指导等），也有学生学的方法（听讲、观察、阅读、讨论、练习等）。既有教师的启发，又有学生的探索。教学方法大体可分为五个系列、三个层次。

（一）五个系列

第一，传递接受型。主要通过教师的系统讲授使学生掌握知识，如讲解法。

第二，自学辅导型。把原来由教师讲解的部分内容，改由学生在教师指导下自学，如阅读法、自学法、辅导法等。

第三，引导发现型。向学生提供研究的材料，引导学生探索，发现应得出的结论，如引导教学法、问题探索法、引导发现法、迁移教学法等。

第四，情境陶冶型。教学环境的情感渲染，利用人的可暗示性，调动学生大脑中无意识领域的潜能，使学生在精神愉快的气氛中进行学习。如游戏法、情境教学法、愉快教学法、暗示教学法等。

第五，示范模仿型。通过教师或课本示范，让学生进行模仿练习，从而培养学生的技能、技巧和能力。如范例教学法、尝试教学法等。

（二）三个层次

第一层次，基本的教学方法。主要有讲解法、谈话法、练习法、演示法、实验法等，它们是教法体系的基础。小学数学教学可以凭着几种基本的教学方法，创造出许多具有特色的教法。

第二层次，综合性教学方法。这些教学方法实际上都是几种基本教学方法的组合。比如，引导发现法是谈话法、实验法、演示法、讨论法的结合；自学辅导法是阅读法、练习法、讲解法、讨论法的结合。

第三层次，创造性教学方法。在学习和模仿各种综合性教学方法的同时，不断总结，有所创新，创造出具有自己个性特色的教学方法。

1. 基本的教学方法

小学数学基本的教学方法主要有讲授法、谈话法、练习法、演示法、实验法、阅读法、参观法、讨论法、实习法、复习法十种。从学生获得知识的独立程度看，基本教学方法可以分为以下三类：

第一类，教师要进行较多的组织，学生的活动较少，如讲解法、演示法、复习法。第二类，教师进行必要的组织，学生的活动较多，如谈话法、讨论法、参观法、练习法。第三类，以学生的独立活动为主，如阅读法、实验法、实习法。三类教法学生活动的独立性一个比一个高。

（1）讲授法

讲授法就是教师主要用语言对新教材作全面、系统、重点深入的分析讲解，学生集中注意倾听教师讲述，认真思考教师提出的各个问题，且适当记些笔记的方法。由于这种方法主要是由教师作系统连贯的讲述，因而使用时应注意学生是否已具备较好的理解能力与保持长时间集中注意力，多半在高年级使用为好。较多的用于传授新知识。例如，概念的引入、命题的得出、知识的总结等。

这种教学方法优点在于：能保证教师传授知识的系统性、主动性与连贯性，易于控制课堂教学，充分利用时间。但它明显的缺点是：学生处于被动状态，不利于培养学生自学习惯和独立思考能力，搞不好会变成注入式满堂灌。

（2）谈话法

就是教师不直接讲解教材，而是通过和学生谈话，提出问题，引导学生在已有的知识基础上积极思维获得系统牢固的新知识。

此法对小学生最适宜。因为他们年龄小，自主学习能力较差，有必要在教师的启发下，通过师生共同谈话来引导他们思考。从教学内容角度看，综合课和新知识课的引入部分最适宜用这种方法。因为这些课，对有关的基础知识已为学生所了解，有条件在教师的启发下，学生去探讨知识的发展和得出新的结论。

此法使用得好，对学生动脑动口的积极思维有促进作用，且能培养学生组织表达能力。此法对教师应变能力要求较高。因为使用时不易控制时间，教材处理不好，易使课堂陷于松散的氛围。

（3）练习法

练习法即指导作业法，就是在教师指导下，通过独立作业使学生掌握基本知识，形成基本技能的教学方法。这种方法常用于解答习题。在做练习之前，教师首先引导学生回忆有关知识，使学生明确做练习时所涉及的知识范围。其次由教师有计划、有系统地安排习题。一般的口头练习，都是教师提问，学生回答，内容涉及数学概念、原理、方法等简要问题，特别是易混易错之处；书面练习的练习题要针对教材重点、难点及学生的弱点有计划的选编。在一组习题练习之后，教师要启发学生总结某一类型的思想方法，或出现典型错误的基本原因。

练习法要使学生明确练习的目的语与要求，有相应的理论知识作指导，使学生掌握正确的练习方法，了解练习的正确结果，注意培养学生自我检查、纠正的习惯和能力，注意练习的逻辑性、系统性，由易到难，由基本范式到变式，循序渐进，逐步提高。练习的形式要多样，分量要适当，练习中要注意一般要求与个别指导恰当结合。

练习法使用得当，对学生创造性思维的培养，对巩固知识，形成正确、熟练的技能技巧都有好处。但搞不好易造成一些学生掉队，会降低全班学生学习数学的合格率。

（4）讨论法

讨论法是在教师指导下，由全班或小组围绕某一种中心问题通过发表各自意见和看法，共同研讨，相互启发，集思广益地进行学习的一种方法。

基本要求：讨论前师生都要做好充分准备；讨论问题明确具体，深浅适当，鼓励学生大胆发言，表达自己的观点；每个讨论问题结束时做小结。

讨论法有利于培养学生的多种能力，如语言表达能力，独立思考能力，创新能力。但课堂组织教学不易控制，耗时。

（5）演示法

教师通过演示教具或实物来说明或印证所教的知识，这种教学方法叫演示法。演示法不仅向学生提供了鲜明的感性材料，有助于理解抽象的数学知识，而且有助于发展学生的观察力和思维能力。

数学概念比较抽象，有时单靠教师讲解很难使学生掌握，必须借助实物和教具的演示。它是直观教学原则的具体体现，因此，在小学数学教学中，应当十分重视应用演示法。

（6）实验法

让学生在教师的指导下通过实验，掌握数学概念或规律，这种教学方法叫做实验法。运用实验法要明确实验的目的和实验的步骤。

由于实验法既能培养学生的动手操作能力，又能发展学生的智力和探索精神，近年来，得到了教育界的普遍重视。

2. 综合性教学方法

（1）发现教学法

发现法又称问题教学法，是美国著名心理学家布鲁纳提出和倡导的。它是从青少年好奇、好问、好动的心理特点出发，在教师引导下，围绕一定的问题，依据教师和教材所提供的材料，让学生自己运用观察、类比、分析、归纳、演绎、抽象、概括等心理过程去发现回答与解决问题的方法。运用发现教学法的一般步骤如下：

第一，设计发现情境，激发探究兴趣。教师运用提问、演示或实验、阅读教材等方式，使学生思维集中于某个问题，诱发出矛盾，引导学生思考。第二，寻求解决问题的途径。这是学生独立思考阶段。其通过依据问题，阅读课本，进行实验，尝试分析，运用联想、类比等方法进行探究，提出解决问题的设想。第三，交流总结。在独立探究的基础上，围绕关键问题进行讨论，相互启迪、拓展思路，确定并论证结论。然后由教师或学生总结，使结论充实完善。第四，巩固应用。将得出的科学结论，归结为定律或法则等，用于解决实际问题，进一步巩固获得的知识，发展数学能力。

国外采用的发现教学法完全让学生自己去发现知识，需要花费较多的时间，也不易获得完整系统的结果。我国主张采用有引导的发现教学法，以发挥教师主导作用和课本的作用，在提出假设方面给学生适当的帮助。并且称为"引导发现法"。运用"引导发现法"要注意以下几点：

第一，发挥教师的主导作用。要不断启发，一步一步引导学生去发现。并且通过小结，帮助学生掌握系统的知识。

第二，发挥课本的作用。有计划地引导学生利用课本，逐步"发现"结论。

第三，概念性较强、学生缺少旧知识作基础的内容，不宜运用引导发现法。

第四，教学时要让大家有充分的时间思考。不能只满足于优秀生"发现"，要面向一般学生，帮助他们去"发现"。

第五，教学中要鼓励学生提出问题。

（2）自学辅导教学法

自学辅导法是近年来我国数学教学改革实验中最广泛的一种教学方法。通过多年来各地大量的实验证明，这种方法对于中、差成绩的学生的效果较为显著。一般来说，这种教学法的教学结构是引或启、议论或讨论、重点讲、自练自查，内容小结。其中谈是基础，练是关键。教师起着辅导、启发、点拨的作用。其主导作用得到充分体现。它的教学过程分为五个步骤：

①提出课题。教师可以直接导入新课，也可以复习有关知识后提出课题，后一种方法更加适合小学生的学习特点。对高年级学生提出课题的同时，还应提供自学提纲，使其带着问题自学，围绕课题的中心问题边读边想，求得问题的解决。

②学生自学。这一步主要让学生独立阅读课本，与此同时教师进行必要的指导。教师要从实际出发，根据不同年级、不同认知水平和教材难易选用相应的方式指导自学，考题指导要提纲挈领、简明扼要。

③答疑解难。针对学生在自学中出现的问题，教师有针对性地进行解答，也可以启发学生进行讨论互相解答。为进一步提高学生自学能力，在答疑之后，还要再让学生阅读课本以巩固所学的内容。

④整理和小结。由教师出题对学生学习效果进行检查，如发现有理解方面的问题要及时补救，还要对所学的内容进行归纳小结。小结时尽量让学生运用准确的数学语言进行概括，得出结论，逐步培养学生运用数学语言进行表达的能力。

⑤巩固和应用。根据教学内容布置课堂独立作业，目的是使学生进一步理解和巩固知识，初步形成技能。

（3）程序教学法

程序教学法立足于"学习环境控制"的教学体系。其基本思想在于管理学生掌握知识、技能与技巧的过程，提高学生在教学活动中的主动性和独立性。

当前有人把程序教学看成借助于有序地选择教学信息，改善学生学习活动与有效地控制学习过程。而教学系统主要是教师、学生和知识，整个教学过程是一种教育信息的传递过程，在给定教学条件下，依靠教学反馈的作用。实现最优调控，取得良好教学效果。

程序教学法的一般教学过程是，把教材内容分成若干个小段，其中每小段要包含最低限度的必须理解的新知识。上课时学生人手一套程序教材，以自学为主，学生按编写的程序边阅读教材，边做习题，边对照答案，由浅入深、循序渐进。遇到困难时，由教师辅导，及时扫除自学障碍。

第四节　小学数学课堂教学目标

一、数学课程总目标

《义务教育数学课程标准》（以下简称《标准》）指出："通过义务教育阶段的数学学习，学生能：①获得适应社会生活和进一步发展所必需的数学的基础知识、基本技能、基本思想、基本活动经验。②体会数学知识之间、数学与其他学科之间、数学与生活之间的联系，运用数学的思维方式进行思考，增强发现和提出问题的能力、分析和解决问题的能力。③了解数学的价值，提高学习数学的兴趣，增强学好数学的信心，养成良好的学习习惯，具有初步的创新意识和科学态度。"

上述三点就是数学课程总目标，简要地说就是：获得"四基"、增强"四能"和培养科学态度。

（一）获得"四基"

1. "双基"概述

"双基"即要求学生基础知识扎实，基本技能熟练，这是我国传统数学教学的优势，其历史贡献是巨大的。但是，过去提到的"双基"是指：经过此阶段的学习，学生为适应今后进一步学习或工作所具备的最初步、最基本的数学知识和技能，包括数学的基本概念、定理、公式、法则、方法，以及基本运算、推理、作图等技能。现在看来，某些内容需要删减或降低要求，某些内容则需要加强或增加要求。比如，复杂得多步骤的计算已删减，笔算的复杂性与熟练程度降低了要求；而对于估算、数感、符号意识、收集和处理数据、概率初步、统计初步等，有所加强或增加。这样做，既符合我国当前经济与社会发展的要求，又符合应对未来发展的需要，体现了数学"双基"内容的与时俱进。

2. 仅仅关注"双基"的教育必须发展

因为"双基"只涉及三维目标中的一个目标——"知识与技能"。另外，从培养创新型人才的角度看，"双基"尽管是培养创新型人才的一个重要基础，但创新型人才不能仅靠熟练掌握已有的知识和技能来培养，思维训练和活动经验的积累等也十分重要，因而，必须将我国传统教育的强调"双基"，发展为获得"四基"。

3. 获得数学的基本思想

学生获得数学的基本思想是数学课程的重要目标。数学课程应该使学生获得许多数学知识，但数学知识中最重要的还是数学思想。数学思想是数学产生以及数学发展的根本，是学习过数学的人所具有的思维特征，是探索研究数学所依赖的基础，也是数学教学的精髓。数学思想的内涵十分丰富，有人把"数学思想"说成是"将具体的数学知识都忘掉后剩下的东西"。

《标准》中所说的"数学基本思想"是指：数学抽象的思想、数学推理的思想、数学建模的思想。"通过抽象，人们把外部世界与数学有关的东西抽象到数学内部，形成数学研究的对象，其思维特征是抽象能力强；通过推理，人们得到数学的命题和计算方法，促进数学内部的发展，其思维特征是逻辑能力强；通过模型，人们创造出具有表现力的数学语言，构建了数学与外部世界的桥梁，其思维特征是应用能力强。"

数学的基本思想，是"大"的思想，是指在数学发展历程中起关键作用的思想、数学发展所依赖的核心思想，是希望学生领会之后能够终身受益的那种思想。

由数学的基本思想派生出来的思想有很多，相比之下，这些派生出来的思想是"小"的思想。例如，由数学抽象的思想派生出来的有：分类的思想；集合的思想；数形结合的思想；守恒的思想；符号表示的思想；对称的思想；对应的思想；有限与无限的思想等。由数学推理的思想派生出来的有：归纳的思想；演绎的思想；公理化的思想；转换化归的思想；联想类比的思想；逐步逼近的思想；代换的思想；特殊与一般的思想等。由数学建模的思想派生出来的有：简化的思想；量化的思想；函数的思想；优化的思想；随机的思想；抽样统计的思想等。

另外，数学思想与数学方法是有区别的。数学方法是指用数学思想解决具体问题时所形成的程序化操作。数学方法也有"大"与"小"之分，"大"的方法有：演绎推理的方法；合情推理的方法；变量替换的方法；等价变形的方法；分类讨论的方法等。"小"的方法有：分析法；综合法；穷举法；反证法；构造法；待定系数法；数学归纳法；递推法；消元法；降幂法；换元法；配方法；列表法；图象法等。数学思想常常通过数学方法去体现，数学方法又常常反映了某种数学思想。数学思想是数学教学的核心和精髓，教师在讲授数学方法时应该尽力反映和体现数学思想，使学生了解、体会并掌握数学思想。

4. 获得数学的基本活动经验

学生获得数学的基本活动经验，也是数学课程的重要目标。数学的基本活动经验是指：学生亲身参与数学活动所获得的直接感受、经历和体验。数学的基本活动经验分为四种：直接的活动经验、间接的活动经验、设计的活动经验和思考的活动经验。直接的活动经验是与学生日常生活直接联系的数学活动中所获得的经验，如购买物品、校园设计等；而间接的活动经验是学生在教师创设的情境（景）、构建的模型中所获得的经验，如，单价 × 数量 = 总价、速度 × 时间 = 路程等。设计的活动经验是学生从教师特意设计的数学活动中所获得的经验，如随机摸球、地面拼图等。思考的活动经验是通过分析、归纳等思考获得的经验，如预测结果、探究成因等。

学生获得数学的基本活动经验其价值有以下几方面：一是可以培养学生的数学直观能力（数学知识的形成起步阶段依赖的都是直观）；二是可以使学生获得学习方法和提高能力；三是有助于全面提高学生的思维水平；四是有助于学生情感态度价值观的提升。

《标准》专门设计了"综合与实践"数学课程领域，强调以问题为载体，让学生在解决问题的实践中获得数学的基本活动经验。

教师在教学中要调动学生学习数学的积极性，使学生经过独立思考、自主探究、合作交流等过程，积累数学的基本活动经验。

5. "四基"是一个有机的整体

对"四基"分别有了深刻的理解之后，还需要注意一点，那就是"四基"之间是互相联系的、互相促进的，即"四基"是一个有机的整体。基础知识和基本技能是数学教学的主要内容，需要花费较多的课堂时间；数学思想则是数学教学的精髓，是统领数学课堂的主线；数学活动是重要的教学形式，是不可或缺的。

《标准》在"四基"前用了"获得适应社会生活和进一步发展所必需的"这样一个限制性定语，其意图是避免了在"四基"的名义下无限制地扩大教学内容，同时也强调了学生获得数学"四基"的现实意义和长远意义。其现实意义是学生适应社会生活所必需的；其长远意义是学生进一步发展所必需的。

（二）增强"四能"

1. 在普遍联系中学习数学

《标准》指出，通过义务教育阶段的数学学习，学生能体会三个方面的联系：数学知识之间的联系；数学与其他学科之间的联系；数学与生活之间的联系。通过一段时间的数学学习，学生获得了一些数学知识，教师应该引导学生把这些知识连接成线，再把这些线连接成网，在学生的头脑中形成网状的知识体系。通过这样的教学活动，不仅有利于学生全面认识和准确理解所获得的数学知识，而且有利于学生养成良好的数学学习习惯，掌握一些数学学习的方法，逐渐提高学生对数学的整体认识和宏观把握。此外，数学学科与其他学科有着广泛的联系。许多数学知识来源于其他学科，而且应用于其他学科。教师在教学中，应该经常提及其他学科中的数学背景和应用。至于数学与生活之间的联系，其意图是缩小数学与学生生活之间的距离，不要让学生误认为数学是数学家用符号编造出来的，误认为数学仅仅是为了解题和应付考试。为了让学生充分体会这三个方面的联系，在小学阶段（尤其在第一学段）的数学教学，可以较多地创设学生生活中的情境（景），加强课程内容与学生生活经验的联系。

2. 运用数学的思维方式进行思考

在学生数学学习的过程中，一个重要的特征是学会数学的思考。数学的思考是指运用数学的思维方式进行的思考，也称为数学方式的理性思维。它包括形象思维、逻辑思维和辩证思维，包括演绎推理和合情推理。

小学阶段数学教学的整个过程中，都应该注意培养学生的数学思维（当然学生主要接触和学习的是合情推理）。

需要说明的是，统计的思维规则不同于数学的逻辑推理。统计是从数据出发的，而数学是从定义和公理出发的；统计的思维规则是以"归纳"为特征的，而数学是以演绎为特征的；统计的结论只有"好"与"差"的区别，而数学的结论只有"对"与"错"的区别。

数学课程在培养学生理性思维方面特有的作用，是其他课程不能替代的。所以，教数学一定要教思维，学数学也一定要学思维，学生学会了数学方式的理性思维，将终身受益。

3. 增强发现和提出问题的能力、分析和解决问题的能力

对学生而言，发现问题就是指发现了书本上不曾教过的新方法、新观点、新途径以及知道以前不曾知道的新东西。这就要求学生经过多方面、多角度的数学思维和自我组织，从表面上看来没有关系的一些现象中发现疑难，找到数量或空间方面的某些联系（或矛盾），并把这些联系（或矛盾）提炼出来。提出问题是指在发现问题的基础上，把找到的联系（或矛盾）用数学语言表达出来，这需要逻辑推理和理论抽象，需要精准的概括。分析问题是指运用数学思维寻找条件与结论之间的逻辑关联。解决问题是指运用数学模型并采用恰当的思路和方法得到问题的答案。对于分析问题和解决问题，其"已知"和"未知"是明确的，而对于发现问题和提出问题，其"已知"和"未知"根本不明确。因此，发现问题和提出问题对学生而言，难度更大，要求更高。可是，从培养学生的创新意识和创新精神视角来看，发现问题和提出问题的能力是必需的。因为创新往往始于问题。

在数学教学中，教师要努力创设适当的情境（景），经常采用探究式的教学方法，启发引导学生，培养学生的问题意识。学生只有多次在这样的思维方式训练下，才能逐渐形成创新意识和创新精神，为创新能力的培养打下坚实的基础。学生参与了发现问题和提出问题、分析问题和解决问题的全过程之后，就又获得了一些数学活动的经验。

（三）培养科学态度

1. 了解数学的价值，提高学习兴趣

数学的价值包括两个方面：一是应用方面的价值（数学在日常生活中的应用、数学在工程技术中的应用、数学在其他学科中的应用、数学在实践中的应用等）；二是教育方面的价值（学生学会了理性思维，考虑问题周密，表达精准，以及数学教学在培养学生的抽象能力、推理能力和创新能力上所发挥的独特作用等）。

学生了解了数学的价值，并在学习过程中体会到数学的价值后，就自然会提高学习数学的兴趣。另外，教师在教学中，要把小学生对新事物的好奇心引导到探索事物的数量关系与空间形式上来，要讲究教学策略，注重启发引导，带领学生解决一些带有挑战性的问题，让学生看到数学的内在本质和自身魅力（比如简洁、明确、强烈的规律性和对客观事物的准确刻画等），引发学生的兴趣。其次，教师还要尊重和保护学生，不伤其自尊心，开展好个性化教育。这样，才能做到"人人都能获得良好的数学教育"。

2. 养成良好的学习习惯和科学态度

良好的学习习惯指：学习目的明确，学习态度端正，课前预习，课中认真听讲，课后总结复习，按时完成作业，独立思考，积极探究，合作交流，合理安排时间，不耻下问，勤奋刻苦，有饱满的学习热情，有强烈的求知欲，不被困难所吓倒，勇于坚持真理和纠正错误，敢于质疑，会发现问题并提出问题，等等。习惯成自然，当学生养成良好的学习习惯后，不论对他们创新意识的培养，还是他们今后的学习，以及他们今后的成长都是有益的。需要强调的是，良好的学习习惯的培养要从一年级抓起。

良好的科学态度指：坚持真理，修正错误，严谨周密，实事求是，等等。实事求是是科学态度的核心，也是德育目标。数学的结论（不包括统计）是通过严格的逻辑推理得到的，对就是对，错就是错，来不得半点儿含糊，所以数学教学特别适合培养学生实事求是的科学态度。教师在教学中，要提倡和鼓励学生在方法上、逻辑上、结论上进行争辩，因为真理越辩越明。

需要注意的是，"情感态度与价值观"不能单独传授、空洞地讲解，要以"知识与技能"为载体渗透其中。

学生在"情感态度与价值观"方面的发展，不仅对学习数学会产生积极的效应，而且对学习其他学科也会产生积极的效应；不仅在学习方面会产生积极的效应，而且在做人方面也会产生积极的效应；不仅在义务教育阶段会产生积极的效应，而且对学生的终身成长都会产生积极的效应。

二、数学课程具体目标

具体目标是对总目标的具体化，是三维目标在数学课程中的具体体现，只有很好地理解具体目标，才能更好地理解总目标。

（一）具体目标的四个方面

1. 知识技能

《标准》在"知识技能"方面的表述为：

①经历数与代数的抽象、运算与建模等过程，掌握数与代数的基础知识和基本技能。

②经历图形的抽象、分类、性质探讨、运动、位置确定等过程，掌握图形与几何的基础知识和基本技能。

③经历在实际问题中收集和处理数据、利用数据分析问题、获取信息的过程，掌握统计与概率的基础知识和基本技能。

④参与综合实践活动，积累综合运用数学知识、技能和方法等解决简单问题的数学活动经验。

知识技能就是从前所说的"双基"，即数学的基础知识和基本技能，"双基"的界定既要体现相对的稳定性，又要体现与时俱进。选择和确定数学"双基"的原则应该围绕"基础"二字来表述：数学"双基"是学生数学学习的基础；是数学应用的基础；是学生后继学习的基础；是创新人才培养的基础；是一个人终身学习的基础。

《标准》在知识技能方面的表述，指明了在教学中学生在"数与代数""图形与几何""统计与概率"三个领域应该"经历"的重点所在，"综合与实践"贵在学生"参与"。

关于学生如何才算掌握了数学的基础知识和基本技能，我们提出以下几点：第一，对于重要的数学概念、性质、定理、公式、法则、方法、技能等，学生应该在理解的基础上记住其结论的本质，并且会运用；第二，学生应该了解这些数学概念、结论产生的背景，要通过不同形式的探究活动，体验数学发现和创造的历程；第三，学生应该感悟、体会、理解其中蕴涵的数学思想，并且能够与后续学习中有关的部分相联系。

2. 数学思考

《标准》在"数学思考"方面的表述为：

①建立数感、符号意识和空间观念，初步形成几何直观和运算能力，发展形象思维与抽象思维。

②体会统计方法的意义，发展数据分析观念，感受随机现象。

③在参与观察、实验、猜想、证明、综合实践等数学活动中，发展合情推理和演绎推理能力，清晰地表达自己的想法。

学会独立思考，体会数学的基本思想和思维方式。

第一点中"建立数感、符号意识""初步形成运算能力"是针对数与代数领域的；"建立空间观念""初步形成几何直观"主要是针对图形与几何领域的，也包含数形的结合；而"发展形象思维与抽象思维"则是针对这两个领域的。第二点是针对统计与概率领域的，但其中"体会……意义""发展……观念""感受……现象"还是用来表达"数学思考"的。第三点是针对综合与实践领域的，但其中"发展合情推理和演绎推理能力"

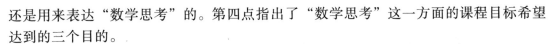

还是用来表达"数学思考"的。第四点指出了"数学思考"这一方面的课程目标希望达到的三个目的。

关于数学思考有两个"关系"需要特别注意：一是合作探究与独立思考的关系；二是演绎推理与合情推理的关系。

对数学创新而言，合作探究与独立思考都是需要的，但独立思考是合作探究的前提与基础，也就是说，独立思考是创新的基础。教师在教学中，既要表扬那些经过合作探究取得成功的学生，又要表扬那些经过独立思考取得成功的学生。

演绎推理的主要功能是验证结论，而合情推理的主要功能是发现结论，两者缺一不可。借助合情推理得到的结论即便暂时不能被演绎推理证明，但所得结论可能具有一般性。

3. 问题解决

《标准》在"问题解决"方面的表述为：

①初步学会从数学的角度发现问题和提出问题，综合运用数学知识解决简单的实际问题，增强应用意识，提高实践能力。

②获得分析问题和解决问题的一些基本方法，体验解决问题方法的多样性，发展创新意识。

③学会与他人合作交流。

④初步形成评价与反思的意识。

"问题解决"是指：从数学的角度发现问题、提出问题、分析问题和解决问题四个方面。

需要说明的是，这里提及的"问题"，并不是数学习题那类专门为复习和训练设计的问题，也不是仅仅依靠记忆题型和套用程式去解决的问题，而是展开数学课程的"问题"和应用数学去解决的"问题"，这些问题应该是新颖的，有较高的思维含量，并有一定的普遍性、典型性和规律性。而"应用意识"包括三个方面的含义：一方面是在接受数学知识时，主观上有探索这些知识的实用价值的意识；另一方面是在遇到实际问题时，自然地产生利用数学观点、数学理论解释现实现象和解决实际问题的意识；第三方面是认识到现实生产、生活和其他学科中蕴涵着许多与数量和图形有关的事物，这些事物可以抽象成数学内容，用数学的方法给出普遍的结论。

在解决问题的探究中，找到一种解决方法就是对创新意识的一种培养；在别人（或别的小组）已经找到一种解决方法时，某学生（或某小组）如果还能找到另一种方法，就更加有利于发展创新意识。

"学会与他人合作交流"体现的是在学习方式、学习习惯乃至"情感态度"方面的目标。而"初步形成评价与反思的意识"是要学生了解评价与反思的含义，经历这样的活动，认识其作用和好处。

实现"问题解决"的课程目标，既能使学生获得"四基"、增强"四能"，还可以培养学生的创新意识和实践能力。

4. 情感态度

《标准》在"情感态度"方面的表述为：

①积极参与数学活动，对数学有好奇心和求知欲。

②在数学学习过程中，体验获得成功的乐趣，锻炼克服困难的意志，建立自信心。

③体会数学的特点，了解数学的价值。

④养成认真勤奋、独立思考、合作交流、反思质疑等学习习惯。

⑤形成坚持真理、修正错误、严谨求实的科学态度。

第一点是学生对数学活动有积极的态度，对数学有好奇心和求知欲。因为学习兴趣是学生主动学习的原动力，而好奇心和求知欲是发展兴趣的基础。数学课程首先应该能够吸引学生的注意，这是在"情感态度"方面最起码的课程目标；如果数学课程还能够普遍引起学生的好奇心和求知欲，这就相当不错了，这也就达到了课程所希望的目标。这个目标的达到需要两个方面的条件：一是课程内容要适合学生；二是教师的精心设计和教学艺术。

第二点是在数学学习的过程中，要让学生体验获得成功的乐趣，因为这是培养学生求知欲的重要途径，也有利于学生树立"我能学好数学"的自信心。这需要教材的难易适当和层次性，也需要教师对学生取得成功的肯定、鼓励和表扬。但是，在真实的数学学习过程中，并不是所有的学生在每一次都能获得成功的体验，数学学习对许多学生来说是一个艰苦的过程，这时就需要教师的启发引导。学生克服了种种困难，取得成功之后，自然而然地锻炼了克服困难的意志，体验了获得成功的乐趣，逐渐地建立了自信。数学学习的过程是一种"柳暗花明又一村"的情境！

第三点是价值观方面的目标。为了达到这个目标，需要教材方面精心的设计，也需要教师方面得当的教学。学生逐渐体会了数学的一些特点，了解了数学的一些价值之后，对数学的求知欲也会逐渐增强。

第四点是学生养成良好学习习惯方面的目标。"认真勤奋"的本质是集中精力，不仅是对待学习，而且是对待一切工作的良好态度和习惯，是养成其他习惯的基础；"独立思考"是重要的学习方式，是对待问题时的良好习惯，是"合作交流"的前提与基础，也是积累数学经验的基础；"合作交流"是对"独立思考"的补充，也是重要的学习方式，可以培养与他人合作的意识，是与他人共同工作时的良好习惯；"反思质疑"也是重要的学习方式，是对待结论时的良好习惯，可以使学生学会深入思考、养成批判思维的习惯。这些良好习惯的养成有一个长期的过程，教师只有制订长远的计划，采取适当的措施，才有可能落实这些目标。

第五点是科学态度方面的课程目标。数学教学特别适合培养学生实事求是的科学态度，在思考问题时应该严格、周密，在对待自己或者他人的错误时应该敢于和善于坚持真理、修正错误。

最后需要说明的是，提出"情感态度"目标时间还不长，且具有"隐性性质"，往往不被教师重视，许多教师也不善于在教学中贯彻这一目标，这一做法是不可取的。

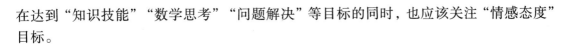

在达到"知识技能""数学思考""问题解决"等目标的同时，也应该关注"情感态度"目标。

（二）具体目标四个方面的关系

《标准》指出："总目标的这四个方面，不是相互独立和割裂的，而是一个密切联系、相互交融的有机整体。在课程设计和教学活动组织中，应同时兼顾这四个方面的目标。这些目标的整体实现，是学生受到良好数学教育的标志，它对学生的全面、持续、和谐发展有着重要的意义。数学思考、问题解决、情感态度的发展离不开知识技能的学习，知识技能的学习必须有利于其他三个目标的实现。"

我们看到，《标准》对具体目标四个方面关系的表达很清楚，也很精炼，当然也很重要，它从下面四个角度阐述了具体目标四个方面的关系。

1. 四个方面是密切联系的整体

《标准》对具体目标的表述是条目并列型的，可能会使读者产生这四个方面是相互独立的错觉，《标准》在这里用"不是……而是……"的句型，从正反两个方面进行解释，以清除这种错觉。

2. 教学中应同时兼顾四个方面

在教学中，教师一定要明确，兼顾知识技能、数学思考、问题解决、情感态度四个方面，几乎是备课内容的全部，而在实施教学的过程中，应该同时兼顾这四个方面的目标，也是自然的事情。当然，要做到"同时兼顾"并不是容易的，这不但需要教师思想上时时处处有"同时兼顾"这样一根弦，而且需要有高超的统筹兼顾的能力。

3. 四个方面的整体实现是"学生受到良好数学教育的标志"

《标准》明确指出了"学生受到良好数学教育的标志"是知识技能、数学思考、问题解决、情感态度这些目标的整体实现。而且这种整体实现，不仅有重大的现实意义，还有重大的长远意义；不但有利于学生学习数学课程当时的成长，还能着眼于学生未来的发展；并且还能使学生的发展不是片面的，而是全面的，不是阶段的，而是持续的，所说的四个方面不是各自独立和割裂的，而是和谐融合的。

4. 四个方面是相互促进的

知识技能的目标往往是通过学生学习的结果体现和达到的，简称为"结果目标"，数学思考、问题解决、情感态度的目标往往是通过学生学习的过程体现和达到的，简称为"过程目标"。但是"结果目标"与"过程目标"也有互相包含的关系，不能把二者截然分开。在教学中，不但要关注"结果目标"，还要关注"过程目标"，也就是说"结果"和"过程"都重要。数学教学不仅要使学生掌握知识技能，还要促进他们在数学思考、问题解决、情感态度方面的成长，两者不可偏废。但知识技能一定是数学思考、问题解决、情感态度必要的载体和基础，是学生学习中花费时间和精力的重点。而数学思考、问题解决、情感态度要千方百计地融入和渗透到知识技能教学的全过程，它对学生知识技能的掌握有积极的促进作用。

三、数学课程的学段目标

数学课程的学段目标是分三个学段来阐述的，对于小学数学课程我们只关注第一学段和第二学段就可以了。这两个学段的学段目标阐述了数学课程在知识技能、数学思考、问题解决、情感态度四个方面的具体目标。当然，它也结合了每个学段的学习内容，也考虑到了每个学段学生的年龄心理特征。

（一）第一学段（1～3年级）学段目标

1. 知识技能

①经历从日常生活中抽象出数的过程，理解万以内数的意义，初步认识分数和小数；理解常见的量；体会四则运算的意义，掌握必要的运算技能，能准确地进行运算；在具体情境中，能选择适当的单位进行简单的估算。

②经历从实际物体中抽象出简单几何体和平面图形的过程，了解一些简单几何体和常见的平面图形；感受平移、旋转、轴对称现象；认识物体的相对位置；掌握初步的测量、识图和画图的技能。经历简单的数据收集、整理和分析的过程，了解简单的数据处理方法。

2. 数学思考

①在运用数及适当的度量单位描述现实生活中的简单现象，以及对运算结果进行估计的过程中，发展数感；在从物体中抽象出几何图形、想象图形的运动和位置的过程中，发展空间观念。

②能对调查过程中获得的简单数据进行归类，体验数据中蕴含着信息。

③在观察、操作等活动中，能提出一些简单的猜想。

④会独立思考问题，表达自己的想法。

3. 问题解决

①能在教师的指导下，从日常生活中发现和提出简单的数学问题，并尝试解决。

②了解分析问题和解决问题的一些基本方法，知道同一个问题可以有不同的解决方法。

③体验与他人合作交流解决问题的过程。

④尝试回顾解决问题的过程。

4. 情感态度

①对身边与数学有关的事物有好奇心，能参与数学活动。

②在他人帮助下，感受数学活动中的成功，能尝试克服困难。

③了解数学可以描述生活中的一些现象，感受数学与生活有密切联系。

④能倾听别人的意见，尝试对别人的想法提出建议，知道应该尊重客观事实。

（二）第二学段（4～6年级）学段目标

1. 知识技能

①体验从具体情境中抽象出数的过程，认识万以上的数；理解分数、小数、百分数的意义，了解负数的意义；掌握必要的运算技能；理解估算的意义；能用方程表示简单的数量关系，能解简单的方程。

②探索一些图形的形状、大小和位置关系，了解一些几何体和平面图形的基本特征；体验简单图形的运动过程，能在方格纸上画出简单图形运动后的图形，了解确定物体位置的一些基本方法；掌握测量、识图和画图的基本方法。

③经历数据的收集、整理和分析的过程，掌握一些简单的数据处理技能；体验随机事件和事件发生的可能性。

④能借助计算器解决简单的应用问题。

2. 数学思考

①初步形成数感和空间观念，感受符号和几何直观的作用。

②进一步认识到数据中蕴含着信息，发展数据分析观念；通过实例感受简单的随机现象。

③在观察、实验、猜想、验证等活动中，发展合情推理能力，能进行有条理的思考，能比较清楚地表达自己的思考过程与结果。

④会独立思考，体会一些数学的基本思想。

3. 问题解决

①尝试从日常生活中发现并提出简单的数学问题，并运用一些知识加以解决。

②能探索分析和解决简单问题的有效方法，了解解决问题方法的多样性。

③经历与他人合作交流解决问题的过程，尝试解释自己的思考过程。

④能回顾解决问题的过程，初步判断结果的合理性。

4. 情感态度

①愿意了解社会生活中与数学相关的信息，主动参与数学学习活动。

②在他人的鼓励和引导下，体验克服困难、解决问题的过程，相信自己能够学好数学。

③在运用数学知识和方法解决问题的过程中，认识数学的价值。

④初步养成乐于思考、勇于质疑、言必有据等良好品质。

（三）学段目标的应用

下面在知识技能方面以"数与代数"领域为例，在数学思考方面以"图形与几何"领域为例，在问题解决方面以发现问题、提出问题和初步地解决问题为例，在情感态度方面以引起好奇心和求知欲为例,说明学段目标是怎样体现层层深入和步步提高的。

1. 知识技能方面

在"数与代数"领域中,学段目标关于知识技能方面的阐述,可以分为"数学抽象""数与式""数学运算"三个方面。

关于数学抽象的阐述,第一学段为"经历从日常生活中抽象出数的过程";第二学段为"体验从具体情境中抽象出数的过程"。第一学段的行为动词是"经历",第二学段的行为动词上升为"体验";第一学段涉及的范围是"从日常生活中",第二学段的范围上升为一般的"从具体情境中"。这些阐述,都体现出逐渐深化的过程。但是,第一学段、第二学段的中心短语都是"抽象出数"。

关于数与式的阐述,第一学段为"理解万以内数的意义,初步认识分数和小数";第二学段为"认识万以上的数,理解分数、小数、百分数的意义,了解负数的意义"。这些阐述在逐渐扩大数的范围,也体现出逐渐深化的过程。

关于数学运算的阐述,第一学段为"体会四则运算的意义,掌握必要的运算技能,能准确地进行运算;在具体情境中,能选择适当的单位进行简单的估算";第二学段为"掌握必要的运算技能,理解估算的意义;能用方程表示简单的数量关系,能解简单的方程"。虽然两个阶段都使用了"掌握必要的运算技能"的短语,但是第一学段是针对"万以内的数"和简单的"分数和小数",第二学段是针对"万以上的数"和"分数、小数、百分数"而言的。关于估算,第一学段只要求"在具体情境中,能选择适当的单位进行简单的估算",第二学段则要求"理解估算的意义"。关于方程,第一学段没有要求,第二学段只要求"能用方程表示简单的数量关系,能解简单的方程"。这些阐述也都体现出逐渐深化的过程。

2. 数学思考方面

关于数学思考方面的阐述,第一学段为"在从物体中抽象出几何图形、想象图形的运动和位置的过程中,发展空间观念";第二学段为"初步形成空间观念""感受几何直观的作用"。这里从"发展空间观念"到"初步形成空间观念",体现出逐渐深化的过程。第二学段还有要求"感受几何直观的作用",第一学段没有这个要求,这充分说明了不应把过高的要求放在较低学段的道理,也体现出了逐渐深化的过程。

在思维和推理方面,学段目标关于数学思考方面的阐述,第一学段为"在观察、操作等活动中,能提出一些简单的猜想""会独立思考问题,表达自己的想法";第二学段为"在观察、实验、猜想、验证等活动中,发展合情推理能力,能进行有条理的思考,能比较清楚地表达自己的思考过程与结果"。这里关于思维的阐述,从"会独立思考问题"到"能进行有条理的思考,能比较清楚地表达自己的思考过程与结果",体现出逐渐深化的过程。关于推理的阐述,从"能提出一些简单的猜想"到"发展合情推理能力",也体现出逐渐深化的过程。

3. 问题解决方面

关于问题解决方面的阐述，在这里以发现问题、提出问题和初步地解决问题为例来说明。第一学段为"能在教师的指导下，从日常生活中发现和提出简单的数学问题，并尝试解决"；第二学段为"尝试从日常生活中发现并提出简单的数学问题，并运用一些知识加以解决"。这里关于发现问题、提出问题，第一学段中的阐述"能在教师的指导下"，意味着还不能独立、还不够主动；第二学段的阐述改为"尝试"，就多少有了一点独立、主动的意思，体现出逐渐深化的过程，但第一学段、第二学段的阐述"从日常生活中"，意为局部的。关于初步地解决问题，第一学段中的阐述为"尝试解决"；第二学段中的阐述为"运用一些知识加以解决"，也体现出逐渐深化的过程。

4. 情感态度方面

关于情感态度方面的阐述，在这里以引起好奇心和求知欲为例来说明。第一学段为"对身边与数学有关的事物有好奇心，能参与数学活动"；第二学段为"愿意了解社会生活中与数学相关的信息，主动参与数学学习活动"。从"有好奇心""能参与"到"愿意了解""主动参与"，体现出逐渐深化的过程。其范围也从"身边与数学有关的事物"到"社会生活中与数学相关的信息"逐渐扩大。

从以上可以看出，《标准》在关于两个学段的学段目标中，对于具体目标的每一方面的阐述，既结合了每个学段的学习内容，又考虑到了各个学段学生的年龄心理特征，在要求上体现了逐渐深化的意图，在课程内容上体现了循序渐进、螺旋上升的思路。这是符合人的认识规律的。

第二章 教—学—评一体化的理论解读

第一节　教—学—评一体化的理论基础

一、教—学—评一体化概念界定

（一）"教、学、评"一致性、一体化

多个事物融合成一个整体的程度就是一致性。基于此，"教、学、评"一致性定义为整个课堂教学系统中教、学、评这三个因素的协调配合程度。明晰的目标是其中的基石，基于此指导教、学、评的设计，教、学、评三者才能有较高的吻合度，教、学、评的一致才能在三者的协调配合下得以实现。

而一体化可以理解为实现目标的一项措施，即通过科学有效的方式、办法或措施，将多个事项或要素有机交融为一个整体，形成协同效应。"教、学、评"一体化指的是在课堂教学中，将"教""学""评"这三个重要因素通过科学有效的方法融合为一个整体，合理实现学习目标。它不只是一个具体的教学策略或模式，更多的是新课改背景下指导教学的一个理念或思想。"教、学、评"一体化理念倡导将评价融入课堂的"教"与"学"中，作为学习和教学的内在一部分，它突破传统的教、学、评三者孤立的状态，将评价嵌入教与学之中，使得三者有机地融为一体。师生可通过评价

的监测功能，确认学生或自身目前的学习状态、距离目标还有多远、怎样才能有效地达到目标。

对比两者，"教、学、评"一致性是评价"教、学、评"一体化程度的指标，教、学、评三者的一致性程度越高，即"教""学""评"三者结合、匹配得越好，两两之间相扣得越紧密，共同指向教学目标的更有效达成，一体化效果则会越好，所以"教、学、评"一体化又是教、学、评达到一致的保障措施。

（二）"教学设计"

教学设计是要基于课程标准和学情分析，将教学的各要素合理安排，从而确定出合适的教学方案的设想和计划。主要环节有：教学目标、教学重难点、教学方法、教学步骤与时间分配，同时还要遵循系统性、程序性、可行性、反馈性等原则。本书研究的教学设计并不是将一堂课的所有环节事无巨细的设计出来，而是在不违背教学设计原则与基本要求的前提下，以"教、学、评"一体化理念为指导，研究区别于传统教学设计的新设计思路，并给出普适性的数学教学设计的主要框架、步骤与相应的设计要求，期望提供一种有别于传统教学设计的新参考，促进数学课堂效率的提高和数学素养的培养在数学课堂上落实。

二、基于"教、学、评"一体化进行教学设计的理论基础

（一）现代课程四要素理论

《课程与教学的基本原理》中说到所有的课程和教学设计都应围绕四个方面来思考：什么教育目标是学校要达到的？这些目标的实现需要什么教育经验？这些教育经验该如何有效地组织起来？组织的教育经验的实现该怎么检测？进而得到了课程及教学设计的步骤：确定教育目标→选择学习经验→组织学习经验→评价结果。随后，其倡导的与四个重要问题所对应的课程四要素"目标、内容、方法、评价"迅速推广到世界各国，为教学设计编制专业化做出了巨大贡献。从中我们可以得到：

1. 教学目标的重要性

泰勒认为目标是教与学的宗旨，他不止强调理论知识的习得，也强调情感与能力的培养，基于此从目标的选择到目标的筛选再到目标的陈述他都做了非常详细的阐述，力求做到清晰化、具体化、可操作。这在很大程度上改进了传统目标设计的单调与悬置而空得不到实现的现象，而且将教学设计中教学目标的重要性得到很大的强调，这与"教、学、评"一体化的教学设计将教学目标作为首要地位的思想是一致的。

2. 学习经验的凭据性

泰勒认为学习是由学习者所具有的经验而主动发生的，且学生所具有的经验非常杂而且多，所以经验的选择至关重要，但学习经验的选择必须依据目标而定，做到有的放矢，同时也为教学设计内容及活动的设计提供了参考与方向，让教学设计的各个

环节结合得更紧密，让教学更有效得达到目标。这与一体化教学设计希望教、学、评三者能够有机融合在一起更有效地实现教学目标的理念是不谋而合的。

3. 评价的不可缺失性

泰勒认为，评价是一个过程，它能确定实际发生的行为变化程度，它要基于整个学习活动中所呈现的证据，来了解学生目标的达成程度。这就区别于传统高中数学中评价的过程缺失、评价的不足、评价的肤浅的现象，为学生创造出过程性评价和结果性评价相结合的环境，使得他们的学习更专注、更有效。这与一体化教学设计所倡导的评价应镶嵌于教学的全过程的要求是一致的。

对于四要素的关系，泰勒的目标模式认为整个学习活动都应以目标为核心，目标是选择内容、编制并实施教学过程以及评价的准则。总之，泰勒的目标模式所倡导的以上理念为本书一体化教学设计研究提供了理论指导与思路。

（二）课程层级理论

著名教育家古德莱德，基于对课程理论的大量研究，为课程层次建立了概念框架。在人们对课程不同层次的探讨基础上，古德莱德将课程划分为五个不同的层次：理想的课程、正式的课程、领悟的课程、运作的课程与经验的课程例（见表 2-1）。

表 2-1 课程的 5 个层级

理想的课程——社会需要的人	基于教育学与心理学等原理基础，从宏观角度开设的课程。更多体现的是人们对课程能够帮助学生达到很好的发展、建设社会的美好希望，其存在并表达的形式多为观念与理念，如基础教育课程改革纲要，但学生几乎不能承接其最初的形式。
正式的课程——课程标准和教材	内容上并没有对理想的课程作大幅度修改的正式课程，获得了官方的批准、认可与推广实施。
领悟的课程——教学设计	顾名思义，领悟的课程即教师对学科课程标准和教材所领悟而设计的课程。因为不同的人对标准有自己的见解与解读，因此他们对课程的领会与标准之间会存在一定的差距，从而实效和课程所预期的结果会有所差距。
运作的课程——课堂教学	教师在课堂上所实际讲授的课程即为运作的课程。因为教师的专业知识理解度、实践教学技能、学校课堂条件以及学生的发展水平不一样，教师在课堂上的教学和其设计的课程也会产生一定的差距。
经验的课程——学生从老师那里得到的知识	学生在课堂上从老师那里获取到的知识，即为经验的课程。因为学生的经验基础不同，理解能力也不同，所以同堂课同一个老师的授课对于学生来说会有不同的体验，而这些就是学生从课程中得来的实际影响，决定了课程对学生的作用以及效果。

由此可以发现，数学课程标准是在"正式的课程"这一层级，它几乎涵盖了国家对学生在数学这个学科上发展的全面要求，教学设计则处于"领悟的课程"这一层级，它是将课程标准具体实施的重要载体，承载了更明确的育人责任。但课程的不同层次之间本身是存在一定的落差，再加上一些实际因素的影响，教师上课的实际效果即"运作的课程"与应该达到的效果即"正式的课程"之间的偏差就会更大，就会出现一些

课程标准要求、教学目标、教学活动、评价之间不相匹配的现象，这和各层次之间应紧密联系、准确对接的原则是相违背的。所以作为理想课程的实际操作者，应该尽量缩小各层次之间的差距，在编制教学设计时应该依据课程标准的育人理念，课时目标更应依据课程标准给出的学期目标层层筛选再确定具体化的课时目标，在此基础上，将教学设计各要素进行一致性设计。

（三）促学评价理论

1. 促学评价

促学评价主要有两种经典阐述，一种是基于实证研究，另一种是和关于学习的评价对比而得出的。第一种是评价专家布莱克和威廉整理研究已有的形成性评价文献，得出一定的结论，再在学校进行实验研究，进一步阐明了促学评价是师生在相互评价或自我评价的过程中，收集教与学的反馈信息，进而作出相应改进的评价。另一种阐述是评价专家斯蒂金斯受布莱克等人的启发，他认为促学评价同等重要于关于学习的评价，他极力倡导促学评价在课堂中的实践，并与关于学习的评价对比（两者的区别见表2-2），得出促学评价的要点：一是评价要由学生参与，且学生要主动利用评价信息来改进学习；二是教师要有反馈且有效，也就是用有效精确的语言来对学生的回答作出评价；三是学生能够进行自我评价。

表 2-2 促学评价和关于学习的评价

范式	促学评价	关于学习的评价
评价理由	提高成绩；支持后续学习；改善	记录成绩；报告现有水平；问责
对象	学生	学生及其他相关人员
焦点	过程性目标促进学生达成	师生为之负责的成就标准
设置时间	在学习过程之中	学习过程之后
使用者	学生、教师、家长	决策者、督导
用途	提供建议、诊断、支持	确认能力并区分学生
教师角色	分解标准；建立评价；调整教学	确认能力并区分学生
学生角色	自我评价；采取行动	参与考试；力争高分
主要动力	相信学习成功是可实现的	惩罚的威胁；承诺回报
方式方法	质性评价；过程评价	知识传授；死记硬背；标准化测验
实例	使用评分规则；学生自我评价；描述性反馈	入学考、月考、期中考、期末考等

2. 促学评价的基本理念

促学评价的理念可以从是什么、怎么评、谁来评这三方面来归结：

第一，在教与学的过程中，评价是不可或缺的环节。传统的数学课堂通常是在新知识内容讲解之后，对学生知识点掌握情况进行测量，教师并没有将评价看作一种提高学生学业成就及核心素养的途径，而仅仅将之视为学生学习结果的测量工具，所以学生最大的情感获得是：自己的成功或失败是和别人相比较而决定的。从而学生会对这种评价产生厌烦感，对数学产生畏惧感。相比而言，促学评价发生于整个教学过程中，教师进行描述性、建设性、及时性、经常性的反馈，引发学生专注地主动投入学习，关注自己学习过程的情况，从而主动去寻求进步，获得自信。

第二，兼顾目标与过程两种取向。促学评价重视目标的重要性，随时向目标看齐，以此来督促评价。同时促学评价是一个逐渐充实的过程，它不是和教学相分离的，在这个过程中，整个教、学、评都围绕目标而展开，及时有效的评价由教师提供，基于此学生会反馈出评价信息，教师再利用这些信息来指导自己的教，同时引导学生学会将评价信息进行管理、运用，从而促进师生为目标的达成向前努力。

第三，学生是评价的主体。促学评价是为了促进学生有效地学习，是为了学习的评价。教师是评价的主导，预先围绕根据综合因素设置的教学目标来设计评价任务，在教学中引导学生主动参与，师生共同推进教学的有效进行。所以学生不应再是被动地等待教师给出的纸笔评价，被教师"赶着走"，而是主动地承担评价任务，并根据教师给予的过程性评价反馈明确自己与目标之间的差距，进而进行调整来提高学习效率与品质。

我们知道在教学设计的编制中，教学与评价的关系处理非常重要，它可促进学生的有效学习，也可促使学生产生对数学的厌学情绪。促学评价理论提倡"边教边学""边评边学""所评即所学"的过程，提倡融教、学、评为一体，这为本书数学"教、学、评"一体化教学设计提供了有益的理论指导。

（四）建构主义的数学教育理论

建构主义认为数学并非绝对真理，数学是人们对客观世界的一种解释、假设或假说，会随着人们认识程度的深入而不断地变革、升华和改写，需要学习者用辩证的思维去学习。数学知识也不是实物，学生只有基于自身的经验背景才能建构起真正的数学理解，不同的人有不同的建构，并非死记硬背这样复制般的学习，而是由个人主动去学习活动的。建构主义强调教学时应注意以下几点：培养学生自我管理、为自己的学习负责的意识；培养学生的反省思维，学会反思和回顾解题途径；观察并参与学生尝试、辨认、选择解题途径的活动；活动、学习材料的选取要有明确的目的。

虽然建构主义所提倡的教学方式完全是个性化的教学，不适用于我们的大班教学，但是其合理成分还是值得我们采取的。至少我们应该明白，要发展学生自主探索、创新等素养，数学教师的教学就不应只为追求速度和熟练而对学生进行"填灌"和"习题攻击"，应基于学生已有的数学经验和教学目标来有针对性地选择学习材料和组织学习活动，并要注意学生的思维过程，及时对学生学习进行有效的评价，鼓励学生勇敢阐述自己的想法、敢于承认错误、勇于尝试探索，从而有利于学生主动地去建构数学知识，培养数学素养。这和"教、学、评"一体化理念所追求的育人目的是一致的，同时也为本书的研究提供理论指导。

第二节　小学数学课堂教学一体化的价值

一、课堂教学中教—学—评一体化的价值

（一）成就好课，促进课堂教学目标的达成

叶澜教授提出好课的要求是"有意义、有效率、有生成性、常态性、有待完善"的课，一位学者长期对实践的思考提出好课的三个标准最能符合实践的要求：一是学生学习的课堂；二是学生向着目标学习的课堂；三是大部分学生达成目标，一部分学生创造了目标之外的精彩的课堂。可以看出他所认为的好课中课堂的主体是学生，灵魂是目标，目标是大部分学生达成目标，一部分实现课堂外的精彩。他仅仅是从教师意识层面思考要一致性的思考目标、评价、教学的一致性，还未落实到具体的实践教学之中，而本书所提出的教－学－评一体化的课堂教学是在课堂教学实践层面，因此教－学－评一体化的课堂教学能够帮助教师成就好课。

教－学－评一体化的课堂教学是始于目标的课堂教学设计，围绕着目标为核心的课堂实践，以实现课堂目标为最终目的。正确的目标表述有利于课堂目标的达成，而教－学－评一体化在教学设计过程中首先确定学生课堂的学习目标并且所制定的目标清晰具体可测，再设计与目标相对应的评价，最后以目标和评价为依据确定整节课的教学活动方案；这样，课堂实施过程中以目标为导向，课堂评价做到系统化有依据，时刻在学生学习过程中进行，为学生更好的学习而进行评价；课堂教学活动在目标的指引下有序开展；学生学习结果的信息得到重视，评价与教学活动相融合，教师能够及时发现问题并调整教学进度，以实现教学目标与学习结果一致性为最终目的，可以看出的是无论是在教学设计层面，还是课堂实施层面始终不变的永远是教学目标，一切活动的目的都是为了实现目标，因而可以说教—学—评一体化的课堂教学能够有效帮助教师实现教学目标。

（二）立德树人，促进学生发展

教—学—评一体化指向学生的目标，即学生经历学习之后收获了什么，在倡导核心素养的时代下，教—学—评一体化指向的便是核心素养，关注学科核心素养是立德树人教育方针的战略要求，国家课程标准是核心素养的具体化。教—学—评一体化课堂教学的目标要求的是与国家课程标准保持一致，符合国家意志，最终的指向是立德树人。教—学—评一体化通过将教学目标转化为学生的学习结果的过程中，也是将立德树人的目标通过一次一次的教学实践活动逐步转化为学生自身的素养，从而促进学

生的发展。

教—学—评一体化的课堂以学生为主体，教学目标为出发点，教学目标转化为学习结果为最终目标。课堂教学实施过程中，明确的教学目标，评价活动始终贯穿其中，一方面教师通过即时的评价收集学生的学习信息，对教学进度、内容和方法做出相应的调整。另一方面，教师给予的评价活动既可以让学生自己能够明确自己的学习状态，所掌握知识的情况，又可以激励、引导学生进一步的学习，从而使学生从盲目被动的学习转为主动积极地参与课堂学习活动，极大的提高学生学习的积极性，促使学习目标的达成，有利于学生的成长发展。

教－学－评一体化的课堂教学开展过程中，即时的评价贯穿于整个课堂，学生学习结果的信息得到重视，不断地收集学生的学习结果信息并作出评价，并且以目标的角度审视、分析、处理收集到的学习结果的信息，有效保证学生的学习是向着目标在学习。同时，教师通过评价可以使学生感受到自己的学习努力得到了合理的评价，帮助学生对自己的学习情况做出准确的判断，从而更加主动积极地投入课堂学习。教－学－评一体化的课堂可以实现有效的课堂，即大部分学生能够完成目标的学习，一部分学生能够在课堂学习之外创造额外的精彩，因此，可以说教－学－评一体化能够促进学生的学习成长。

（三）成就教师，促进专业化的提升

教—学—评一体化的课堂教学的实现对教师提出了更高的要求，需要教师有专业理念、专业自信和专业自觉。教师不仅要深入研读课程标准，分析教材，研究学生，制定清晰具体的教学目标；教－学－评一体化的课堂实践还必须以专业化的课堂教学设计为基础，设计专业化的教学方案，包括专业化的评价设计，选择合适的教学活动和教学方法将教学目标转化为学生的学习结果，这个过程一方面可以深化教师的专业知识，另一方面可以提高教师的教学设计、评价、课堂应变能力。因此，可以说在教－学－评一体化的课堂教学中可以帮助教师的专业成长。

促进教师专业化的成长发展的方法有很多，但是通过实践的反复证明，实践和反思才是促进教师专业化发展最重要的途径。教－学－评一体化的课堂实践教学又可以给教师提供清晰的反思路径，即课堂目标设计的是否可测、利评；教学目标是否转化为学生的学习结果、课堂评价是否围绕着目标在执行，是否有利于实现教学目标、教学内容是否与目标内容保持一致，教学活动的开展是否与教学目标保持一致。教－学－评一体化一方面可以帮助教师及时的发现自己专业知识和技能存在的不足之处，另一方面又可以给教师提供改进的依据和方向，从而促进教师的专业发展。

第三节 "教学评一体化"理念下的小学数学课堂教学

一、根据课标、教材、学情，确定本节课的学习目标

在小学数学课堂教学中运用"教学评一体化"的教学理念，其关键在于是否能够制定出清晰有效、可评可测的学习目标。一致性要求一切内容都要围绕学习目标展开，因此清晰明确的学习目标是保证课堂教学有序开展的重要前提。"教学评一体化"理念下对学习目标的确定和撰写有着不同的要求，即必须让学生明白这节课所要做的事情、学会的内容以及所要学到的程度，建议用比较直白的语言来描述，让学生能够更清楚的明确本节课的任务；同时，教学评一体化下的学习目标重点要做到可评可测，也就是教师制定一系列的活动和任务，教师通过观察学生完成这些活动或任务的表现情况，能够判断学生是否达成本节课的学习目标，这就要求学习目标的制定要有清晰明确的学习要求。

（一）如何提炼本节课的学习目标

学习目标的确立主要以以下几点为依据：

1. 学习目标的提炼要以课程标准为指导

科学有效的确定本节课的学习目标，就需要翻阅课程标准，以课程标准为指导。根据课程标准的要求摘抄出与本节课有关的内容，再对摘抄出来的内容进行丰富的加工。课程标准由两部分内容构成，它们分别是指课程目标、课程标准，这两部分的具体内容能够直接指导教师的教学，有助于科学确定学习目标。教师备课时查阅课程标准，能够清晰地认识到学生本节课应该获得什么知识、什么技能，通过具体的活动过程学生应该学会什么技能，体验什么样的情感价值观念。

在依据课程标准制定学习目标时，将课程标准的内容进行分解，主要分以下几个方面：基础知识技能主要指的是对基础知识和基本技能方面的要求，例如经过某一段的学习过程，他们可以获得哪些基本概念、性质等，并获得哪些解题方式；而数学思维主要是指经过这节课程后中学生们所要完成的数学思考活动，例如经过此段课程的教学过程中，老师要求他们进行怎样的思考活动，产生哪些数学思想，发展哪些数学技能，并训练他们怎样的思考方法；问题解决方面主要是指学习者在课堂面临问题后，

所采用的解决问题的方法以及具体的处理，主要是通过综合利用学到的数学知识来处理学习者所面临的数学问题，从而实现处理方式的多样化，通过组织学生交流协作的形式来处理疑难问题，对课堂行为以及学生成绩做出正确判断，从而有助于学习者形成正确判断与反思错误的意识等；情感态度方面，主要是指通过在课堂教学中培养学习者的人生情感与学习态度，主要有培养学生学习数学的浓厚兴趣爱好，提高自我求知欲，从而培育学生合作学习的意志与探索的精力，帮助学生形成严谨求实和坚持真理的精神等。

2. 学习目标的确立要充分依据教材

教材也是确定学习目标的重要依据。教师在制定学习目标时，应仔细对本节课的内容进行研读，分解出本节课的知识点。教材对教师的备课具有引领和指导作用，根据教材的内容，分解本节课的任务和知识点，再根据知识点确定每一个板块所要达到的目标。教师在研读教材时，需要对教材进行挖掘，绝不能生搬硬套，要充分利用好教材，在教材的基础上对所学知识进行整合，而不是照搬教材。同时，教师在根据教材确定学习目标时，可以参考数学教师用书即教材上面的教学目标，但叙述方式需要更改，学习目标是写给学生看的，所以学习目标的主体是学生，而不是教师需要做到怎样。

在制定学习目标时，教师一定注意绝不能生搬硬套教材，需要教师站在教材之上把握教材，充分利用教材，制定出适合学生的学习目标。

教师根据教材，对教材进行分析，主要是从以下几个方面进行：在学习了什么知识的基础之上进行的以及本节课的学习为后续学习什么内容奠定基础，也就是要充分挖掘数学知识体系，让学生将本节课的知识放于一个脉络体系中，而非孤零零的知识点，这种教学有助于学生形成数学体系，形成知识网络。

3. 学习目标的确立要充分考虑学生的学情

学生是学习的主体，教师的教学必须面向学生，教学设计中的教学活动都是面向学生实施，这就要求教师的备课以及学习目标的制定必须充分考虑学生的学情。根据学生有的放矢地进行教学、满足个性化进行因材施教，这都需要充分的摸清楚学生的学情，根据学生的具体情况进行教学。不充分考虑学生学情就进行教学，是很不科学的，如果学情分析不到位，就会导致教师的教学过容易或者偏难。如果教师的练习目标设定的过于单一，将无法对学习者的能力做出提升；如果教学目标设定得太高，或者超出了学习者的最近发展区，就会出现教学过难使学生无法承受，从而造成学习数学的兴趣下降，又或者过易不利于学习者的最近发展，都会造成课堂效率低下，因此，充分考虑学生的学情是非常有必要的。

学情主要是从学生的已有经验、学生未知、学习本节课所遇到的困难障碍以在本节课的学习中学生所存在的个性差异这几个方面进行分析。已有经验主要是对学生以前所学的内容进行总结和分析，也就是分析学生的知识储备，为本节课的学习所具有的知识基础；学生未知指的是在本节课学习中，学生不知道的知识经验以及要通过本节课的学习，所要掌握到的知识点和经验等；困难障碍是指教师针对本节课的学习，预测学生可能在学习过程中存在的困难和障碍，比如本节课的学习难点，活动过程中所遇到的困难等；个性差异是指学生在学习能力、数学素养等方面所体现出来的不同，比如观察与归纳总结的能力和分析问题、解决问题的能力每个同学之间都是存在差距的。

（二）学习目标的具体叙写方法

一节课的学习目标的续写至关重要，在续写时，教师应该注意续写方式，首先让学生能够读懂内容，通过读学习目标能够明确自己本节课的任务以及学习内容；同时，学习目标的续写不单单是指所要学会的内容，也要包括怎样去学习这些内容，也就是学生的学习方式，让学生能明确自己所要进行的活动；再就是，学习目标的续写也要包括学生所达到的程度，比如掌握某个知识点，要明确说出学生应该掌握到什么程度。

学习目标主要由以下几部分构成：第一部分是学习主体，注意这里的学习主体是学生而不是教师，所以在续写时要站在学生的角度上续写给学生看，要让学生看明白；第二部分是行为条件，指的是通过怎样的学习方式和路径来展开学习，也就是具体的学习活动和学习任务；第三部分是表现程度，也就是指学生通过本节课的学习，应该达到的水平和结果；第四是具体的行为表现，主要是指行为动词和核心概念等，比如通过观察生活中的角和教师演示这样的活动和方式，是指行为条件，准确是指表现程度，描述角的概念也就是行为表现。

三个基本步骤：第一步找出动词，第二步确定标准，第三步给出具体条件。

第一步，寻找表示目标的行为动词。这一步中，最关键的是要找到一种词，能够形容外显的行为动作，来表达出学生通过学习所要达到的行为表现和结果。首先找到本节课的课程目标，再对与本节课相关的课程目标进行拆解，用更明显的行为动词来替代，选取动词再进行组合，从而转化成本节课的课时目标。学习目标中的动词强调的不仅仅是老师希望学生做到什么，而是学生通过学习之后能够做什么，指的是一种学习结果。通常情况下，一个学习目标仅仅描述的只有一个预期的学习行为或者学习结果；在续写目标的过程中，如果出现两个及两个以上的行为动词并列的情况，就可以用"并""且"这样的词来进行连接；如果一个目标中有三个行为结果，就可以选取其中一个行为改成状语或者其他修饰语，使这个学习行为成为该学习目标的条件，或者将这一个学习目标拆分为两个或者多个学习目标进行表述。

第二步，确定标准。进行了第一步，在找到正确的行为动词来表述所预期的学习成果之后，接下来的任务便是要更深入地去表述这种成果，应该是指学习到了何种程度或是达到何种标准，而目标中的这种行为动词本身也就具有某种"学习程度"的意思，例如"描述"这个行为动词要比"识别"的水平还要高，但是单纯靠行为动词来描述学习程度还远远不够，这就还必须更进一步去说明对于这种情况所要求的具体标准。例如，"学生知道三角形的概念"这个目标，就不如"全班学生能用自己的语言说出什么是三角形，并能在具体的图形中识别三角形"更为精准。

第三步，给出具体条件。在第二步中的确定标准，其主要意义就是为给学生的学习结果制定具体的规范、并提供具体的条件；而具体的规范与条件，也就必须依附一定的要求。对陈述性知识的目标表述并不要求结合具体的条件，但其他的目标都必须依附相应的具体条件，甚至是要求具体清楚的给出。而具体精准的目标不仅体现在内容上，目标要实现课程教育的价值，还体现在形式的目标表达上，力求做到清晰具体、可观可测，即说明白本节的课程要求"学什么、学到什么程度以及用什么方式学"。

二、依据学习目标确定评价任务，贯穿于教学活动之中

一节课中不能没有评价，没有评价的课堂教学是漫无目的的教学。一节课中学生的学习情况以及达标情况只有通过评价来展现。通过课堂评价，教师才能知道学生是否达成了学习目标以及学习到达了哪一步，才能对自己的教学情况和学生的学习情况有所了解。

这里所谓的评价内容，是指教师希望认识到学生是否达到了本节课程的学习要求，而设置的某些检查项目和测试内容。一节课中评价任务的设置至关重要，它是教学设计中的非常重要的环节。切实可行的评价任务能够准确地将学生的学习情况等有效信息及时反馈给教师，教师根据接收到的学生学习信息发现问题，再根据出现的问题及时调整教学，查漏补缺。因此，有效的评价任务也是为教师提供有效教学信息和证据的重要方式，能够帮助上课教师更好的作出教学决策。

（一）评价任务的具体展现方式

评价任务指的是为了检验学生这一环节或这一知识点的掌握情况所设置的检测性的项目。它是以具体任务的形式来将具体的知识点、基本技能、学习过程中所涉及的数学思想方法以及知识之间的联系和整合等要素融入具体的情景之中，制定出能达到检测目的的针对性地评价任务，再通过实施具体的评价任务来检测学生的学习情况，从而能够了解到学生是否能够达成学习目标。

评价任务的展现方式最常见的是以下两种。一种是用传统的方式也就是进行纸笔测试的试题，教师在教学设计时制定出对应知识点的检测题，这里有多种形式，可以是选择题、填空题、判断题，还可以是解答题。学生完成题目，教师根据学生的正确率来得到学生学习目标的达成情况。另一种是学生在课堂中展现出来的，也就是课堂中的表现性评价，比如在课堂学生对教师提出的问题进行回答，再如学生对任务进行表现展示、实验演示以及调查等展示方式。

（二）设计评价任务的具体方法

泰勒认为："由于评价包括获取学习者行动改变的依据，所以，获取一切关于目标所预期的行动的可靠依据，都是一个合理的方法"。从这句话中我们发现，掌握孩子的学习状况是有许多办法和渠道的，教师在教学设计时制定评价任务，不仅要考虑

方法的多样性，还要充分考虑多种多样的评价方式；这句话同时还反映出，制定的评价方式来获取的学生表现和证据必须是有效的，具有一定的说服力，也就是学生的表现和反馈的信息要能够真正说明学生的真实情况，这样的评价任务才能真正发挥作用，才算是有效的评价任务。

1. 评价任务的设置是在教学前进行的

从传统的课程设计中，会先确定此阶段课程的教学目标，并针对此阶段课程的特点和目标设计具体的教学。而"教学评一体化"理念的教学不同于传统的课程设计方式，在"教学评一体化"理念下的课程中，通常需要老师将教学评价任务的设定前置，并放在具体的教学过程之前，也就是要撰写好本节课程的教学目标，再根据学习目标来制定出具体的评价任务，最后，再按照本节课程的教学目标和所提出的评价任务，设置具体的活动。因此，评价任务在教学过程中起到了非常重要的引领作用。老师在"教学评一体化"理念下开展课堂教学设计之前，首先应该先思考此段课的教学目标，其次是思考需要设定什么样的评价任务才可以获取到学习者的真实反馈数据，最后才是按照这段课的教学目标，根据评价任务进行设计具体的课堂教学内容，也就是在课堂设计中的教学环节。唯有如此做，方可更好地、有指导性地开展教学。

2. 围绕学习情境、知识点以及学习任务设置评价任务

制定评价任务时，要充分考虑学习情境、知识点以及学习任务这三个因素，从这三个方面出发设置具体的评价任务。设置评价任务是为了检测学生是否能达成学习目标，是检测目标达成的关键之举。要使得学习目标能够评、能够测，教师就需要结合具体的内容来设置出具体的问题情境，在任务的设置中，注意要设置一些具体并可操作的任务指令和口令，将要检测的内容和知识点与具体的任务和学习情境相结合，将任务融入到具体的情境之中。

3. 评价任务的设置要与学习目标匹配

有效的评价任务可以很好地检验出学生的学习目标有没有实现，而这里提到的有效的评价任务也就是指符合学业目标、看得明白并实施可行。

评价任务一定要和目标相符，在评价任务的设定中，老师可以坚持一对一的原则，也就是每一个目标中对应一项评价任务；也可能是多对一原则，即在多项中对应唯一一个评价的任务，老师通过一项任务的实施就可以测试出在多项学习目标中所涉及的知识点，以及学习者的能力是否满足目标中的要求；评价任务的设定也可能是一对多，即某个学习目标中对应了两个或两个以上的评价任务，在某个学习目标中要求较高，或所涉及的知识点较多，或者检测过程必须按照梯度循序渐进，甚至必须从多种视角来检验学生能否实现学习目标时，也可通过设定两个或两个以上的评价任务，并通过执行这些评价任务来检验学生目标的实现状况。

（三）评价任务的设计需要考虑的几方面

在进行评价任务的设计时，必须始终保持"老师的教、学生的学、老师对学生的学习评估"这三者的统一性。一位学者曾提出过这方面的观点：课堂教学中的评价工作是以练习为核心的，目的就是提高教学。课堂教学中，所开展的课堂教学评估必须着眼于的是与学习者目标有关的课程，所获取的信息应该是在学习者完成这种评价任务过程中所表现出的正确的信号，应该贯彻在全部的课堂教学流程中。

在《教学评一致性：意义与含义》这一文章中相关学者指出："评估早已并非在教或学过后再来评估的那一个环节了，也并非指一个人在和另某个人学完以后期待着第三个人再来评估的那一个孤立的过程，而是教育、教学、评价逐渐被认为是三位一体的关系，评价与教育、学习紧紧地纠缠在一起，彼此制约、相互作用。"由此可见，教师应该意识到，所谓的课堂评价并不是指要等到知识讲授完毕以后再进行的，而是要始终贯穿于课堂过程中，因此可以通过在教学活动中设置评价任务，了解到学生的掌握情况，对学生有一个即时的评价，从而更好地指导教师的教学，才会有更高效的课堂。

要通过准确有效的渠道来获取有效准确的信息。通常在教学过程中，能够获得准确信息的渠道主要有以下四种：第一种是通过设置问题串引导学生说；第二种是在学生写的过程中获得信息；第三种是观察学生的表现，比如学生对于测验和任务的完成情况，也包括学生在此过程中表现出来的动作和表情等；第四种是学生的作业、作品等。只有获得准确的反馈信息，才能利用这些信息更好的指导教学。

（四）根据评价任务的达成情况调整教师的教与学生的学

在教学过程中，要精准地完成每一个评价任务，想要评价任务能更好地指导课堂教学，就需要教师在备课时进行充分的预设。对于每一个评价任务，教师需要预设学生在完成评价任务时会出现的种种表现和所达到的水平，根据学生所展现出来的行为和反应发现学生存在的问题，并要预设针对学生出现的问题的补救措施，这样才能更好地了解到学生走到了哪里，有没有达到教学所要让学生走到的位置。

第四节　提升小学数学课堂教学评一体化的构建策略

一、树立以学生为主体的目标意识

教学活动过程中一般有两个主体即教师和学生，现代学生观认为学生是发展中的、独特的、独立意义上的个体，因此教学要以学生为中心。一方面教师要转变过去以教师为中心的观念，以学生为中心，教学的一切活动是为了实现学生的成长和发展，教师是引导者，在制定教学目标时要思考学生通过学习应该获得什么样的学习结果，而不是教师要让学生学到什么；另一方面教师在制定教学目标时，使用"学生可以，学生能够"这样以学生开头的话语体系，适当的时候能够在潜移默化中帮助教师树立正确的学生观，以学生为中心开展教学。

二、研读课程标准，制定清晰具体的教学目标

清晰具体的教学目标，意味着可评、可测、可量，能够有效地指引教师开展教学，对学生的学习结果做出有效评价，促进学生的学习。首先需要教师能够做到仔细的研读课程标准，强化自身的课程标准意识。一方面是因为教师所制定的内容来源于课程标准中对于课程内容的分解，保证教师所制定的教学目标、开展的教学活动是符合国家课程标准要求的，大方向上比较明确。其次是课程标准中的内容标准为教师制定教学目标提供了方向性的指导。最后由于课程标准中的内容标准一般采用了行为动词表述，包括行为主体，行为动词，行为条件和表现程度，但是在实际的教学中为了方便教师的使用，通常采用行为主体和行为表现程度二者结合。行为主体一般指的是学生，数学课程标准中采用的行为动词包括描述结果目标的行为动词和描述过程的行为动词，分别为结果目标动词有了解、理解、掌握和运用；过程动词包括经历、体验和探索。行为条件教师可以根据所教授的知识点进行取舍，行为表现程度应根据本班学生的学习情况进行确定，课程标准给课堂教学提供了可参考的依据，明确了制定教学目标的内容来源和行为的确定。

三、完善教师培训机制，提高教师的评价素养

教师在课堂中应该明确教师自身对学生学习结果信息给出的判断评价尤其重要，符合教学目标的学习结果信息教师要对学生进行肯定、强调，与目标相偏离的信息教师要对其进行纠正、质疑和点拨；总之就是以实现目标为目的，站在目标的角度对学生学习结果信息进行分析处理。而教师评价素养的缺失就不能做到这一步，学校作为教师工作的场所，有责任也有义务为教师提供其专业发展成长的机会和条件，提高教师的评价素养。

具体地讲，学校内部可以为教师开展有关教育评价方面的培训和教研活动，组织教师之间相互交流、相互评价，同时不仅可以为教师提供国内外学习培训的机会，而且为教师的专业的成长发展提供学习渠道。学校还应丰富学校图书馆的教育评价书籍，为教师开展自主学习提供条件和机会。另外，学校可以组织教师开展有关课堂评价的课堂教学实践，提供宽松的条件。

四、教师自身加强努力，增强自身评价素养

外在的培训和条件固然重要，但是教师自身的努力更加必不可少。首先要做到的就是教师自身要增强意识，不断实践，也就是教师可以从理论和实践两个方面增强自身的评价和目标素养：一是研读评价相关的理论知识；二是在实践教学中将理论运用于实践，逐步提高实践能力。

首先，教师自身应该丰富有关评价方面的理论知识，教师要不断阅读有关教学评价方面的书籍，查阅相关文献，了解国内外有关评价的前沿知识，为自己做出正确的教学评价积累丰富的理论基础；其次，教师还应将教育评价理论应用到自己课堂教学中，观察效果，不断改进，提升自己的评价能力；再次，教师可以向有经验的教师学习，与同事相互探讨研究，积极主动地参加有关的培训；最后，教师还应该丰富自身课堂中的评价方式，开展多样化的评价，不断地在教学中进行有关教学评价是否与教学目标保持一致的尝试、是否促进学生进行进一步学习等方面的反思，这样才能在实践中提高教师的教学评价能力。

五、完善教师教学设计

（一）明确教学设计流程

本书主要是依据逆向教学设计理论，认为提升现实中课堂教学的教－学－评一体化的程度，应采取逆向设计的教学流程，根据逆向设计的教学流程，教师进行教－学－评一体化教学设计的流程为：

首先，教师研读数学课程标准，做好数学教材分析和学生学习情况分析，清晰准确的续写教学目标。教学目标的制定解决的是教学要到哪里去的问题。

其次，根据所制定的教学目标，设计与教学目标相匹配的评价任务。有几个教学目标就有几个相对应的评价任务，保证评价任务与教学目标之间的匹配。评价任务需要解决的是学生到哪儿（目标）的问题，以及到了何种程度的问题。

再次，根据教师制定的教学目标和设计的评价任务，进行教学活动的设计。保证教学活动的开展是基于教学目标而开展的，整个教学过程其实就是教师明确评价任务，执行评价任务，完成评价任务的过程。教学活动的设计解决的是学生到达哪儿（目标）的问题。

最后，是对整个教学设计的反思与改进。

（二）教学设计的制定策略

1. 设计精准化的教学目标

相关学者认为，教学目标的程序包括确定教学目标内容，表述教学目标，落实教学目标。精准化的设计教学目标指的是确定教学目标内容和表述教学目标两个方面，落实教学目标则是在实际的教学中才能完成。

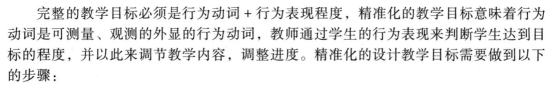

完整的教学目标必须是行为动词＋行为表现程度，精准化的教学目标意味着行为动词是可测量、观测的外显的行为动词，教师通过学生的行为表现来判断学生达到目标的程度，并以此来调节教学内容，调整进度。精准化的设计教学目标需要做到以下的步骤：

（1）研读《标准》，分解内容标准

《标准》是教师制定教学目标，教材编写，考试命题的依据，教师在制定教学目标时要理解课程标准中所使用的描述结果性目标的动词词汇，如"了解""理解""掌握""运用"；以及描述过程性目标所使用行为动词词汇，如："经历""体验""探索"等，从而让自己制定出更加精准的教学目标。

教师制定教学目标要依据《标准》中的课程内容，在各学段中，安排了四个部分的课程内容："数""图形""统计与概率""综合与实践"。教师制定教学目标符合《标准》中对于课程内容的要求，同时对课程标准中的内容进行分解。有关学者提出了具体的解读步骤：第一，寻找关键词，如名词和动词；第二，分解关键词；第三，重组关键词。国内对解读课标比较详细且以教－学－评一致性思想来解读的是崔允漷教授，本书主要也是认同并采取崔允漷教授分解标准的具体步骤：

第一步，分析语法结构和关键词，判断内容标准中的语法结构，找出其中的行为动词，以及行为动词指向的相关的核心概念，名词或形容词、副词等修饰词和规定性条件，将其作为关键词，并进行分类。

第二步，扩展或剖析核心概念，采用理论意义展开或概念展开等方式，将课程标准中涉及的核心概念予以扩展、剖析。

第三步，扩展或剖析行为动词，采用词汇意义展开、学科逻辑展开或教师经验展开等方式，将课程标准中涉及的行为动词予以扩展或剖析。

第四步，确定行为条件，针对上述分解而来的具体学习行为，结合学情、校情和其他课程资源，进一步明确内容标准中涉及的行为条件，或补足内容标准中缺少的行为条件，用以指导教学活动的开展。

第五步，确定行为表现程度，针对前面界定的具体学习结果，结合学生情况、各地学科教学指导意见、考纲等，进一步明确内容标准中已有的或补足内容标准中缺少的行为的程度，以此来作为教师达成教学目标的最低质量要求，从而为教学与评价提供依据。

第六步，写出教学目标，精准的写出教学目标。

（2）正确表述教学目标

对内容标准进行分解之后，最后的步骤就是要正确的表述教学目标，只有通过正确的描述教学目标，最终教学目标才能得到落实。教学目标的表述主要包括四个方面的内容：即行为的主体、动词、条件，以及程度，也就是通常我们说的 ABCD 模式，也是目前最契合新课标要求并且运用最广泛的目标陈述方式：A——听众（audience），代表行为主体，目标所指向的对象；B——行为（behavior），代表了行为动词，也就是行为主体在学习中的具体行为；C——条件（condition），代表行为条件，指行为动词发生所需要的具体条件；D——水平（degree），代表的是行为水平，指的就是行为动词可达到的程度。

教学目标的主体必须是学生，但是在表述教学目标时为了简便陈述，方便教师的教学与评估，行为主体和行为条件往往可以省略不写，也就是完整的教学目标为：行为动词＋行为表现程度。教学目标的表述尽量使用明确的、可测量的、可评价的外显行为动词，避免使用内隐的行为动词。

2. 依据教学目标，制定评价任务

依据逆向教学设计原理，评价方案的设计先于教学活动设计。评价手段的设计要明确三个问题：一是评价选取的依据是什么？二是评价的内容是什么？三是评价的标准是什么。评价任务的设计主要有两个方面的作用，一方面对于教师而言，评价手段可以帮助教师在教学过程中了解学生的学习情况并根据收集到的学生的学习情况做出下一步的教学策略，调整教师自身的教学进度，教学活动，以便能够更好地达成教学目标。另一方面对于学生而言，教师通过评价手段的运用，让学生能够清楚地知道自己所处的位置，并在教师的带领下做出进一步的改进。

布置评价的用语是否清晰明确，任何的评价都需要让学生清楚地明白该做什么，什么时候做。评价的内容不能是局限于课本、练习题上面的内容，也不能只图方便快捷就不假思索的利用，而是应该考虑目标的问题，有利于实现目标的评价内容才可以列入参照。

具体的方法有：教师通过研读教材和课程标准明确数学学科中对学生学习的结果要求，以及具体阶段对学生认知水平的不同要求，使用不同的动词表述，也可以理解教学目标的要求，从而制定出可以观测的手段和途径。在教学过程中，教师分析收集到的学习结果资料，给学生的学习结果做出评价。教师在进行教学设计时，依据教学目标的难易程度设计相对应的评价任务，课堂练习题、课后作业作为评价的一种手段都要根据目标进行设计。

3. 以教学目标与评价为依据，制定教学方案

教学活动是实现教－学－评一体化课堂教学最关键的因素，教学目标是否能够达成，最终依赖教学活动如何设计，如何开展。教学活动首先要和教学目标相匹配，如何设计才能够使学生积极主动的投入学习中来，学习的最佳效果，是教师需要重点思考的问题。依据目标、评价选择可以实现目标的内容，新课程要求课程内容要具有生活化、综合化，教学内容的选择不能仅仅局限于课本教材上的内容，还要贴近学生生活，可以激发学生学习兴趣，实现教学目标的内容都应该加以利用。

其次是选择合适的教学组织形式，无论是个人自主学习，还是小组学习，都要依据教师所制定的教学目标，设计的评价来制定；选择何种教学方法，如讲授法、实验法、直观法，不同的教学方法所适用的教学内容也不尽相同，因而要根据选择的教学内容，确定运用何种教学方法。

最后是教学时间的安排，每节课能够教授的内容是有限的，能够实现的目标是什

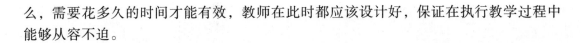

么，需要花多久的时间才能有效，教师在此时都应该设计好，保证在执行教学过程中能够从容不迫。

六、保证教师课堂教学的实践效果

教学目标、学习结果、评价三者一致性的实现，最终是通过教师的课堂教学完成的，脱离教师的课堂教学，即使教师的教学设计再好，最终也不能实现教师课堂教学中教学目标、学习结果、评价的一致性。提高教师教学实践能力，忠实执行于教师的教学设计，在不断的教学反思中进步。

（一）忠实执行教学设计

保持教学过程与教师教学设计的一致性，要求教师在课堂教学中要忠实于自己的教学设计和教师制定的教学目标，最终转化为学生的学习结果。教师的课堂教学设计是教师课堂教学的预设，最终要落实到教师的课堂教学中才能发挥出它的效果。教师的课堂也不能是教师在课堂上的即兴发挥，而是要有一定的依托。教师的课堂教学不能只想着创生，而忘记最初的出发点。因此，教学设计就能够很好地辅助教师课堂教学。

实践是检验真理的唯一标准，要提高教师进行课堂教学实践的能力。教师进行教学设计之后，要不断地在自己的课堂中反复的实践，使教师课堂教学设计与教学过程保持一致性，主要涉及教师目标预设与目标生成，过程预设与过程生成，评价预设与评价生成，这三者要从教师教学设计中的预设，变为学生在课堂上的生成。保证课堂效果的方法就是，在教–学–评一致的教学设计基础上忠实地执行教学设计，在实现课堂教学设计中预设的基础上，创造课堂之外的精彩。

（二）在反思中不断进步

教学反思能够提高教师教学效果是显而易见的，教学反思也是教学设计中很重要的环节，但它是发生在教学设计运用到课堂教学之后的步骤。教师要对自己教学设计中设计的教学目标、教学过程、评价活动以及自己的课堂实践效果等多方面进行反思，只有在反思中才能不断地得到进步，没有哪一位教师天生就是专家，都是通过在实践中不断地实践，不断地反思而取得的成果。

以往的教学反思涉及的是教学的方方面面，内容很多方向不明确，而教学目标、学习结果、评价手段一致性的教学反思则为教师提供了更加清晰明了的方向，也更能让教师反思自己教学中存在的问题，并在此基础上不断改善自己的教学，提升教学实践能力和提高教师的课堂教学的有效性。

反思的具体方法是，教师思考自己的教学目标是否具体可操作，课堂结束之后反思教学目标是否转化为学生的学习结果，评价是否和目标保持一致，课堂中做出的评价是否检测出学生的学习结果，能否实现教–学–评一体化，课堂的教学效果是否得到提高等。

第三章 小学数学课堂教学问题诊断

第一节 把握教材，理解"用教材教"

一、分析教材和把握教材

（一）案例导入

【案例一】《解决问题的策略》例1（苏教版国标本小学数学第七册）

课件演示例1的情景图（图上出现了小华、小明和小军到文具商店购买笔记本的情景，并显示出了小华说的话"我买5本"、小明说的话"我买3本，用去18元"、问题"小华用去多少元？"），为了能让学生选择信息，教师把小军说的话"我花了42元"也放进了情景图。

师：这幅图中，你了解到什么？

生：我了解到小华买了5本笔记本；小明买了3本笔记本，用去18元；小军买笔记本用去了42元。

生：我还了解到要求小华用去多少元？

师：那么，要求小华用去多少元，要用到哪些有用的信息呢？

生：小华的"我买5本"和小军的"我买3本，用去18元"。

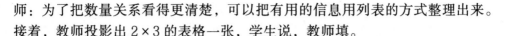

师：为了把数量关系看得更清楚，可以把有用的信息用列表的方式整理出来。

接着，教师投影出 2×3 的表格一张，学生说，教师填。

师：现在，我们就可以来分析数量关系，找出解决问题的方法。

【案例二】《解决问题的策略》例1（苏教版国标本小学数学第七册）

列表整理信息结束，教师引导学生分析数量关系，再列式解答。教师根据学生的回答，板书：18÷3=6（元）6×5=30（元）。

师：你是怎么想的？

生：根据小明的条件"买3本，用去18元"，可以求出1本笔记本的价钱，列式是18÷3=6（元），再根据1本笔记本6元和小华买5本，可以求出小华用去多少元，列式是6×5=30（元）。

师：说得真好。这位同学是从条件入手，最后解决问题的。

板书：条件→问题

师：能不能从问题入手找到解决这个问题的方法呢？

（二）诊断分析

在案例一中，表格是由教师以直截了当的方式呈现的，有一种让学生不容置疑的接受式学习的痕迹。这种直截了当的呈现方式似乎很有效率，殊不知，这样的呈现方式忽视了本堂课的一个教学目标——引导学生体验表格的形成过程和列表的作用。学生很难深切感受到表格中的数据具有简洁和有序的优势。而且，大多数学生都会有这样的疑问："我们已经能解决例题了，干吗还要把相关信息列表整理呢？岂不是多此一举？"在随后的听课中，我发现这位教师把重头戏都放在了如何引导学生分析数量关系和弄清解题思路上了，所以出现教学目标的偏差也不足为奇。从另一个角度看，该教师只重视知识静止的文本形态，忽视了知识的经验形态和形成形态，而后者恰恰是新课程有别于旧课程的最明显的标志。

在案例二中，解决问题的相关信息已经以表格的形式展示在学生面前，但那位学生在叙述解题过程时仍习惯性地去看文字图画内容，而教师又没有及时地给予纠正。这样显然有悖教材编写的意图：需要根据列表整理好的相关信息分析数量关系，列式解答，说解题思路。这位教师犯这样低级错误的原因是没有深入钻研教材，没能领会运用列表整理策略解决问题的基本程序，即依据问题列表整理出相关的有用信息→依据表格提供的信息分析数量关系→运用表格中的数据列式解答。换句话说，该教师在把握教学目标上发生了严重的偏差。

（三）分析和把握教材的方法

1. 要熟读教材，理解教材，真正把握教材的知识结构和深广度

通过熟悉教材，教师可以知道某课教材在单元教材，或者在小学数学相关知识结构体系中的地位和作用。如此，在备课时才能瞻前顾后，有的放矢。所谓把握教材的深广度，就是在钻研教材时，需要经常考虑这样的问题：这一数学知识，为什么要教？

这一数学知识的本质属性是什么？教材为什么以这样的方式呈现？教材与学生的已有的知识经验存在多少差距？与这一知识相联系的知识、技能和数学思想方法有哪些？在一系列的追问和回答后，教师才能从宏观到微观上真正把握教材。譬如，分析案例中的教材，教师首先得弄清：解决问题中的问题是指什么？这里为什么不提解决问题的方法，而要提解决问题的策略？这里的问题，应该含有"障碍"、"疑惑"、"失败"的含义。具体地讲，"试图达到某种目标，但当时不知道为达到这种目标所需要的程序，这时问题就出现了"。很多教师对于"策略"的提法，尚有很多疑惑，他们认为用"方法"更容易让学生理解。其实不然，方法是针对某个具体问题，或者针对某一类问题的，而策略是用来解决真正的问题的，它需要综合运用多种方法，关注的是方法的选择、综合和解决问题的方向，所以它是凌驾于具体方法之上的。

2. 分析教材、把握教材，要把握新知识的生长点，把握教材的重难点和层次

教师要弄清新知识的生长点是旧知识还是学生的生活经验，新知识和旧知识之间的差距有多大，如此方能决定搭多高多大的"脚手架"。由于有教参、备课手册的帮助，教师可以容易知道某节课的重点难点，但教师不去钻研教材，就不知道为什么要把它们作为重点难点，教学时就不能把握好火候和分寸。另外，教师还要预计哪些是隐藏的难点。把握教材的层次特别重要，因为数学教材具有本身的逻辑性和条理性，把握教材的层次就是遵循数学的学科特点和学生学习数学的认知规律 —— 由浅入深，从具体到抽象，按照一定的程序来观察和思考等等。

3. 教师要特别重视分析和理解新教材与老教材相比较所发生的变化，以及修改后的新教材发生了哪些变化

经常触摸、揣摩和理解这些变化，你会发现这些变化最能体现新课程理念以及数学课程改革的最新成果。通过新旧教材的比较，找出变化的原因，就能更好地理解新教材和把握新教材。譬如，对新旧教材的方程内容的比较，新教材更突出对方程意义的理解，为此不惜篇幅在四年级下册增加了"用字母表示数"的内容。另外，新教材是用等式的性质来解方程的，而老教材是根据四则运算各部分之间的关系来解决的。为什么有这样的变化？新教材主要是考虑与初中的代数接轨，更加突出和重视让学生运用方程的思想来思考问题和解决问题，即把未知量和已知量看做同等的地位，参与运算，分析数量关系和解决问题。

二、开发和使用教学资源

（一）案例导入

【案例一】苏教版国标本数学第七册《使用计算器》

①出示照片，了解计算器在生活中的应用。

问：同学们，老师这里有几张照片，仔细观察，照片上的人都在干什么？看了这几张照片，你有什么感受？

小结：人们在进行比较复杂的计算时，通常使用计算器。

揭题：今天我们学习使用计算器。

②认识计算器。

a.教师介绍计算器的一些常用的功能键，学生补充。

b.比较小组同学的计算器有什么相同的地方和不同的地方。

③尝试使用。

a.学习例题。

出示例题：38+2730×18

要求：先独立计算，再在纸上验算，看用计算器算得是否正确。

b.用计算器计算两步运算的题目：380+192+43，816÷(-68)×27。

问：这两题的运算顺序是怎样的？

让学生独立计算，全班订正。

讨论：你认为用计算器计算有什么优点？应注意什么问题？

④教学"试一试"（共9道计算题）。

让学生尝试做题，记下得数，共同订正。

⑤巩固练习。

a.想想做做第1、2题。（计算训练）

b.想想做做第3题：先计算，再说说有什么发现？

【案例二】苏教版数学第九册《除数是整数的小数除法》

①复习。

计算下面各题，并说说你是怎样算的。

45.6÷8　9.12÷6

板书：按整数除法的法则去除，商的小数点要和被除数的小数点对齐。

揭题：在此基础上，今天我们继续学习"除数是整数的小数除法"。

②教学例2：34.8÷24。

a.尝试计算，说说你有什么疑问？

b.讨论：余下12个十分之一不够除怎么办？

c.比较：例2与复习题有什么不同？这道题是怎样继续算的？

板书：除到被除数的末尾仍有余数就在余数后面添0继续除。

③教学例3：36÷48。

a.列式，讨论：被除数与除数比较，哪个小？应该商几？

b.尝试计算，检验。

c.比较：例3与前面的计算有什么不同？整数部分不够商1怎么办？

板书：被除数的整数部分不够商1，商的个位上要写0。

④巩固练习（略）。

（二）诊断分析

美国教育心理学家奥苏贝尔说过，影响学习的最重要的因素是学生已经知道了什么，我们应当根据学生原有的知识状况去进行教学。随着科学的发展，社会的进步，计算器与我们的日常生活、工作联系越来越密切。特别是在一些比较发达的地区，计算器更是常见的物品，大部分学生已经或多或少地有了使用计算器的经历。案例一中，该教师却并没有考虑上述的生活现实和学生的生活经验，只是单纯地讲解计算器的功能，单一地进行计算器的操作技能的训练。枯燥的、脱离学生实际的讲解，简单的、没有思维含量的练习容易磨灭学生的好奇心，抑制学生思维的发展。

数学教学活动要以学生的发展为本，应该贴近学生的生活实际，用熟悉、亲切的教学情境帮助学生理解知识，了解知识的来龙去脉。应该有助于发展学生的思维，能够培养思维的深刻性和广阔性。案例二中，教师离开具体的问题情境来进行单纯的计算教学，容易使学生觉得枯燥、乏味，失去学习的兴趣，丧失探究的动力。而且让学生脱离生活经验来理解"在12个十分之一后面添0转化成120个百分之一"这一算理，是不够形象深刻的。同样对于为什么要在商的整数部分写0，学生也是一知半解。产生这个问题的根本原因在于教师高估了学生的抽象思维能力和数学理解能力。

（三）教学资源开发和使用方法

1. 要尊重和理解教材

熟悉教材和把握教材是开发教学资源的基础。教材是专家经过深思熟虑精心选择的典型教学材料。教师应该尊重教材，并深入钻研教材，弄清教材的编写意图，把握教材的特点，了解教材的优势和不足，如此才能有针对性地开发教学资源。

2. 要了解和熟悉学生

学生是教学的主体，学生的知识经验、年龄特点和家庭环境都会影响教学活动。所以教师要关心学生的生活，了解学生的心理，重视学生的发展，这样才能开发出适合学生的教学资源。另外学生的个人知识、直接经验、所处的现实世界都是重要的教学资源，这些都是教师取之不尽的教学资源库。

3. 要合理地重组、改造和创新教材

在前两点的基础上，我们可以对教学内容进行重组、改造，甚至是创新。

①改头换面，激发学生的兴趣。不局限于教材的呈现方式，改变教材陈旧的面貌，根据学生实际和教学需要，创设新颖、有趣的教学情境，激发学生的学习欲望，促进学生积极主动地学习。

②把根扎深，夯实学生的基础。不满足于教材呈现的内容，不拘泥于内容的前后顺序，能够在知识的生长点、关键点上做文章，运用多种方法帮助学生理解掌握，融会贯通，从而建立完整的知识体系。

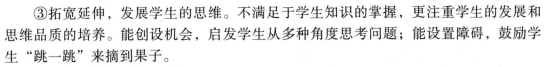

③拓宽延伸，发展学生的思维。不满足于学生知识的掌握，更注重学生的发展和思维品质的培养。能创设机会，启发学生从多种角度思考问题；能设置障碍，鼓励学生"跳一跳"来摘到果子。

④挖掘内涵，树立学生的人格。不浮于教材表面，能够挖掘教材的人文思想，适时对学生进行教育，使学生学会数学的同时，更学会做人。

三、帮助学生自主建构知识体系

（一）案例导入

【案例一】苏教版国标本数学第十册《最大公因数和最小公倍数练习》

师：什么是单个数的公倍数？两个数的公因数指什么？

学生在书上完成第 12 题。

师：你是怎样找出 24 和 16 的公因数的？又是怎样找到 2 和 5 的公倍数的？

师：独立完成 13、14 题，并在小组中交流各自的方法（这一环节里，学生答题速度较慢，且准确率也不高）

师：求最大公因数和最小公倍数的方法有什么相同和不同？什么情况下可以直接写出两个数的最大公因数？什么情况下可以直接写出两个数的最小公倍数？

指导完成思考题后，让学生阅读"你知道吗？"

师（小结）：大家在学习公倍数和公因数这一单元时，首先要弄清公倍数、公因数、最小公倍数、最大公因数的意义，其次要掌握找公倍数、公因数、最小公倍数、最大公因数的方法。

【案例二】苏教版国标本数学第十一册第 75～77 页例 5

师：给 30 个方格涂上红色和黄色，使红色与黄色方格数的比是 3：2。两种颜色各应涂多少格？

师：①怎样使涂的红色、黄色方格数的比是 3：2？

②两种颜色各涂多少格？请你大胆试试看，能用学过的方法来解决这个问题吗？

③大组交流。

大多数学生：3：2=18：12、18+12=30，所以红色涂 18 格，黄色涂 12 格。

部分学生：红色：30÷（3＋2）×3；黄色：30÷（3＋2）×2。小部分学生红色：$30 \times \dfrac{3}{3+2}$；黄色：$30 \times \dfrac{2}{3+2}$。

师：这是一个按比例分配问题，一般我们都采用这样的方法来解答（师指着生 2、3 的回答）。请同学们看书第 75 页例 5，还有哪些不懂的地方？

（二）诊断分析

案例一中，从练习反馈情况来看，学生的学习效果并不理想，这是什么原因？仔细分析，原因有三：一是教材编排跳跃性大。本单元知识的生长点是四年级下学期的"倍数和因数"单元，那一单元的知识点与学习"公倍数和公因数"中的求"最大公因数和最小公倍数"关系紧密，时隔一年用到那些知识，学生难免有所遗忘。二是教师照本宣科，草率了事。教师没有针对教材的编排特点和学生的认知规律，帮助学生唤起对旧知识的回忆，沟通知识间的联系，建立起知识的认知结构。三是学生在学习过程中惰性作怪。学生不愿按教材例题的方法答题，因为那样把全过程写出来比较麻烦，只是看看或想想，就直接写出两个数的最大公因数或最小公倍数了。

案例二中，教师出示例题后就放手让学生尝试解决，看似给予学生自主探究的空间，但效果如何？为什么大多数学生这样解决问题？究其原因，在于教师，教师没能恰当地把握教材，用联系，发展的观点设计教学内容，更没有将教材的知识结构转化为学生的认知结构，致使学生思维缺乏灵活性和深刻性。

（三）如何帮助学生自主建构知识体系

认知心理学认为，数学教学的中心任务是塑造学生良好的认知结构，使之具有不断吸收新的数学知识的能力和知识自我生长的技能。教学中，教师应根据数学知识的内在联系，引导学生融会贯通，形成结构化知识板块，构建知识网络体系，促进学习迁移，提高解题能力，使学生得到真正的发展。建构主义学习观认为，学习不是把知识简单地传递给学生，而是学生自己建构知识的过程。在数学教学活动中，教师应合理、恰当地利用学生已有的数学知识、技能，引领学生自主建构数学知识。

怎样突破数学教学的瓶颈，让学生在纵横连接的主框架下，自主探索、主动建构知识体系？不妨从以下两方面入手。

1. 类比迁移，同化结构，形成知识体系

学生学习数学的过程，实际上是新知识与认知结构中已有知识和解题经验建立联系的过程。因此，一个合理的教学过程，应根据新知识与学生认知结构中原有知识或经验的联系，设计最易使学生同化新知识的教学方法，尽量缩小学生已知与未知的差距，为学生创设建立新旧知识联系的条件，让学生在摄取新知识的过程中发展学习能力。教学的根本目的在于提高学生"举一反三""闻一知百"的能力，使学生真正学会自主建构知识，成为学习的主人。教学中，教师可从新旧知识的连接点、异同点入手，类比推测两类知识间相同或相似之处，引发问题，引起思考，从而促进学生的认知迁移，让学生从旧知识的温故转到新知识的认知。只有这样，才能在新旧知识间架起一座桥梁，提高认知结构同化新知识的能力，才有利于把教材的认知结构转化为学生的认知结构，从而构建新的认知结构，使学生获得的知识形成体系。

2. 依托教材，理清脉络，构建知识网络

数学教学中，教师要建立知识系统观、结构观，引导学生将零散的知识点凝聚成线，特别是在一个章、节知识点教学完后，应重视辅导学生基本掌握教材的知识结构及各知识间的内在联系，形成网络，使零碎的知识系统化、序列化。构建一个清晰的

知识网络，便于学生对知识的记忆，也便于学生解决问题时形成发散性思维，找到各个知识的联结点，更有利于培养学生解题的宏观思维能力。因此，在教学过程中，教师要善于和学生一起勾画和构建知识结构图，通过构建知识网络图，把知识点一目了然地全部收入思维体系。只有这样，才能促使学生整合新旧知识，从整体上把握知识，才能使学生获得有效的知识，自由驾驭知识，真正提高自学能力、思维能力和自我反思能力……真正达到理想的教学境界！

四、把握不同内容的教学特点

（一）案例导入

【案例一】苏教版国标本小学数学二年级上册《认识图形》。

师：你们从图上看到了什么？

生1：图上有两块地砖。

师：这两块地砖的面各有几条边？

生2：它们都有4条边。

师：它们各有4条边，我们叫它们"四边形"。

出示例2图。

师：请小朋友们再数一数，这四个图形各有几条边？

生3：上面两个图形各有5条边，下面两个图形各有6条边。

师：由5条边围成的图形叫五边形，由6条边围成的图形叫六边形。

【案例二】苏教版国标本小学数学二年级下册《统计》

师：同学们，我们以前已经学过用"分一分、排一排"和"符号记录"的方法来对数据进行整理统计，今天我们继续来学习统计。

出示主题图。

师：看了这幅图，你想知道些什么？

生1：我想知道这次动物运动会有哪些项目，有哪些小动物参加了这次运动会？

生2：我想知道有几只小狗，有几只小兔，有几只小猴？

……

师：大家想知道的问题可真多呀！下面就请你们一边看图，一边完成表格。

出示统计表。

动物种类	小狗	小猴	小兔	合计
只数				

运动项目	跳高	跑步	合计
只数			

（二）诊断分析

数学知识具有很强的抽象性、逻辑性、严谨性，如果教学时只注重对知识的认知过程，忽略学生学习兴趣的激发和积极情感的调动，久而久之，学生会觉得数学学习苦而无味，甚至厌学。

案例一《认识图形》是小学数学《空间与图形》知识的教学内容之一，要求从学生的生活经验出发，注重通过学生的观察、操作、想象和交流活动，初步发展学生的空间观念。上述教学中，由于教学内容简单，教师亦简单地将新知识直接授予学生，完全忽略了学生动手操作、主动探究、发现规律的自主学习过程。虽然通过学习，学生能接受新知识，但课堂学习氛围不浓厚，学生处于被动接受状态，不能很好地开发和利用他们的空间想象能力和创造力。

同样，在"统计"的教学过程中，教师只是将教材内容呈现给学生，没能准确地把握住"统计"的教学特点。根据《数学课程标准》的要求，统计的教学应注重学生收集数据、整理数据和分析数据的过程，使他们逐步形成统计观念，同时注重统计内容与学生现实生活的密切联系和统计数据的相关知识与方法。

针对小学低年级学生好奇、好动、易兴奋的特点，教师在教学中若能根据他们的年龄特点，激发他们的学习热情，让他们在喜闻乐见的教学活动中兴趣盎然地学习，就能达到以"情"促"知"的教学效果。

在新教材中，主要有"数与代数""空间与图形""统计与概率""实践与综合应用"四大块教学内容。新教材的教学特点就是在数学教学活动中，体现学生是数学学习的主体，让每个学生在获得基本数学知识和技能的同时，还在情感、态度、价值等方面都能得到充分的发展。这就要求教师在研究教材时，把握不同内容的教学特点，选择恰当的教学模式，以期待最有效的教学效果。

（三）正确把握不同内容的教学特点的方法

1. 教师要深入研究教材，了解教材的编写特点

通过对新旧教材的比较，不难发现，新教材更多关注各教学内容之间的相互联系与综合，展现了数学知识的整体性，同时更加强了数学与现实生活的紧密联系。因此，在学习过程中，学生的学习难度明显降低了，新教材减弱了对抽象性概念的认识，注重学生的感性认识，在学习内容中已经蕴含了学习方式和探究新知的方法。比如，"实践与综合应用"的教学内容，就沟通了生活数学与课堂数学的联系，并把各部分教学内容有机地结合在一起，使得数学能真正地为学生服务，不仅仅是学数学，更是用数学。

2. 教师在全面了解新课程内容的基础上，在感知教学内容的同时，要学会分析适合不同教学内容的教学模式

比如在"数学与代数"这一块内容中，要重视结合学生的生活情境，发展学生的数感；重视让学生经历探索运算方法的过程，给学生提供自主选择算法与交流各自算法的时间和空间，从而体验算法的多样化；重视把计算学习与解决实际问题结合起来，鼓励学生运用所学知识解决实际问题；注重发现规律、探求模式能力的培养。在"实践与综合运用"这个领域，由于是学生乐于参与的学习内容，教学时可以游戏为主线，以知识为主流，通过学生的自主操作、合作交流等多种形式，拓展他们学习的空间，

体现生活数学的概念。

3. 教师要学会根据自身的教学特长和学生的学习现状来把握教材

教学内容是在教学过程中创造的，它既是对现成教材的沿用，也包括教师对教材的处理、加工、改编等等。也就是说，教师可以根据教学需要对教学内容进行增删或调整，或应学生的需要对教学内容进行拓展延伸，比如把数学学科与其他学科进行有机整合，以丰富学生的知识。

五、理解"教教材"和"用教材教"

（一）案例导入

【案例一】苏教版国标本数学第十二册《百分数的意义》

①谈话引入：学校篮球队组织投篮练习。李星明等三名队员的投篮情况如下。

姓名 投篮次数 投中次数

	投篮次数	投中次数
李星明	25	16
张小华	20	13
吴力军	30	18

②提问：根据这张表你认为哪位同学的投篮练习成绩好一些？为什么？

③学生独立计算三名队员投中的比率。

④引入百分数。

为了便于统计和比较，通常把这些分数用分母是 100 的分数来表示。

李星明投中次数占投篮次数的 16/25，也可以写作 64/100；

张小华投中次数占投篮次数的 13/20，也可以写作 65/100；

吴力军投中次数占投篮次数的 18/30，也可以写作 60/100。

指出：像上面这样表示一个数是另一个数的百分之几的数叫百分数。百分数又叫做百分率或百分比。

【案例二】苏教版国标本数学第六册《面积单位》

①画一个边长是 1 厘米的正方形，把它剪下来。

指出：这样一个正方形的面积就是"1平方厘米"，"平方厘米"可用字母 cm^2 来表示。

看着你手中 $1cm^2$ 的正方形，说说你觉得 $1cm^2$ 怎么样？平方厘米是一个怎样的面积单位？

身边有没有什么东西的面积大约是 $1cm^2$？

②画一个边长是 1 分米的正方形，把它剪下来。问：你知道这个正方形的面积是多少吗？

在这个正方形里写：1平方分米（$1dm^2$）

比一比 1 平方厘米和 1 平方分米，你觉得平方分米是怎么样的面积单位？

身边有什么东西的面积用它做单位比较合适？是多少？

③老师再请你剪一个 1 平方米的正方形，你行吗？为什么？

那你知道 1 平方米有多大吗？

找一找，身边有什么东西的大小最接近 1 平方米？（教室黑板由 3 块组成，其中的每一小块的面积都是 1 平方米）

【案例三】苏教版国标本数学第六册《长方形面积的计算》

①出示 12 个边长 1 厘米的小正方形和教材第 82 页表格。

②教师操作：用边长 1 厘米的小正方形摆出 3 个大小不同的长方形。每摆一次，问：这个长方形的长是多少？宽是多少？拼成这个长方形需要多少个小正方形？它的面积是多少平方厘米？

③学生模仿教师的方法拼、量、数 3 个长方形的面积，并完成表格。

④讨论归纳：因为长方形面积正好等于长个数与宽个数的乘积，所以长方形面积 = 长 × 宽，进而得出字母公式。

（二）诊断分析

案例一的教学偏离了百分数的本质含义，不利于百分数的意义的归纳。教材用三个人投篮的事例着重说明"为了便于统计和比较，通常用分母是 100 的分数来表示"，而没有紧紧围绕百分数的意义"表示一个数是另一个数的百分之几的数叫做百分数"来分析事例，因而绝大部分学生都会归纳出"分母是 100 的分数叫做百分数"，从而偏离了百分数概念的本质。原因是教师研究和体会教材不够，囿于教材，坚持"以本为本"，照本宣科；过于依赖教材，囿于教材，完全根据教科书来进行教学，不敢对教学内容进行增删或调整，把完整复现教材的内容作为教学的基本目标。

案例二中，教师遵循课本上的认知顺序，先认识 1 平方厘米，再认识 1 平方分米，最后认识 1 平方米。这样的教学体验性不强，不能使学生建立三个面积单位的丰富表象，不利于学生形成清晰的概念。主要原因是教师仅仅停留在教材上，既没有在此基础上进行适当的拓展或超越，也没有连接学生的生活实际，加强学生对概念的感悟和体验。

案例三只是把"教教材"作为教学的最终目的，对学生思维训练的强度不够，不利于学生智力的开发，致使学生的学习缺乏自主性和探究性。教学从知识入手，先教师示范，再学生模仿，通过拼、量、数、填表，得出长方形面积的计算公式。由于学习新知花费的时间少，学生能进行大量的基本练习、变式练习。从表面上看讲得清、听得明、练得多，教学循序渐进，课堂秩序井然，但学生会习惯于把老师、课本当作金科玉律，只要记忆、模仿，无须绞尽脑汁独立思考，学生的思维强度太弱，不利于智力的开发。主要原因是教师对教材内容的拓展与延伸重视不够，缺乏课程资源意识，在具体做法上带有明显的功利主义色彩，在教材处理上过于偏重对知识的认知，容易忽视教材中情感因素的挖掘和学生逻辑思维的发展。

（三）"用教材教"的方法

"教教材"是每个教师在职业发展过程中都必然经历的，通过"教教材"熟悉课程内容、把握知识体系以及掌握学生的认知规律。但教师积累了一定的教学经验后，就该向"用教材教"迈进了。"用教材教"，要求教师把教材当作教学的基本材料，而不是唯一的材料；会主动寻求适合学生特点的一切有利于教学的材料；充分调动学生的积极性，培养学生自主学习的习惯。从"教教材"到"用教材教"，不是具体方法的简单变化。"教教材"本身就是目的，而在"用教材教"中，"教"是目的，"用教材"是手段，因为教材也只能是为"教学"提供的材料，不可能符合每个学校乃至每个学生具体的学习情况。如果教材好了，教师可以不动脑筋，只按照教材教，教材怎么说就怎么做；学生跟着教师学，教师怎么说就怎么做。这样一来，探究的学习方式不见了，学生学习的主体作用不见了，提高学生数学素养的目标也就落空了。

1. 教材本身有缺陷，须加以改造和补充

从现实事例入手，侧重于学生生活经验的提取和调用，其优点是尊重学生的经验，紧密联系生活实际，让学生在大量的现实实例中通过比较、概括、信息筛选等，自然而然地归纳出百分数的意义表示一个数是另一个数的百分之几，并逐步加深对概念的理解，从而弥补了教材的缺陷。在教学过程中，教师要善于发现教材的缺陷，并根据学生的实际，对教材加以改造和补充，打破以教材为蓝本的"教教材"的框框，而去"用教材教"，这样更有利于帮助学生打通现实生活与书本知识间的联系，更有利于学生运用数学知识解决生活中的问题。

2. 注意从生活中挖掘教学资源

从生活中提取教学素材，教师不以教材思路进行教学，而是大胆地超越文本，连接小学生的生活实际，进行体验性教学。例如，"找一找，生活中你见过哪些物体的面近似1平方分米；闭上眼睛想一想，1平方分米该有多大；再伸出手来比画一下，1平方分米有多大，然后剪出一个面积是1平方分米的正方形；与1平方分米的正方形放在一起比一比，再剪一次……"课堂变得有趣、活泼，教师为学生的学习创设了丰富而又形象的学习场景，洋溢着浓厚的生活气息。要使学生学习数学时能积极地参与生动、直观的数学活动，体验数学与生活的联系，从实践活动中萌发出学习新知的欲望，进而理解、体会、感悟新知识，就要求教师心中要有原则、有目标，教材为我所用，适时从现实中挖掘教学资源，努力做到"用教材教"。

3. 从开发学生智力出发，教师按自己的教法对教材进行裁剪和再创造

现代课程论认为：教师不应只是课程的被动执行者，而应为课程的开发者、决策者、创造者。教师有权、也有责任对教材进行裁剪、改造，甚至重新创造。教师按自己的教法，通过对教材进行再加工，让学生实践探索，进行观察、实验、猜测、验证、推理与交流，为学生提供充分从事数学思维活动的机会，帮助他们在自主探索与合作交流的过程中真正理解和掌握基本的数学知识与技能、数学思想与方法，获得广泛的数学活动经验，使其智力得到发展。

第二节　精心预设，设计贴近学生生活的教学内容

一、备好学情

（一）案例导入

【案例一】苏教版国标本数学一年级下册《统计》教学片段

（教材简介：该课是在上册学习了简单的分类整理的基础上进行的，它以整理数据为主要内容，重点是让学生学会作标记收集数据）

上课伊始，A 教师打开了课前制作的课件：原始森林中，霸王龙走来了，连龙走来了，翼龙也走来了，三种恐龙随机出现着。

过了片刻，教师 A 暂停课件，问：刚才出现的恐龙有几种？

生：三种。

师：哪三种恐龙？

生（兴奋地）：有霸王龙、连龙、翼龙。

师：你知道霸王龙有几只，连龙有几只，翼龙有几只吗？

生（挠挠头）：没记住，老师，你再放一遍吧。

师：那老师再放一遍，每个同学准备好一张纸、一支笔，想办法记下来。

生看着屏幕，拿起了笔，然而，面对白纸，他们却不知如何下笔，一张张小脸憋得通红。

少顷，一声嚷嚷：老师，我不会画霸王龙。

师：那你写字啊！

生：那几个字我不会写。

教师一时怔住了。

【案例二】国标本苏教版数学一年级下册《统计》教学片段

教师 B 带着精心制作的课件进入课堂。课始，师打开课件，屏幕出现了长方形姐姐丫丫的屋子。今天是她的生日。各种图形娃娃前来祝贺了。正方形娃娃走来，进屋了；三角形娃娃走来，进屋了；又一正方形娃娃走来，进屋了；圆形娃娃走来，进屋了……后来，丫丫家的门关上了。

师：来祝贺丫丫生日的图形娃娃有几种？

生：三种。

师：哪三种？

生：正方形、三角形、圆形。

师：每种娃娃各来了几个？有什么办法可以知道？

生看着精美的画面，安静地思考着，过了一会儿，小手举起来了。

生1：我想进屋去数数。（他看到那扇门关着）

生2：我想掀开屋顶看看。（他注意到了漂亮的屋顶）

几分钟后，师只得做无奈状：老师再放一遍，同学们做好记录。

【案例三】《解决问题的策略》例1教学片段

（教材简介：该课属于系统学习"解决问题的策略"的起始教材，重点是让学生学会列表整理信息）

课始，教师C点击课件演示例1情境图。

师：你获得了哪些信息？

生答略。

师：要求小华用去多少元，需要用到哪些信息？

生：要用到小明说的"我买3本，用去18元"和小华说的"我买了5本"。

师：你会把这些有用的信息用自己喜欢的方式整理出来吗？试试看。

（很明显，教师想体现出学生整理信息方法的多样化）可是，学生的眼神有些迷惑、茫然。

师只得提示：譬如运用摘录条件、画图、列表等方法。

学生开始整理信息，教师巡视。看着看着，老师的眉头拧成了结。

原来，有的学生在把情境图中的条件摘录下来，有的学生在列式解答（显然他们并不知道"整理信息"是什么意思），个别学生在写解题思路，只有两、三个学生想到了画图或列表格。

老师东瞧瞧、西看看，过了好几分钟，总算找到了两三份可供展示的学生作品，放到实物展示台上展示。

（二）诊断分析

案例一中，教师A用了学生喜欢的题材来创设情境。然而，他却没有考虑到：一年级学生不会画那几种恐龙，也不会写那几种恐龙的名字。这叫学生如何去探究作标记法整理数据呢？无从下手啊！这一教学环节的失败完全归因于教师课前没有认真地去了解一年级学生的认字、写字水平以及绘画能力。

案例二中，课件里那神秘的门、漂亮的屋顶吸引了一年级的学生，于是学生想到的办法是"进屋"、"掀屋顶"，漂亮的课件起到了负面的作用，无意中把学生的注意力和思维方向导向了歧途，课堂教学的进程被这一"意外事件"打断了。问题的症结在哪儿呢？这是由于教师B设计教案时没能考虑到一年级学生的心理特征、思维特点。一年级学生的心理世界具有很多的想象化的虚幻成分。精美的童话画面自然激发了他们的想象能力，加上他们对局部细节的超乎成人的注意和兴趣，自然就导致了"想打开那扇门"的念头的产生。

案例三中，教师 C 让学生用自己喜欢的方式整理有用信息，欲体现"方法的多样化"，这样做似乎顺应了新课程标准提出的理念，实际效果却并不理想。问题的症结出在哪儿呢？原来，学生在以往的学习经历中只是接触到表格式或图画式问题，而用列表或画图的方法整理信息的经验是匮乏的，而且有些学生对"整理信息"这一说法也不甚理解，让这样的学生自主探索整理信息的方法，独立去列表格或画图，无疑难度很大。

上述问题，归根结底，均在于教师在备课过程中忽视了学生的学情，以致尽管花了很大的力气去"备教材、备教法"，但学生"并不领情"，教学效果不尽如人意。

（三）学情的了解方法

所谓"学情"，就是构成学生学习的各种因素的实际状况，主要分为智力因素和非智力因素两个方面。

学生的智力因素，主要指学生的知识基础及学习能力。"知识基础"，指学生已经掌握了哪些知识，理解和运用知识的能力达到何种水平；"学习能力"，指分析概括的能力、语言表达的能力、动手操作的能力等。高估了学生的学习能力，对学生来说，学习不堪重负，极易产生望而生畏的情绪；低估了学生的学习能力，则又会让学生养成浮躁、马虎了事的不良习气。学生的非智力因素，包括学习兴趣、学习习惯、心理特征、思维方式、行为习惯等。"学习兴趣"即主动探索的精神，积极参与学习活动的主体意识；"学习习惯"指课前预习的习惯、课堂质疑的习惯、完成作业的习惯等。

下面介绍几种常见的学情分析法：

1. 观察法

这是教师在自然（不加控制）状态下，有目的、有计划地主动考查学生或教育对象的一种方法，是分析学情的重要方法。只要我们做有心人，许多珍贵的资料是可以通过观察获得的。

2. 资料法

这是了解学情普遍使用的方法。它的特点是通过已有的文字记载材料，间接了解、研究学生已发生的事件或固定的基本情况。材料包括档案、笔记本、作业、班级日记等。通过查阅有关资料，可以比较系统地了解学生的学习、生活、思想、个性等方面的情况。

3. 问卷法

这是直接了解学情的一种方式。问卷题有开放式的即不予限制的，有封闭式的如选择题，也有图表式的等等。设计必须体现效度原则，即卷中问题应能反映问卷的目的要求，具有鲜明的针对性，简明扼要，易于回答。

4. 谈话法

谈话法是教师了解学情的最直接、最方便的方法，也是教师常用的方法。谈话的内容可涉及学生的学习心理、学习障碍、家庭文化背景以及学生学习数学的个人经历等。谈话中，可穿插提数学问题，让学生演算某个习题等。谈话的对象主要是学生，也可以是家长或者学生以前的任课教师。谈话法因其亲和、轻松和融洽的人际氛围，故而容易获取学生学习的真实状况（特别是非智力因素的内容）。

学情具有客观性、动态性、可知性、可变性和多样性。教师要坚持以学生的发展为本，高屋建瓴，关注学情，了解学情，从而以学定教、顺学而导，使课堂真正成为民主的课堂、有效的课堂。

二、选择教学方法

（一）案例导入

【案例一】学习用圆规画圆

（江苏省义务教育课程标准实验教科书数学第十册"圆的认识"）。

①出示书上圆规画圆过程的示意图。

师：观察圆规画圆过程的示意图，在小组里讨论交流用圆规画圆的步骤。

②教师结合学生的回答示范画圆，同时让学生明确用圆规画圆的基本步骤和注意点。

a. 确定圆规两脚间的距离（定长）。（注意点略）

b. 把针尖固定在一个点上（定点）。（注意点略）

c. 把另一个脚旋转一周（旋转）。（注意点略）

③学生自己练习画两个圆，相互间比比谁画的圆好。

【案例二】认识圆的各部分名称

（江苏省义务教育课程标准实验教科书数学第十册"圆的认识"）。

①自学圆心、半径和直径的概念。

师：在圆里面，还有圆心、半径、直径这些名称呢！你想知道什么是圆心、半径、直径吗？请自学书上例 2 这部分内容。

②学生汇报。

师：谁来说说，什么是圆心？圆心通常用哪个字母表示？

根据学生的回答，教师标出黑板上圆的圆心，然后让学生在自己画的圆中标出圆心。

师：什么是半径呢？

根据学生的回答，教师和学生各自在圆中画出一条半径。

师：什么是直径呢？

教师、学生各自在圆中画出一条直径。

③找出教师出示的圆中的半径和直径。

【案例三】学习用圆规画圆

①讨论画圆的方法。

师：如果让你画一个圆，你可以怎样画？

生1：用圆规画。

生2：拿一个硬币，摁在纸上，用铅笔沿着硬币的边画出圆。

师：利用物体上的圆形描出一个圆，这个方法大家都会，我们就不研究了。谁用圆规画过圆？给大家演示一下你的画圆过程。

结合学生回答，介绍圆规构造、各部分名称以及正确掌握圆规的使用方法。

多媒体演示圆规画圆的过程，教师相机归纳和板书用圆规画圆的基本步骤。

a.确定圆规两脚间的距离（定长）。

b.把针尖固定在一个点上（定点）。

c.把另一个脚旋转一周（旋转）。

②学生尝试画1至2个圆，教师巡视指导。

③讨论画圆的注意点。

教师展示一个学生画得不理想的圆，问：这个圆画得标准吗？

生3：不标准，他画圆时，圆规两脚间的距离变化了，所以圆的边封不了了。

师：看来，要用圆规画一个标准的圆并不是那么容易的，还有许多值得注意的地方。你们觉得，用圆规画圆要注意些什么？

生4：针尖固定好以后不能移动。

生5：圆规两脚间的距离确定后，不能发生变化。

生6：画圆时，不能用两只手使用圆规，应用一只手的拇指和食指捏住圆规的把手进行旋转。

生7：圆规旋转时，用力的重心应该落在针尖的这个脚上，让另一个脚比较轻快地旋转。

④要求学生画出一个标准的圆。

画完后，剪下这个圆，小组里比比谁的圆大。师：为什么有人画的圆大？有人画的圆小？

生1：圆规两脚间的距离大，画出的圆就大；圆规两脚间的距离小，画出的圆就小。

⑤画同一尺寸的圆。

师：如果要让全班同学画的圆都一样大，该怎样办？

生2：要把圆规两脚间的距离定得一样大。

师：我们统一把圆规两脚间的距离定为3厘米，画出这个圆。

【案例四】认识圆的各部分名称

①认识圆心。

师：刚才，我们用圆规画了三次圆。每次画圆，都要用圆规的针尖做什么？（定点）

你知道所定的这个点叫什么吗？（圆心）圆心通常用大写字母 O 表示。（板书）

②认识半径。

师：画圆时，除了要定点，还要定什么？（定长）也就是要确定圆规两脚间的距离。这个距离，你能用一条线段在画的圆里表示出来吗？

学生试画。

师：哪位同学到黑板上来画一画？其他学生仔细观察，这条线段是从哪里开始，到哪里结束的？

生1：这条线段从圆心开始，到圆周上的一点结束。

师：像这样，在圆周上的一点，称为是圆上一点。那像这样的线段还能画吗？请你在自己的圆里继续画。

师：停！照这样画下去，可以画多少条？（无数条）为什么？

生2：连接圆心和圆上任意一点，就能画出一条这样的线段，圆上有无数个点，所以能画出无数条这样的线段。

师：知道这样的线段叫什么吗？

生3：半径。（板书）

师：半径通常用小写字母 r 表示。（板书）

师：现在，你能用自己的话说说什么是半径吗？可在小组里说说。

③认识直径。

师：我手中有一个圆片，我把它对折，再打开。你看见了什么？

生1：一条折痕。

师：你能把这样的折痕在圆里画出来吗？

师：这条线段通过了什么地方？并且两端都在什么地方？

生2：这条线段通过了圆心，并且两端都在圆上。.

师：这样的线段叫什么？

生3：直径。（板书）

师：直径通常用小写字母 d 表示。（板书）

（二）诊断分析

上面两个案例，在选择教学方法时，存在一些问题：

1. 高估学生

案例一第一环节，教师设计采用观察、讨论法进行教学。但在实际的课堂上，效果非常不理想，让学生讨论画圆步骤这一活动几乎没有开展起来。什么原因致使此次讨论失败呢？首先，教师展示的图片是静态的，比较抽象，而班中绝大部分学生之前尚未接触过圆规，更没有用圆规画圆的经验。要让毫无经验基础的学生看懂抽象的图片，有一定难度。其次，从学生后来的表现可以看出，这个班的学生整体上属于"内向"型性格。他们习惯于听教师讲，而不习惯于主动发言、交流，加上有听课教师在场，他们更是谨小慎微，不敢表达了。

2. 急于求成

案例一的第二环节，教师设计教学时，一厢情愿地认为，只要通过直观的演示，完整、细致的讲解，学生肯定能一步到位地学会画圆。所以教师对这一环节的教学，采用了直观演示、密集讲解的方法。殊不知，"一口吃不成胖子""欲速则不达"。从学生画圆环节中暴露出的诸多问题足可说明，学生对教师的讲解并没有很好地消化掌握。

3. 过于简单

案例二中，教师觉得圆心、半径、直径的概念非常简单，学生看看书就能掌握，没什么可教的。于是，就设计采用自学法、谈话法进行简单的教学。课上，虽然学生都能照本宣科地回答教师的提问，但实际上，学生对这些概念的理解是不够透彻深刻的。而且，这样的教学纯粹是为"知识"而教，忽略了知识形成的过程以及对学生的数学思维和探究能力的培养。

（三）教学方法的选择原则

教学方法的选择，要考虑教师、学生、教学内容和教学手段等因素。选择教学方法，必须遵循以下几点原则：

1. 选择教学方法要有利于教学目标的达成

每个教学内容，都有相应的教学目标任务。教师要根据不同任务以及各种教学方法的作用和效果选择教学方法。例如，教学用圆规画圆的目标是：①让学生掌握圆规画圆的方法要领，能画出标准的圆。②让学生能初步体会圆规画圆的基本原理和圆的特点，为教学圆的各部分名称以及圆的特点作潜伏和铺垫。③培养学生动手操作能力。要达成这三项目标，采用练习法应该是最为有效的。

2. 选择教学方法要考虑教学内容的特点

教学目标是通过具体的教学内容体现的。选择教学方法应考虑教学内容的特点，以及学生掌握该内容所必需的智力活动的性质 —— 形象思维还是逻辑思维。不同的内容要求教师采用不同的教学方法。教材中某些"过程性"内容适合于演示，如教学用圆规画圆的过程。通过演示，"过程"就显得非常直观、清晰。某些"方法性"内容适合于教师讲解，如教学圆规画圆的方法。通过讲解，学生能快速地掌握画圆的要领。某些"训练性"内容适合于学生动手练习，如画圆、圆的半径和直径。通过练习，可检测学生的学习情况，也可以帮助学生熟练技能。某些"概念性"内容适合于谈话引导，如教学圆心、半径、直径的概念。某些"研究性"内容适合于学生讨论，如教学圆规画圆的注意点。采用讨论，起到互相启发，集思广益的作用。

3. 选择教学方法要考虑学情和学生的发展可能性

教师在选择教学方法时，应掌握学生的年龄、心理特点，了解学生的知识基础、学习态度、智力发展水平以及班级学生整体学习特点等。学生对某种事物有了大量的感性知识，就不必使用直观教具进行演示。小学生思维加工能力比较弱，注意面不广，在抽象概念、概括规律时，可用图表、文字作为思维的支柱，如概括半径、直径概念时，可展示画有半径、直径的图形，板书出概念中的关键词："圆心""圆上一点""两端都在圆上"，帮助学生透彻理解概念，便于学生能完整地概括概念。对学生已经获得知识经验基础的问题，教师可采用讨论法、谈话法引导启发。如案例三中，采用讨论法教学圆规画圆的注意点之所以成功，是因为学生通过第一次尝试画圆，已经积累了一定的感性经验；之所以能采用谈话法快速、有效地解决"怎样能画出大小一样的圆"的问题，是因为学生掌握了"圆的大小与圆规两脚间的距离有关"这一知识基础。有的班级学生整体表现为外倾型性格，学生爱提问，爱发表意见，比较活跃，宜采用讨论法、谈话法进行教学；有的班级学生整体表现为内向型性格，学生不爱提问，也不善于讨论，课堂气氛比较"沉闷"，讨论法就要暂时少用、慎用。教师应采取措施逐步扭转"沉闷"气氛，促使教学向积极方面转化。

4. 选择教学方法要考虑教师自身的个性特长

口头表达能力强，善于描绘的教师，运用语言方法效果较好。思维敏捷、组织能力强，教学经验丰富的教师，运用谈话法、讨论法效果较好。在选择教学方法时，教师要注意扬长避短，发挥个人优势。

5. 选择教学方法要考虑课堂时间、教学设备等客观条件

使用讨论法、实验法，一般需要足够的时间，故而选用时应考虑时间是否允许。选用演示法、实验法时，应充分考虑教具、学具以及教学设备的性能等。如演示画圆的过程，最好能用学生所用的圆规，在多媒体电脑中演示，或者在实物展示台上演示。如果利用教学用的木质圆规在黑板上演示，效果就要差一些，因为木质圆规一般没有旋扭把手，容易误导学生捏住圆规的两脚进行旋转。

以上，是从单一的角度谈了选择教学方法的一些原则。具体选择时，应综合考虑各方面因素，唯有如此，才能真正选择好教学方法。

三、精心预设，促使有效生成

（一）案例导入

【案例一】锐角和钝角

（教师出示教材中的主题图）

师：今天，老师带你们去儿童乐园玩一玩好吗？通过观察主题图，你可以看到什么？

生1：我看到儿童乐园里有好多可以玩的项目。有摩天轮、旋转椅、荡秋千、滑滑梯、小火车、跷跷板，等等。

师：真不错，一下子发现了这么多游乐项目。

生2：我看到有6个小朋友在玩旋转椅。

师：你观察得真仔细！同学们还发现了什么？

生3：我看到有2个小朋友在玩跷跷板。

生4：我看到有2个小朋友准备去玩摩天轮。

时间已过去不少，但学生的回答还是不能如教师所设所愿，此时教师又问：你们细观察，在这些游乐的项目中，到处都可以看到什么？

生5：这些项目都有小朋友在玩。

生6：哦，我知道了，这些游乐项目的器材，都是用铁做的。

这时老师哭笑不得，只好问学生："大家有没有发现，在这些游乐的项目中，是不是都有我们以前学过的角啊？"学生齐声回答："是！"

【案例二】乘法分配律

教师在呈现算式"$1.96 \times 5.7 + 1.96 \times 4.3$"后，一连串设计了5个问题：

①这道题是求两个积的和，两个积中相同的因数是什么？

②有没有另外的算法？

③可以怎样计算？

④这样的计算简便吗？

⑤简便在哪里？

（二）诊断分析

在上述几个案例中，明显可以看出，教师在课前预设时已经走入了误区。

1. 预设不充分、不科学，不利于课堂的有效生成

如案例一中，教师利用主题图让学生观察导入新课的做法很好，但教师所问的问题却未能紧扣教学目标。教师抛出了问题："你看到了什么？"这样的提问的确有利于调动学生的积极性，鼓励学生多说。然而，学生会结合自身的知识体系和生活经验去观察，从而获取许多与数学相关甚至不相关的信息，因此，学生的回答未能如教师所预设的那样说出与"角"相关的知识，也就不足为奇了。这些漫无边际的回答挤占了学生有效的学习时间，课堂表面的热闹终究掩盖不了实质的苍白。

2. 预设过细过杂，没有预留生成的时间和空间

预设要适度，要给学生留有自主探究、动手实践、合作交流的时间和空间。案例二中，过死过细的预设必定会使教师牵着学生的鼻子走，导致教学的机械与沉闷，课堂缺乏生气和乐趣，师生的生命力得不到充分发挥。

3. 死守预设不放，没有及时调整，完全忽视甚至扼杀学生的自主生成

教师的预设不可能涵盖所有的课堂问题，当遇到学生不认同教师的说法时，如果用教师的威信直接告诉他们结论，那么学生虽然在本子上写了标准答案，但眼神仍是将信将疑，甚至可以看到一种委曲求全的无奈。

（三）顺应学生的探究欲望和学习需求，精心预设促使课堂有效生成

1. 课堂教学必须有预设，而且预设要充分，要做到精心预设，为生成启航

教学是一项复杂的活动，它需要教师课前做出周密的策划，这就是对教学的预设。教师不仅要备教材、备学生、备情境、备生活、备自己，还要备和课堂有关的一切主客观因素。教师有必要对课堂做好充分的预设，对结果要了然于胸，对过程要多作假设，学生会如何说？我又该如何引？不妨多模拟些情境，多估计些情况，使预设更有宽度、厚度、深度和广度，在横向、纵向相结合的预设中追求课堂教学的精彩。这样，教师才能从容不迫地面对学生，才能胸有成竹地与学生进行对话，也才有可能生成许多预期的精彩。也只有这样，当课堂出现未曾或无法预见的情况时，教师才有足够的智慧去应对，从而将课堂引向精彩，而不至于听之任之，甚至手足无措、方寸大乱。其中，准确把握教材，全面了解学生，是进行教学预设的重点，也是走向动态生成的逻辑起点。

（1）准确把握教材

教材作为教学资源的文本，是新标准理念的具体体现，是学习内容的主要载体，也是学生学习的基本材料。但教材是面向全体教师的，不一定完全适合教师个体的教和学生个体的学。因此，教师既不能脱离学教材、随意拔高教材，也不能囿于教材、依赖教材，而是要走进文本，与文本进行对话，反复钻研，要吃透编写者的意图，吃透新教材的新变化。在深入理解教材的基础上，根据学生的实际和本人的教学风格，对教材进行精心加工和设计。

（2）全面了解学生

教学是师生交往互动的过程，学生原有的知识经验、能力水平、个性特点必然影响着教学活动的展开和推进。对于独立意识越来越强的现代学生，他们更希望教师能平等看待他们，他们甚至可能向教师发点小小的"难"，以证明他们的力量和存在。因此，做到"心中有人"，尽可能多地了解学生，预测学生自主学习的方式和解决问题的策略，是科学预设的一个重要前提。要淡化狭隘的模式化的备课，应该在教学方案设计中有"弹性区间"，为学生的主动参与留出时间与空间。

（3）精心预设

在预设时，教师不能再做单路径预设，应将在各知识点学生可能产生的想法做最大量的预想，多方面预测到更为丰富的"学情"（学生此时最需要什么），预想到更为复杂的"可能"（可利用此情此景提升学生何种能力），从而预见到更为周全的"策略"（达成此目标该怎么做），以此为根据设计出让学生回到教学思路中去的最佳对策。如果教师在课前不做精心预设，一旦学生说开了，激起了其他学生的情绪，就会像冲

开了堤坝的水难以收回了。同时，教师预设的问题力求有开放性，要有利于学生主体的发挥和潜能的激发。

2. 预设要适度，不能过细过杂，要预留足够的生成空间

教学需要预设，但预设不是教学的全部。若预设牵引的痕迹多了，随机生成的亮点就会减少。预设要有较大的包容性和自由度，做到设而不死。如果预设没有合适的弹性，没有给学生留下一定的空间，那么这样的预设就会扼杀课堂教学的生命活力。过度预设、缺乏生成的教学是有害的教学。

3. 在实施教学过程中，要不拘预设，为生成导航

教学活动的发展有时和教学预设相吻合，而更多时候则与预设有差异，甚至截然不同。即使是一些被认为是经典的教案，在实施过程中也会常常"卡壳"。教师不可能也没有必要预设到课堂教学中可能发生的一切。当教学不再按照预设展开，教师将面临严峻的考验和艰难的抉择。教师要根据生成的有效性和学生的需要选择预设、灵活生成，整合预设、机智生成，甚至放弃教学预设、创造生成。具体地说，教学的流程可以在生成中即时"变奏"，研究的主题可以在生成中适度"更换"，预设的目标可以在生成中随机"升降"，环节的推进可以在生成中相应"增删"……从而使教学富有灵性，彰显智慧，以利于更有趣味、更有成效地促成学生数学素养的提升。

四、如何设计贴近学生生活的教学内容

（一）案例导入

【案例一】苏教版国标本数学第八册《找规律》片段

①情境导入：出示周一的菜谱"排骨、白菜、冬瓜"，让学生按一荤一素搭配。

②加深理解：出示周三的菜谱"排骨、鱼、青菜、豆腐、花菜"，让学生按一荤一素自由搭配。

③巩固练习：出示周五的菜谱"排骨、虾、白菜、豆腐、冬瓜"，让学生说一说，按一荤一素有哪几种搭配方法，并想一想怎样搭配不容易重复和遗漏。

④实际应用：课件出示超市食品柜台，让学生自由选一瓶饮料、两样主食、三样副食。

【案例二】苏教版国标本数学第七册《倒数的认识》

师：日常生活中，很多东西是可以倒过来的。比如，杯子可以倒放；人可以倒立……

师：在语文中也有这样能倒过来读的有趣句子。（出示"上海自来水来自海上"）请同学们读一读。

学生先从左往右读，再从右往左读，觉得非常有趣。

师：在数学上也有这样倒过来的知识，今天我们就来学习。（出示课题"倒数的认识"）请同学们猜猜看，倒数是什么？

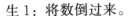

生1：将数倒过来。

生2：倒着数。

师：你能举个例子吗？

生2：0倒过来还是0，1倒过来是1，8倒过来是8，9倒过来变成6。

（二）诊断分析

新课程标准倡导数学教学密切联系学生的生活实际。在这一理念的引领下，关注贴近学生生活的教学内容和教学内容的生活化，便成为数学教师的共同追求。然而，数学教学内容生活化并不等于数学课可以减少或丧失数学味。理念把握不准就可能导致教学行为走入误区。案例一的问题是误把数学生活化当作了"单一"的目标追求，对生活的客观性"偏重"，自然数学的学科性就"薄弱"了。教师对教学内容生活化的片面理解导致了学生的思维局限在"单一"的生活事务上。案例一中学生在汇报时经常会出现把素菜和荤菜搞混淆的现象，教师不如把素菜和荤菜改成奇数和偶数。案例二的问题是教师过分追求数学课的生活化而导致数学课出现了似是而非的非数学化内容，从而使数学概念歧义化。"上海自来水来自海上"倒过来仍是"上海自来水来自海上"，"9倒过来是6"，"1倒过来是1"，这些现象与"倒数"表面上看有相似性，但在概念属性上又是风马牛不相及的。贴近学生实际生活的数学教学内容，首先应该是无条件地具有科学性，任何相似性或类比性，都有可能步入教学的"误区"，最终导致教学的失败。

（三）充分围绕学生的"感知"，设计贴近学生生活的教学内容

1. 利用学生的已感经验区，赋予教学内容以生活气息

充满生活气息的教学内容，容易吸引学生的眼球，调动起学生多种感觉器官。这样的知识板块，在学生面前呈现，容易被学生的感知系统自然吸收。在此基础上提炼出的数学知识容易在学生的思维巢穴中得到垒筑。

2. 激活学生可感经验区，赋予教学内容以生命活力

对于学生来说，他们的生活经验必定是有限的，常处在滚动发展之中。所以，我们在教学设计中，应该抓住那些对他们来说是可感的经验，例如利用多媒体，巧妙地将温度计"躺下"变成了"数轴"，学生虽然没有经历过，但完全能理解、能领悟。在温度计"躺下"那一瞬间，学生的可感经验区被激活了，抽象的数轴因其有生活直观的支撑而散发出熠熠的生命活力。

3. 开发学生心灵感应区，还原数学内容以生活真实

活生生的教师和学生，都有自己的心灵感悟，特别是在贴近他们的固有生活情景时，总会有他们独有的某种反应，哪怕是"条件反射"。感应和灵动，是人最大的"潜能"，因此，教学设计中就应该十分珍惜这种"无形资源"，让它们在"创造"的平台上，发展自己，刷"新"自己。

最优化的教学设计，其落脚点就是要符合学生的认知规律，在其"最近发展区"组织有效的教学，以实现"最优化"的教学效果。生活化的教学内容可以帮助学生迅速亲近数学、理解数学，最终掌握数学。生活化虽是手段，但其感性和生动的形式最终将为学生的学习经历留下一段可供回味的记忆。

第三节　创设教学情境，引发学习动机

一、创设情境引出数学问题

（一）案例导入

【案例一】《认识人民币》教学片段

师：同学们，课余时间你们都喜欢做什么呀？

生1：我喜欢下棋。

生2：我喜欢画画。

生3：我喜欢看书和唱歌。

师：大家的爱好真广泛，那你们知道老师在业余时间喜欢干什么吗？

生1：看书。

生2：和我一样喜欢唱歌。

生3：看电视。

师：小朋友真聪明，猜对了。老师最喜欢看动画片了，你们喜欢吗？

生（齐声）：喜欢。

师：老师今天给大家带来了很好看的动画片，想看吗？现在咱们就一起来欣赏吧。（课件演示："小兔当家"的动画故事：妈妈不在家，小兔当家，小兔先到超市买食品；又去菜场给妈妈买菜；投币乘公共汽车回家；最后把剩下的零钱放进储蓄罐。）

师：看完刚才的动画片，你想到了什么？

生1：也要像小兔一样会当家。

生2：不能乱花钱。

生3：我要用我的压岁钱去买我需要的书，还要给妈妈买。

师：小朋友们说得真好，我们从小就要养成，节约的习惯。那么你知道生活中还有哪些地方会用到钱吗？

生1：买书要花钱。

生2：交电话费。

生3：交学费。

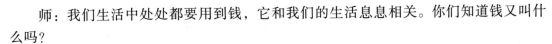

师：我们生活中处处都要用到钱，它和我们的生活息息相关。你们知道钱又叫什么吗？

生：人民币。

师：对，今天我们就一起来认识人民币。（揭示课题）

【案例二】《时、分的认识》教学片段

师：在日常生活中我们时常会听到这样的问话：现在几点了？什么时候上课？几点下班？什么时候吃饭？等等。这说明生活中掌握时间的重要。

播放录像：

一轮红日从天边升起，新的一天向我们走来了。

画面一：小兰清晨6：30起床了，8：00到校上课，下午4：00放学，晚上9：00进入了甜甜的梦乡。

画面二：小东在拉小提琴，他的表弟走过来，不觉听得入神了。表弟很是崇拜地问："哥哥，你学习那么优秀，琴也拉得非常好听，有什么秘密吗？"小东笑着说："其实很简单，那就是秘密所在。"他们一起看向了时钟。

师：你们想成为时间的主人吗？让我们一起来认识时间。（出示课题）

（二）诊断分析

在引出数学问题时要与现实生活密切联系，让学生感受数学在日常生活中的作用，缩短数学与人、自然的距离，使学生学会用数学的眼光看世界，树立正确的数学观，但是同时要正确处理生活与数学的关系。在以上案例中存在以下问题。

1. 生活与数学处理不当，喧宾夺主，"生活味"替代"数学味"

数学课堂的主要任务是进行数学领域的教学。创设生活情境是为了帮助学生在数学与生活之间架起桥梁，引导他们善于思考生活中的数学，善于捕捉、获取、积累生活中的数学知识，使抽象、枯燥的数学具体化、生活化，最终使学生对数学产生亲切感和真实感，感受到数学的趣味和作用。"生活化"是为了更好地促进与帮助学生进行"数学化"。

案例一中，教师为了联系生活，可谓"用心良苦"，制作了小兔当家的课件，看完动画片后，强调从小就要养成节约的习惯，适时渗透爱国、爱家乡的教育。这些目标从学生发展的一般角度来看，无疑是正确的，但这样的目标太笼统，不是一堂课所能解决的。而且教师为了创设生活情境，导入新课所花的时间太多，取得的效果也不明显，问题过于零碎，与本课之间的联系不是很大，在一定程度上也导致学生产生疑惑：老师今天究竟要讲什么呢？联系学生的生活进行教学，本来无可厚非，但片面地追求"生活化"、为了生活化而"生活化"，用"生活味"完全替代数学教学应具有的"数学味"，是不可取的。"认识人民币"，本来就是与学生生活紧密相关的内容，作为一节数学课，应该深入挖掘其中的"数学味"。我们绝不能把"生活化"简单地理解为以"生动活泼、富有趣味性的卡通画""增强数学的趣味性"。教师的工作重点应落在如何寻找恰当的生活素材以充分体现数学的思想、方法和精神上，只有这样才能真正发挥"生活"在数学中的作用，并促进学生对数学的学习。

2. 欠缺学生生活经验的考虑，熟视无睹，教师完全替代学生

在创设生活情境，引出数学问题的时候，考虑的这个"生活"应该是学生的生活。现实世界是数学的丰富源泉，小学生学习的有价值的数学应是生活中的数学，是学生"自己的数学"。学生并不是空着脑袋走进课堂的，他们或多或少具备一定的生活经验和数学知识的体验，每一个学生都从自己的现实世界出发，数学教学只有结合学生的生活实际，让数学背景包含在学生熟悉的事物与具体情景中，使学生有一种数学与生活很贴近的感觉，学生才会以一种轻松的情绪走进课堂。但教师在备课的时候往往会比较"自主"，完全从自己的"生活"入手，在教学时自然就产生矛盾，教学结果自然差强人意。案例二中，教师在导入中虽然借助电教手段，精心创设了情境，导入新课，其中也注意了日常生活中常遇到的时间问题，但整个设计还是把学生当成了一张"白纸"，对学生已有的生活经验熟视无睹，只重视教师的教，而忽视了学生的学。其实，学生在实际生活中对钟面已经有了一定的认识，而且大部分学生会认识准点的钟面。教师在备课时应该把这样的现状备进去，就会避免重复劳动，也能很好地为新课作好铺垫，很好地让导课与新课有机结合。

社会在发展、科学技术在进步，孩子们的知识面也在不断地扩大，教师不能用不变的眼光看待变化的教学对象。学生在生活中不断地与"数""形"打交道，很自然地就会积累许多数学知识。要使数学教学有效而不重复劳动，应紧密联系学生的生活实际，从他们已有的生活经验和知识背景出发。这一点似乎已成为广大教师的共识，但实际教学中，又往往被许多教师忽视。

（三）情境导课的策略

德国教育家第斯多惠指出："教学的艺术不在于传授本领，而在于激励、唤醒、鼓舞。"上课伊始，学生的学习心理准备不充分，师生之间难免有一定的心理距离，这时教师一定要讲究导课的艺术，以激励、唤醒、鼓舞学生的智力情绪。导课是课堂教学不可或缺的环节，也是一门艺术。巧妙的导课能先声夺人，有效地帮助学生开启思维、引发联想、激起探究欲望，为一堂课的成功铺下基石，收到事半功倍的效果。教学情境的创设必须针对教学目标、教学内容，必须与主题相关，并且具有趣味性，切忌盲目性。创设教学情境的关键是选准新知识的切入点，设计学习梯度要合理，承前启后，有连续性，同时营造好的学习氛围，促使学生主动思考。

数学来自生活，又为生活服务。数学教学就应该从学生熟悉的生活经验和已有知识出发，创设生动有趣的生活情境，让学生感受数学与生活的密切联系，从而对数学学习产生亲切感，并能初步用数学的眼光观察生活，用数学的思维思考生活，从而感受数学的魅力。数学教学的"生活化"，不仅可以提高学生数学学习的主动性、积极性和趣味性，而且可以增强学生的数学应用意识。教师要正确把握生活与数学之间的

关系，应追求"数学化"与"生活化"的完美统一。正如弗赖登塔尔所言："不要忘记数学在社会中扮演的角色，在过去、现在一直到将来，教数学的教室不可能浮在半空中，而学数学的学生也必然是属于社会的。"数学化不排斥生活化，相反，只有把数学同与其相反的现实世界背景紧密地联系在一起，学生才能获得蕴含丰富生命力的数学知识。数学本身就是集"数学化"与"生活化"于一身的完美的思想材料，数学教学如果忽视数学的这种特性，只会失败。但是教师在创设生活情境，引出数学问题的预设时，要将生活情景建立在孩子们生活的基础上，而不是我们老师的生活，也不等同于我们老师眼中的孩子们的生活。所以教师要善于观察生活，积累素材，要了解学生的真实想法。教师虽不能模拟孩子的生活，但要有一颗童心，要学会换位思考，减少和学生间的代沟，只有这样，教学中生活情境的设置才更真实有效。同时创设生活情境，引出数学问题只是一堂数学课的一小部分，要充分考虑它为全课服务的作用，所以教师也应该在导课中注重一定的策略。

1. 要注重针对性

首先，教师在教学中要考虑教学内容的需要，从实际出发设计导课形式，斟酌导课的用语。如果偏离了这个方向，再好的导课也无助于教学的有效进行。其次，导课也要考虑学生的特点，要与学生的智力和知识水平相接近。在教学中，不同年级的学生可以采取不同的导课方式。如小学低年级多采用生动直观的形式，而在高年级多采用联想、启发谈话等。如果教师导课时有意识地注意这些方面，就会调动学生的积极性，收到较好的教学效果。

2. 要注重启发性

导课正是通过精心设置导言，激发学生的好奇心，引起学生积极的思维活动，使学生产生对新知识的强烈渴求。

3. 要注重关联性

导入要有关联性，要善于以旧拓新、温故知新。导入的内容要与新课的重点紧密相关，能揭示新旧知识联系。方法服从于内容，导入语要与新课内容相匹配，尽量避免大而无当，海阔天空。

4. 要注重艺术性

导入要有情趣、有新意、有一定艺术魅力，能引人入胜，让人倾心向往，产生探究的欲望和认识的兴趣。导入的魅力在很大程度上依赖于教师生动形象的语言和炽烈的感情。教师要注意锤炼"开门语"，精心设计课堂开始时的教学活动，重视含蓄感情，一走上课堂就能进入"角色"。

5. 教师要有机智性

课堂是一个动态的、充满变化的环境，教学技能也是一种开放性技能。因此，教师要善于根据课堂的心理气氛、学生的即时状态以及教学任务和内容的改变，运用教学机智，调整教学的行为方式。

总之，要从现实性、基础性、思考性、趣味性这四个维度来创设有效的教学情境。教师要以"点燃有效兴趣"为起点，以"激活知识原型"为支点，以"激扬数学思考"为重点，合理选择情境素材，精心设计情境过程，智慧把控情境走向，课堂情境定能走出"浮华"，收获"实效"。

二、设疑问难，激发学习兴趣

（一）案例导入

【案例一】《美丽的轴对称图形》教学片段

师：（展示一组标题为"寻找春天的足迹"的图片）这些图片漂亮吗？

生：漂亮。

师：请同学们仔细观察图片中的物体，你发现这些物体的图案都有一个什么样的共同特征？

生1：它们都很漂亮。

生2：它们都只有在春天里才如此美丽。

……

师：请同学们再认真、仔细地观察，看看这些物体在形状上有着怎样的共同特征？

在教师"再三引导下"，终于有位学生恍然大悟，举手回答道：它们是对称图形。这时教师才露出笑脸。（板书"对称图形"）

【案例二】被3整除的数的特征

师：（先在黑板上写，出一个数"321"）这个数能不能被"3"整除？

生：（经过计算）能！

师：为什么呢？

生1：因为这个数除以3没有余数。

生2：这个数的个位是1是单数，3也是单数，所以这个数能被3整除。

……

教师对此不作评价，让学生看自己事先做好的课件（判断一个数能否被3整除，只要看各个数位上数字相加的和是不是3的倍数），从而教师概括得出能被3整除的数的特征。

【案例三】《圆的认识》

师：（教师直接将课题出示给学生）你对圆已经有哪些认识，又是从何处获得这些信息的？

（将圆的有关知识和特征直接呈现给学生，让学生用自己的方法以四人小组为单位去验证这些信息是否正确，从而使学生认识圆）

（二）诊断分析

案例一中，教师采用图片导入的设计用意很好，目的是让学生通过自己的观察得出这些图形都是对称的，但在创设教学情景时，没有考虑到面对的是三年级的小学生，再加上教具（图片）的"对称性"不够明显、设疑不明确，陷入了"千呼万唤始出来"的被动局面。案例二中，教师在设疑后面对学生的回答熟视无睹，只是机械地照着自己的教学流程操作，学生只能被动接受。学生虽然对能被 3 整除的数有自己的见解，探究的思维开始萌芽，然而这一切被教师过早地抹杀了，未能进一步参与到探究知识的过程中去，影响了学习情绪，使他们感到学习索然无味。案例三中，教师虽然充分尊重学生已有的知识起点，让学生直接用自己的方法对这些结论加以证明，但这使大部分学生感到手足无措，不知该从何处入手。让学生通过自己验证去"经历—体验—探究知识"固然是正确的，但是我们也应该认识到学生"经历—体验—探究知识"与科学家的"经历—体验—探究知识"有很大的区别，这不仅表现在目的不同，最重要的是学生的体验、探究受其全龄特征的制约。这种目的不明确的体验探究不仅起不到应有的效果，相反长此以往还会打击学生继续自主探究学习的积极性。

（三）学生学习兴趣的激发方法

1. 巧用生活，营造"启""发"氛围

新课标指出："生活中处处有数学，从生活中的所见、所闻、所感中体验数学。"对于不同学段、不同年龄层次和不同心理阶段的小学生来说，"现实生活"的概念是不一样的。教师只有正确把握学生认知冲突的临界点，注意学生的差异性与层次性，才能合理把握情境创设的原则。我们在围绕某一知识点创设情境时，不仅要从孩子的认知水平着手，还要关注他（她）们对知识点的兴趣程度和知识储备情况以及他们好奇的话题，深入琢磨学生的真实感受，努力把握学生的心理的特点，有机结合教学素材，使情境设计起到真正的作用。同时不忘在活动中引导学生发现数学问题，完全打破了"先给学生灌输正确概念，再练习，最后应用概念解决问题"的原有教学模式，将轴对称图形的概念建立在学生已有的认知水平上。从说说自己认为的对称图形是怎样的，到通过判别促进学生完善对称图形的概念，让学生由浅入深，逐步探究形成轴对称图形完整的概念。

2. 巧设悬念，创建"愤""悱"情境

新课标指出："教学要从矛盾开始就是从问题开始。"教学中教师是教学活动的组织者，在课堂教学中应创造性地提出问题，让学生心中有疑问，以促使他们产生对知识的需求，推动他们学习的动力，激发他们的求知欲，使他们能够积极、自主地参与数学学习活动。教师把抽象的数学问题寓于新奇而富有情趣的方法之中，及时给予引导、点拨，和学生一起对问题进行探究。在研讨问题的过程中学习、了解和发展数学，帮助学生在原来的知识经验基础上，增进新的知识经验。

3. 巧借媒体，构建"愉""悦"情感

计算机辅助教学简称 CAI，它通过文字、图像、声音、动画等信息的传递，获得文、图、声、像并茂的教学内容。CAI 色彩鲜艳的动态视频，生动逼真的音响效果，灵活快捷的交互手段，往往能激发学生的求知欲、创造欲，增强学生对知识的认识和理解力，促进学生自主、有效地学习。在小学数学教学中，不同的年段有不同的教学目标、教学侧重点，针对学生掌握知识的"障碍"和薄弱环节，使用多媒体 CAI 参与教学，能起到事半功倍的效果。教师为学生能在有限的时间和空间范围内进行的自主体验、探究搭建了舞台。显然这种建构在原有知识、能力基础上的探究才是适合学生特点的有效的探究，才能满足学生的求知欲望，让学生有机会尝试到探究成功的喜悦，感受到自己是个研究者、发现者、探险者，体会到探究学习的无限乐趣。

总之，课堂教学重在引导，贵在设疑，通过设疑激发兴趣，激起悬念，但应根据每堂课的具体情况设疑，千万不可千篇一律，更不能随心所欲。因此，设疑应注意：一要见机行事，切忌满堂问；二要启发诱导，切忌教师代办；三是设疑有新意，切入点要新，切忌平淡无奇；四要气氛活跃，切忌批评责难；五要难易适度，切忌偏难偏易。"一启即发"的浅问题，"启而不发"的难问题，背离教学目标的偏问题，没有启发性的死问题，都不应设置。

三、以旧引新，有效导入新课

（一）案例导入

【案例一】圆锥的体积的计算和应用

1. 复习旧知

①提问 锥体积 $V_{锥} = \frac{1}{3}sh$。

②口算下列圆锥的体积。
底面积 3 平方分米，高 2 分米。
底面积 4 平方厘米，高 4.5 厘米。

③小结：应用圆锥体积计算公式求圆锥体积时，不能忘记乘以 $\frac{1}{3}$ 或除以 3。

2. 导入新课

今天这节课，我们练习应用圆锥体积计算的方法解决一些简单的实际问题。

【案例二】认识图形

师：同学们，老师手里拿的是什么，谁愿意来说一说？

生 1：纸。

生 2：红色的纸。

师：那这些纸是什么形状的，你能说一说吗？

生3：有长方形纸片。

生4：有正方形纸片。

生5：还有三角形和平行四边形纸片。

师：大家说得真不错，今天我们就来学习认图形。

【案例三】比的基本性质（苏教版小学数学第十一册）

复习：

师：通过前几节课的学习，我们已经对比有了一些认识，接下来请大家运用学过的知识来解决下面的两道填空题。

①5+4=15÷（　）=（　）÷24

②2+3=4÷（　）=（　）÷12

师：你们是根据什么来解答这两道题的？

生1：第①小题运用的是商不变的性质。

生2：被除数5变成15，是将5乘3，要使商不变，除数4也要乘3变成12。

生3：从5+4到（　）÷24，除数扩大了6倍，被除数也要扩大6倍，也就是变成30，商的大小才会不变。

师：我们已经知道当被除数、除数扩大或缩小相同倍数时商的大小不变，请同学们观察一下这两组比，说说比与除法、分数的关系。

生1：比的前项相当于除法中的被除数，后项相当于除数，比号相当于除号，比值相当于商。

生2：比的前项相当于分数的分子，后项相当于分母，比号相当于分数线，比值相当于分数值。

师：根据比与除法、分数的关系，你能把上面的两道填空题改成比的形式吗？

生3：

①5：4=15：12=30：24

②2：3=4：6=8：12

师：请同学们认真观察上面两组比，谈谈你的发现。

生4：被除数变成了比的前项，除数变成比的后项。

生5：比的前项相当于被除数，比的后项相当于除数。

师：能否计算一下这两组比，能发现它们的比值有什么关系？

生4：5：4，15：12，它们比值一样。

生5：15：12，30：24，它们的比值也一样。

师：现在你能不能说说这两组比中蕴含什么规律？

生6：比的前项和后项同时乘以或者除以相同的数（0除外），比值不变。

（师着重引导学生理解关键词：同时、相同的数、0除外。）

师：今天我们就来一起学习比的基本性质，看运用比的基本性质能解决什么问题？

（板书"比的基本性质"）

【案例四】小数加减法

师：老师的朋友过生日，老师准备送他几本书，带 100 元去书店。看到的书如下：（出示四本书）

《钢铁是怎样炼成的》（每本 24 元）、《爱的教育》（每本 32 元）、《呐喊》（每本 18.6 元）、《战争与和平》（每本 26.58 元）

师：如果我要选两本书送给朋友，有几种选法？

生：6 种。

师：哪 6 种？

生回答后教师电脑出示下列算式：

24+32　32+18.6

24+18.6　32+26.28

24+26.58　18.6+26.58

师：哪些你已经会算了？

生齐答：24+32=56（元）

师：观察其他的几个算式，与这一题有何不一样？

生 1：有小数点。（有小数）

师：这就是我们今天要学习的内容。（板书课题"小数加法"）

师：如果要检验计算是否正确，应该怎么做？

生 1：末尾检验法。

师：这样可以吗？

生 2：万一前面错了，还是错的。

生 3：用和减去一个加数。

师：这就是小数的减法。（补充完整板书）

（二）诊断分析

导入在整个教学过程中，起着非常重要的作用。案例一中，常规的解题训练没有给学生提供自主解说有用信息的机会，削弱了问题的挑战性，暗示了解题思路，降低了学生的学习热情，未能激发学生深层学习的动机和兴趣，教师单方面的导引，只能使学生在老师语言的驱使下回忆旧知识，没有或少有"主体产生问题"的亲身体验，所以不易激发学生的认识兴趣。案例二在课堂教学中采取"打乒乓球式"的问答，使学生的思维机械地指向教师设定的一个目标，思考问题的空间太窄。盲目追求"学生参与"教学，使数学课堂教学只重视知识的注入，而忽视知识的形成过程，学生被动学习，课堂气氛沉闷。由于教师在设计教学时没有考虑到低年级学生的年龄特征，只是照本宣科，引出认图形这一内容，就认为自己的这一度教学任务完成了，殊不知，这样的设计缺乏思维的灵动性与思考的创新性，也就缺少了活力课堂。

（三）复习导入方法

复习导入有利于学生从旧知识过渡到新知识，既巩固了旧知识，又为新知识作了铺垫，使学生感到新知识并不陌生，从而完成以旧引新的任务。但在以旧引新导入时，应注意：

1. 复习旧知识，促进迁移

通过同化和顺应（调整）两种方式实现学生数学认知结构的形成，而认知结构的发展突破是以新知识的纳入为契机。因此，要善于分析、挖掘新的认知的生长点，让新知识在旧知识中延伸和发展，让学生借助已有的知识、能力获取新的知识，同时，激活学生头脑中贮存的经验，引导学生从原有的认知结构中寻找并建立起与新知识有关的联想，化未知为已知。数学知识有它严密的科学性和系统性，在教学中，教师利用学生已有的旧知识，运用迁移的办法学习新知识是学习数学的重要方法，也就是前人讲的"温故知新"。我们的理解，"温故"绝不是无目的地复习旧知识，而是根据新知识与学生已经掌握的连接点进行复习，使之成为学生学习新知识的铺垫，促使知识的迁移。

2. 沟通知识的内在联系，以旧识新

奥苏贝尔认为："在教学过程中学生学习活动是否有效，主要看新的学习内容能否与学习者认知结构中原有的知识系统建立实质性的联系，因此，教学前要及时唤起与新知识有关联的旧知识，特别是抓住新旧知识的连接点。"为使学生在原有认知结构中添入新的成分，扩大完善原有的认知结构，建立起新的认知结构，教师应致力于相关内容的前后沟通，把知识的内在联系在教学中艺术地揭示出来，让学生心领神会，使之学习新知识，发展旧知识。但是，教学某一具体知识内容时，更重要的是把新知识放在整个知识背景中考虑，从学生已学习的旧知识中准确地找到新知识的"固着点"，明确旧知是怎样"生长"为新知识的。

3. 创设条件，促进转换

在数学知识中，有很多的新知识在一定的条件下，可以转化为旧知识去认识和理解，在教学这样的内容时，教师为学生创设把新知识转化为旧知识的条件是十分必要的。教师首先要组织好复习与新知识相关的旧知识，课前铺垫训练要层层深入，注意步步提高对旧知识的综合概括。这些复习内容不仅是旧知识，更重要的是旧中有新，要达到让学生自己以旧探新的目的。

四、明确目标，引发学习动机

（一）案例导入

【案例一】教学《平行与相交》

（课件出示情景图）

师：这是一张平面地图，看到这幅图你想说什么？

问题一出，大多数学生一脸茫然，丈二和尚摸不着头脑。经过一番冥思苦想，终于有学生畏畏缩缩地举手了。

生1：图上有很多块绿绿的草坪。

生2：草坪间还有幽静的小路。

生3：草地上还有一块半圆形的水泥地。

……

老师在一旁紧张地提示：这些小路可以被看作什么？

旨在让学生说出小路像直线，然后想从中提取几种直线的位置关系。可学生怎么也不解此中玄机，以致白白浪费了十多分钟，还是无法达到预想的效果。

【案例二】教学《年、月、日》

师：我这里有一个谜语，请大家猜一猜：

最长又最短，最多又最少，最慢又最快，最便宜又最宝贵。

生自由回答。

……（很多学生都答错了）

师：这个谜语的谜底就是"时间"。你还知道哪些关于时间的名言警句？

生1：一寸光阴一寸金，寸金难买寸光阴。时间就是生命。

……

师：同学们有什么感想啊？

生2：我们一定要珍惜时间，努力学习。

……

师：大家的感想可真不少呀！是的，时间是宝贵的，如果你稍不注意，时间就会从你身边悄悄地溜走。因此，我们要加倍珍惜时间，努力学习，做时间的主人。下面请大家回忆一下，我们以前学过哪些时间单位？

生3：时、分、秒。

师：在平时的生活中你还遇到过哪些时间单位？比如说你最盼望的一天是什么时候？

生4：我最盼望的一天是我的生日。

生5：我最盼望的一天是大年初一。

师：说说我们伟大的祖国是哪一天成立的？

生6：1949年10月1日。

师：香港和澳门分别是什么时候回归祖国的？

生7：香港是1997年7月1日回归祖国的，澳门是1999年12月20日回归祖国的。

师：同学们可真棒啊！从刚才的回答中，大家想一想记载这些时间的单位都是什么？

生8：记载这些时间的单位是"年、月、日"。

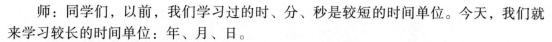

师：同学们，以前，我们学习过的时、分、秒是较短的时间单位。今天，我们就来学习较长的时间单位：年、月、日。

（板书"年、月、日"）

（二）问题诊断

1. 随意性比较大，教学目标不明确

情景导课成为新课改的趋势，大多数教师都绞尽脑汁设计新花样，同时也存在着一些问题。在情景导入时，教师设计的问题过于广泛，虽然教师很清楚教学目标，但学生却不清楚，导致学生在完成这些目标后还不知道自己到底做了什么。案例一在学习平行与相交时，虽然利用情景图导入新课，但教师的问题过于开放、宽泛，让学生无从趋向，结果是"雾里看花、水中捞月"，答非师问，也无法体验到教师的用心。所以，设计情景导入时，要学会换位思考，从学生的角度出发，明确学习的目标，设计情境、提出的问题能使学生领会和有所体验，符合学生的认知水平，让学习有的放矢。

2. 教师指令过于啰唆，教学目标不明确

对于教师一长串的活动指令，学生不但没有听懂，有时还更加糊涂，不知道教师的要求是什么。案例二，在学习"年、月、日"时，教师利用谜语导入，学生很难回答，而且教师的言语过于烦琐，课程导入目的性不强，单纯地为了导课而导课，不管这个活动和这节课有没有关系。

（三）引发学习动机的方法

教师应激发学生的兴趣，向学生提供从事数学活动的机会，帮助他们在自主探索和合作交流的过程中真正掌握基本的数学知识和技能，获得广泛的数学经验。教师还应善于说明学习的意义，创设问题的情境，明确学习的目标，引起学生的学习动机，使学生感到有学习和探索的需要和兴趣，会积极地学习。

明确的学习目标是学生自主学习兴趣中的引发力和前进的动力。"因为当一个人清晰地意识到自己的学习活动所要达到的目标与意义，并以它来推动自己的学习时，这种学习的目的就成为一种有力的动机，而且有认识兴趣或求知欲望强烈的人常常会废寝忘食，津津有味地学习，并从中获得很大的满足。"因此，学生认清学习目标，明确努力方向，成为主动的学习者，是自主性学习的重要内容。学生任务明确，就会自主地进行紧张有序的智力活动。

实践中体会到，要使目标真正引发学生的学习动机，产生内驱力，在新课导入部分应注意：教学的目标应明确，可操作性强；教师提出的目标应恰当，指令不应过于啰唆。

第四章 数的学习策略

第一节 数的认识学习策略

一、概念学习策略

（一）概念学习策略概述

数学是以客观世界的数量关系和空间形式作为研究对象的，由于数量关系和空间形式本身就是抽象概括的结果，这就决定了数学知识具有高度抽象性、概括性的特点。

抽象是在思想上抽取事物一般的、本质的属性，舍弃个别的、非本质属性的思维过程。概括是在思想上把事物的一般的、本质的属性联合起来，并推广到同类事物上去的思维过程。人们在实际思考中，抽象与概括的过程是紧密联系在一起的，抽象是概括的基础，概括则紧接着将抽象的结果联系起来，形成概念、规律等。它们是人们认识客观事物的两个思维过程与方法，是逻辑思维能力的核心。例如，学生学习质数（素数）的过程，就是一个抽象概括的过程：学生通过观察、分析若干个自然数的因数的特点（教师要精选自然数的例子），就能舍弃这些自然数其他方面的属性，只从它们具有因数的个数及其特点这一方面，抽取出"只有1和它本身两个因数"这一本质属性，从而抽象概括出质数的概念。

数学的抽象有别于其他学科抽象的特点：在数学的抽象中只保留量的关系和空间形式而舍弃了其他一切；数学的抽象是一级一级逐步提高的，它们所达到的抽象程度大大超过了其他学科中的一般抽象；数学本身就是抽象的，自然科学家为了证明自己的论断常常求助于实验，而数学家证明定理只需要推理和计算。数学的概念是抽象的，数学的方法也是抽象的，数学是抽象之上的抽象。

对小学数学而言，数学抽象是从数与形两个角度进行的：在漫长的学习过程中，儿童通过计数方法，首先将自然数抽象出来；其次然后通过把两堆物体合在一起的操作，把加法抽象出来；最后，加法运算本身作为一种特定的事物，与其他事物一起加入了更进一步的抽象。这里，每一个抽象过程都伴随着符号的使用，数字"1，2，3，…"，运算"＋，－，×，÷，…"等，这些符号实际上代表了事物的某一个公共特点，但却忽略了它们的不同方面。

概括的过程，就是把个别事物的本质属性推及为同类事物的本质属性。数学学习的过程同样是一个概括的过程，没有概括，学生就不能掌握和运用知识；没有概括，学生就不可能形成概念；没有概括，学生的认知结构就无法形成。概括能力是数学思维能力的基础，概括水平成为衡量学生思维发展水平高低的等级指标，思维能力通过概括能力的提高而得以显现。

学生在数学学习中要经历如下几个方面的抽象概括过程：

①对数学概念、规律等进行抽象概括；

②把概括的数学对象具体化；

③在已有概括的基础上进行更广泛的、更高层次的抽象概括；

④在概括的基础上把数学知识系统化。

（二）概念学习策略方法

1. 在具体情境中认识数的意义

数的概念的切实体验和理解与数感密切相关，让学生在认识数的过程中，更多地接触有关的现实素材和生活情境中的实例，在现实背景下来感受和体验，会使学生更具体、更深刻地把握数的概念，从而建立数感。义务教育数学课程标准强调："要引导学生联系身边具体有趣的事物，通过观察、操作、解决问题等丰富的活动，来感受数的意义，体会数用来表示和交流的作用，初步建立数感。"在认识数的过程中，教师可以让学生说说自己身边的数，生活中用到的数，以及如何用数来表示身边的事物等，这样会使学生感受到数就在我们的身边，利用数可以简单明了地表示生活中的许多现象。特别是在学生学习大数时，更要鼓励学生在现实情境中体会大数的意义，发展学生的数感和解决问题的能力。

数的意义是丰富的，对于学生来说要理解这些本质并不容易，所以，要让学生在具体的情境中通过观察、操作、解决实际问题等数学活动来丰富、扩展对数的认识。例如，可以把一张纸对折、对折、再对折，把它平均分成2份、4份、8份来感知和认识分数；可以联系温度计的刻度来直观认识负数等。学生通过丰富的体验和感受，对各类数都有一个全面、科学的认识和把握。

2. 经历从现实世界中抽象出数的过程

根据我国心理学家等的研究，儿童的数学概括能力主要有如下五种水平：直观概括、具体形象概括、形象抽象概括、初步的本质抽象概括、代数命题概括，小学生主要处于前四级水平。所以在数的认识过程中，教师同样要遵循学生的认知规律，让学生经历从现实世界中抽象出数的过程，培养学生的抽象概括能力。

例如，对于数特别是整数，学生并不会感到陌生，在入学之前，学生已对具体的数有了比较丰富的感知，他们会读、会写，会说一些具体的数。但这时学生头脑中的数还是与具体的事物联系在一起的，比如2个人，3个玩具等，教师在教学中首先就要让学生经历从丰富的现实情境中抽象出数的过程，建立数学模型。如从具体的2匹马，2棵树，2头牛，2个人等抽象出2这个数，这时用一个数字也是一个特殊的符号来表示数量，已经把具体的单位和这个数量的具体含义去掉，抽象为数"2"。在学生形成概念后，教师有必要再反过来让学生感受到抽象的2可以表示任何具有2这样数量特征的事物。如2支铅笔，2个人，2只小动物等。

再如，学习分数的意义。同样要提供大量的素材，让学生充分感知到一个物体、一些物体、一个计量单位等都可以看成单位"1"，把单位"1"平均分成若干份，表示这样的一份或几份的数，都可以用分数来表示。丰富对单位"1"的认识。

小学生对数学知识的抽象概括，更是基于充分的感性材料而进行，他们必须从许多外表不同的许多数学材料中看出共同点，只有让学生感知大量的具体材料，通过对丰富材料的去粗求精，去伪存真，由此及彼，由表及里地加工，使感性认识上升为理性认识，才能顺利抽象和概括出知识的本质属性。没有足够的材料作为基础，硬性抽象和概括出来的东西不可能在学生的认知结构中内化为一般意义，不可能达到理性的领悟，更不可能推广到同类事物中去。

3. 要注意概括的科学性

概括应是对全部同类事物所具有的本质属性的概括。经过概括形成的概念应能覆盖同类事物的所有个例。所以，在把研究部分材料，通过不完全归纳所得到的结论推广到同类全体事物时，必须注意全面准确，以确保概括的科学性。

例如，学生学习分数和小数的互化时，常认为"一个分数，如果分母中含有2和5以外的质因数，这个分数就不能化成有限小数"。殊不知，有些分母中含有2和5以外的质因数，如 $\frac{12}{35}$、$\frac{28}{35}$ 也能化成有限小数，所以我们在概括的过程中一定要准确、全面，确保内涵和外延的一致性。

分数语言是思维的外壳。概括作为逻辑思维过程的核心，是认识主体借助概念、判断、推理等思维形式，通过语言来表述与内化的。数学概括所运用的是数学语言，它能使思维过程在可见的形式下准确地再现出来。例如"一个数只有 1 和它本身两个因数，这样的数叫作质数，又叫作素数。"这里的"只有"两个字严格限定了质数所含因数的个数，漏掉了"只"字，一字之差，就混淆了质数和合数的外延。再比如小数的性质：小数的末尾添上"0"或去掉"0"，小数的大小不变。这里小数的末尾，如果多一字"小数点的末尾"意义就大相径庭了。所以在平时的教学中，教师一定要严格要求学生用正确的数学语言来表达概念。

另外，要把握好进行抽象概括的时机。人们对客观事物的抽象和概括，往往需要经历大量的观察、比较、分析、综合等思维活动后才能完成。数学学习中，教师只有抓住时机，及时、恰当地引导学生展开抽象与概括，学生才能真正获得对客观事物的准确理解和把握。以探索百分数的意义为例。

教师联系生活，出示三个题组：

①两种饮料，一种是 60% 苹果汁，另一种是 40% 葡萄汁。

②一款啤酒的酒精度是 3.2%，一款白酒的酒精度是 52%。

③第一款羊绒含量 100%，第二款羊绒含量 80%。

概念的形成仅靠一个例题是不够的，为此，老师在这里补充了多个生活中不同方面的百分数，抓住"是几个数量比较的结果""表示谁是谁的百分之几"这两个问题让学生谈具体的含义，在学生观察这些具体的百分数的基础上及时要求学生用一句简洁的话抽象概括出百分数的意义。

学生在数学学习中经历抽象概括的过程，能使学生获得这样一种素养：面对错综复杂的事物，能把注意力集中在对研究问题起关键作用的特征上，并善于用恰当的方法表示这种特征，从而进行深入的思考，方便与大家交流。数学抽象概括是对学生思维方式的训练，是对学生进行简洁、严谨、有序思考的训练。所以，从小培养学生的抽象概括能力，对于学生学好数学，提高逻辑思维能力，具有十分重要的意义。

二、多元表征策略

（一）多元表征策略概述

表征一词，在辞海中解释为"揭示，阐明"，也就是说对事物本质的揭示。表征是认知心理学中的核心概念之一。一般是指用某一种形式（物理的或心理的），将一种事、物、想法或知识重新表现出来。我国心理学者荆其诚先生认为表征是指信息在心理活动中的表现和记载的方式。从本质上说，表征就是在认知对象不在的情况下，替代这个认知对象的任何符号或符号集。这里的符号不是狭义上的数字符号，而是心理学领域的信息符号。

多元表征是指：信息如数学概念或数学问题，通过心像码的建构过程，对信息进行编码和形成多种转译，从而形成对信息的多元化的表征。数学多元表征主要分为符号表征、言语表征、图像表征和体验表征。

例如，小学低年级数学学习中常常会用多种图形、实物来表征自然数，认识自然数"6"，可以是6个人、6个圆、6根小棒……让学生感受到虽然这些事物有很多不同，但把数量抽象出来可以用"6"表示。这样有利于学生理解从现实世界中抽象数的过程。

一个数学概念或者数学问题，往往可以通过多元的形式来表征它。不同的表征形式是为了对概念或者问题进行不同的解释，即从不同的视角对其本质进行视觉化或体验化的阐述，使学生获得更深刻的体验，从而达到对数学本质的感悟。其中，每一种表征形式都是在信息本质的基础上，经过信息系统的加工处理，使信息及其相关联的表征一起形成了一个表征系统。所以不同形式的表征不仅丰富了知识的内涵和外延，而且使每种表征形式之间相互补充、相互完善。例如，学生在学习万以内数的认识时，可以通过几何图形的点、线、面、体，使学生在头脑中建立"一、十、百、千"的映像。

通过图像表征，让学生体会10个一是十，10个十是一百，10个一百是一千，10个一千是一万……在学生的头脑中建立一个清晰的模型"满十进一"，对于学生理解计数单位和位值制是有很大好处的。可见，图形的展示对知识形成了一种视觉化的表征，再结合本身的言语化表征的学习，大大提高了学生形成新的认知图式的进程。

数学学科本身具有复杂性、思维性和抽象性，如果学生在学习过程中仅仅从数学信息的字面进行言语表征，非但不利于学生理解新知，反而增加了学习过程中的无效负荷。而多元表征策略，可以将复杂抽象的概念分解，从而降低知识本身的内在负荷，减轻学习负担，提高学习效率。另外，以数学信息的本质为核心对其进行多样化的解释过程，有利于促进学生新旧知识的联系，为建构新的知识做好铺垫。

（二）多元表征策略方法

1. 加强直观操作

（1）在动手操作中培养学生的数学兴趣

兴趣是小学生数学学习的最好向导与老师。动手操作是小学生喜爱的学习方式，能够满足他们好奇、好动的天性和喜好表现自己所思、所创的欲望。如果我们的教学能够针对学习内容和实际，精心组织、设计富有童趣的学习材料和活动，让所有学生都能亲手操作、实践，亲身经历、感受，在动手、动脑中自己探寻、获取知识，学生的求知欲望和学习潜能就能得到有效地激发和挖掘，抽象的思维活动也就有了现实的实践基础和内驱动力。

例如，在学习分数时让学生用圆片、长方形、正方形等纸片自己折一折、画一画，表示出他们想得到的分数。再如，学习多位数时，可以让学生在计数器上拨一拨，感受十进制的位值原则等。

（2）在动手操作中建构数学知识

数学知识的抽象概括性与小学生思维的具体形象性，客观地要求数学学习活动应从具体直观出发，逐步走向抽象概括。在向学生传授抽象的数学知识时，不仅要注意引导他们对图形和实物进行观察比较，而且还要尽可能多地让他们亲自动手实践操作。在操作的过程中丰富感知，建立并强化表象，继而通过大脑的提炼、概括等思维加工形成概念，使学生对数学知识的理解和认识由具体形象逐步向抽象概括过渡，发展从感性到理性的递进、深化、升华。

例如，学习 11 ~ 20 的数的认识时，教师可以先让学生动手数出 10 根小棒，然后捆成一捆，直观感受到 10 个一就是 1 个十。在此基础上继续操作分别数出 11 ~ 20 根小棒，感受数的组成，特别是 20，要让学生进一步体会到 19 是 1 个十和 9 个一组成，再添 1 根，又满了 10 个一，10 个一又是 1 个十。20 就是有 2 个十组成的，体会十进制的规律。然后让学生在直尺上有序地数出 1 ~ 20，进一步感受基数和序数的联系。

（3）在动手操作中实施数学应用

学习数学知识的目的在于运用所学知识解决实际问题。让学生自己动手操作解决实际问题，不仅可以使学生所学知识得以实际运用，使实际问题获得合理解决，而且可以使学生的动手实践能力、逻辑思维能力等聪明才智得到充分发挥与培养。例如，在学生认识了 10 以后，可以让学生把 10 根小棒分成两堆，怎样可以做到有序？有了操作的表象，一方面对学生记忆 10 的组成是一种有效支撑，而不会机械地进行记忆，同时也能让学生感受到两个量的变化关系，感受有序的价值。

2. 引导学生深度学习

数学是一门思维严密的学科，必然需要学习者运用自己的思维能力去建构新的知识，在建构知识的同时去培养学生的数学思维。根据教育心理学理论，当学习新知识的时候，学习者首先要对知识内容进行表征，如果新知识内容和原有的认知结构没有矛盾，学习者可以通过同化的方式将新知识纳入原有的认知结构中。当新知识与原有认知结构存在一定的差异或较少联系的时候，无法通过同化将新知吸纳，学习者在对新知识进行表征的时候就表现得比较困难，需要重组和改造原有的认识结构才能获得新知，所以尤其对于新知的学习，采用多元化表征的方式方法去对问题和概念进行解释，将大大减少学习者的认知负荷，从而减轻学习负担。所以追寻多元化的表征，需要教师对知识的核心本质内涵进行深刻的研究，运用开放性的思维广泛地开发出多样化的表征方式。

例如，教学人教版三年级下册"认识小数"时，在学前调研中发现，90% 左右的学生能够正确回答"20.47 元 =20 元 4 角 7 分，1.65 米 =1 米 6 分米 5 厘米，1 角 = $\frac{1}{10}$ 元，

1 分米 = $\frac{1}{10}$ 米。这些都是认识小数的基础，但不能局限于此，小数的初步认识既要尊重学生已有的知识基础，同时又要有所发展，即更清晰地了解小数中各数字之间的现实意义与相互之间的十进关系，进一步感悟"同一个量"既可以用整数表示，也可以用分数表示，更可以用小数表示。建立这三种"表示"之间的联系。教学中可以借助直观学具米尺，让学生感受到 7 分米 = $\frac{7}{10}$ 米 =0.7 米，到四年级下册"小数的意义"学习中可以进一步利用米尺，通过设计一个不断细分的米尺，以此来强化小数产生的

意义和价值，使学生自主产生更小度量单位的需求，同时也能从中体会到小数与整数一样，都遵循十进制位值原则。

所以老师在教学中要充分挖掘教学资源的内涵，不能仅仅依靠言语表征，而是要让学生多渠道、多形式地对知识进行表征，比如用米尺这样的图示表征，在小数的学习中更有利于理解小数概念的本质，沟通整数、分数、小数之间的联系，从而将新知纳入到学生已有的知识体系中去。

3. 沟通多元表征之间的联系

对数学信息的多元化表征，就是对数学信息本身多角度、多方向解释的过程，同时以知识信息为核心，使不同的表征方式之间形成一个和谐统一的表征系统。

例如，学习小数时，教师经常利用"价钱模型""米制模型""面积模型"等多种形式来表征小数的意义。对于价钱模型学生比较熟悉，因为与学生的生活经验最接近，因此以"价钱"引入小数，有利于学生以元、角、分的知识作为学习小数的形象支撑，在具体熟悉的情境中发现小数、认识小数和小数点。在此基础上引入"米制模型"，一方面能进一步感知小数的现实意义，另一方面教师也要通过类比迁移，反扣价钱模型，拓展认识小数的含义。让学生在多样化的具体情境中对小数的概念和含义有了充分感知后，再从具体模型过渡到半抽象的面积模型，让学生经历从具体到半具体、半抽象再到抽象的多元化表征过程，多元化地、逐步深入地理解小数的本质。

再如，前面提到的分数的意义，可以从两个维度，四个层面来进行表征、但不同的表征形式之间是存在着必然联系的，教师在教学中要沟通不同表征之间的内在联系，这样学生遇到不同的问题情境时就能加以灵活运用。

表征本身是以数学探索作为教学形式，又以探索知识及其生成数学智慧作为学生数学学习的终极目标。数学多元表征对知识进行的多种形式的表征，看似形式上使学习变得复杂，其实不然，多元表征促进了数学智慧的生成，使学生培养数学思维和感悟数学思想的过程变得简约，使学生在探究中调用认知结构中的信息元，沟通于多元表征间的联系，从而使建构新知的过程变得更科学、更完整，避免产生对知识的片面理解，甚至是错误的理解。

三、系统建构策略

（一）系统建构策略概述

数学知识本身是有结构的，数学基本概念、基本原理（规律）都按照一定的内在联系方式联系着，客观上存在着一种结构。数学知识的结构如何转化为学生的认知结构？教师要引导学生及时把学过的知识梳理、整合、沟通联系，构建知识网络。当今建构主义认为，认识不是主体对于客观实在的简单、被动的反映，而是主体以自己已有的知识经验为依托所进行的积极主动的建构过程。学习并不是个体积累越来越多的外在信息，而是学到了越来越多的有关他们认识事物的程序，即建构了新的认知结构，这种新的认知结构不仅是原有认知结构的延续，而且是认知结构的改造和重组。学习的目的是要掌握学科的结构，而不是现成的正确答案。布鲁纳认为，学习包括三个几乎同时发生的过程：①习得新信息，这种新信息常常是已有信息的替代或提炼。②转换，这是一种处理知识以便使其适应新任务的过程，个体可以通过外推、内插、变换等方法，把知识整理成另外一种形式，以便超越所给予的信息。③评价，检查处理信息的方法是否适合当前的学习任务。因此学生不是被动的知识接受者，而是主动的信息加工者。

建构主义的学习观认为：

①学习是学习者主动地建构内部心理表征的过程。学习者以已有的认知结构（包括已有的知识经验、认知策略、认知方式等）为基础，对信息进行主动选择、推理、判断，从而建构起关于事物及其过程的表征。

②学习是一个双向建构的活动过程。建构有两方面含义：第一，对新信息的理解是借助已有经验，超越所提供的新信息而建构的；第二，从已有认知结构中提取的相关信息也要按具体情况进行建构，而不是单纯的提取，是对已有知识经验的一种改造和重组。

③学习者已有的发展水平是学习的决定因素。事物的意义不能独立于主体而存在，必须通过主体的主动建构才能获得理解，因而不同的人看到的是事物的不同方面，不存在对事物的唯一标准的理解。所以，学习者已有发展水平是学习的决定因素。

④学习是一种社会活动。学习是在社会环境交往中实现的。个体的学习与教师、同学、家庭乃至偶然相识的人都有密切的关系。学习的社会性，与其他个体之间的对话、交流、互动等，是完整的学习体系的一个有机部分。

⑤学习的结果是围绕关键概念而建构起来的网络结构的知识。学习者并不是把知识搬到自己的头脑中，而是以自己的已有经验为基础，通过与外界的相互作用建构起的对知识的新的理解。在外部信息的输入与学习者内部生成的知识建构中，学习者内部的生成作用是关键的。

综上所述，教师在教学中务必要使学生理解学科的基本结构，布鲁纳指出，教学与其说是单纯地掌握事实和技巧，不如说是教授和学习结构，重视教授和学习结构有利于对学科知识的理解，懂得基本原理可以使学科更容易理解；可以更好地记忆学科知识，获得的知识如果没有完满的结构把它联在一起，那是一种多半会遗忘的知识；有利于知识的迁移，领会基本原理和观念，才是通向适当的训练迁移的大道，才能够缩小高级知识和初级知识间的差距。

（二）系统建构策略方法

1. 让学生经历人类思维发展中的关键过程

在学习中追踪知识的发生过程，不仅可以增进学生对数学知识、数学思想和数学方法的理解，而且还能启迪他们进行数学发明和创造的智慧，达到以智启智、促进智慧生长的目的。在一定意义上，数学学习是学生在教学过程中重新发现和认识数学知识的过程。教师在教学中要帮助学生主动建构自己的数学世界，建构起自己对数学知识的理解。波利亚指出：教师在教学一个概念时，应当让学生经历思维发展中的那些关键性步子。

例如，正数和负数是根据实际需要而产生的，随着社会的发展，小学学过的自然数、分数和小数已不能满足实际的需要，如一些具有相反意义的量，收入 200 元和支出 100 元，零上 6℃和零下 4℃等，它们不但意义相反，而且表示一定的数量。从历史上看，负数产生的另一个原因是解方程的需要。据世界上第一部关于负数完整介绍的古算书《九章算术》记载，由于在解方程组的时候常常会碰到小数减大数的情况，为了使方程组能够解下去，数学家发明了负数。在学习负数时，教师可以通过创设情境展示概念产生的背景，让学生在经历人类思维发展的关键步子中真正认识概念的本质意义。

2. 把握核心概念，重视对核心概念的理解

数的概念的每一次扩充都标志着数学的巨大飞跃。在小学数学中"数的概念"占有很重要的地位，每一阶段的学习基本上都是从认数开始的，换句话说，"数"的学习贯穿了小学数学学习的始终。

例如，自然数的基本学习路线，逐一计数，按群计数，初步体会位值和计数单位的十进关系，类比进行"数"的扩充，再次体会位值和计数单位的十进关系。

10 以内数的认识——学生第一次学习"数"，是通过逐一计数，一个一个有序地数数，建立数与实物的对应关系，初步体会由物体数量抽象到数字符号的过程。

10 ~ 20 数的认识——位值建立的重要阶段，逐一计数到按群计数（十个作为一个整体的新的数数经历）初步建立十进制概念；第一次认识及使用计数器抽象出计数单位"个、十"。

100 以内数的认识——进一步体会十进位值制，计数单位间的十进关系，不同的计数单位上的数表示不同的意义。通过实物到模型的过渡，体会 10 个、10 个地数简便，抽象出新的计数单位"百"。

万以内数的认识（生活中的大数）——借助直观模型，进一步认识新的计数单位"千、万"；理解计数单位之间的十进关系；形成简单数位顺序表。

亿以内数的认识（认识更大的数，感受大数的实际意义）——认识更大的计数单位；通过模型进一步理解各单位间的十进关系；梳理所有计数单位的数学模型；完善数位顺序表。

不难看出，在学生认数的过程中，数位和位值制概念的建立是十分重要的。数位的含义是不同位置上的数字表示不同大小的数，没有数位的规定就没有办法表示更大的数。认识个、十、百、千、万等不同的数位，理解不同数位上的数字表示不同大小的数，是理解整数概念所必需的。学生必须清楚地了解，同样一个数字"3"，在个位上表示 3 个一；在十位上表示 30，即 3 个十；在百位上表示 300，即 3 个百。所谓"位值制"，是指相同的计数符号由于所处的位置不同可以表示大小不同的数目。有了位值制，

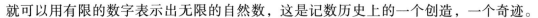

就可以用有限的数字表示出无限的自然数，这是记数历史上的一个创造，一个奇迹。

教师要有整体建构的意识，让学生在不同学段的学习中，逐步建立和深化对核心概念的理解。

（1）重视 10 的概念的建立

一个十和几个一是十几，这就是位值制的基础，这样 10 个数字就可以表示出生活中无限多的事物。在教学 10 的认识时要让学生亲自感受到由 9 再加 1 变成 10 的过程，可以通过数、摆、捆、拨、说等活动，让学生感受 1 个一是 1 个十。在 11～20 各数的认识中仍然要关注 10 的概念的建立，让学生体会满十进一的过程。

（2）重视计数单位数的过程

为帮助学生了解十进制计数法和位值制，要重视让学生在计数单位数的过程中产生新的计数单位，比如，10 个一是 1 个十；10 个十是一百；1 个百是一千；10 个千是一万；10 个万是十万；10 个十万是一百万；10 个百万是一千万，从而引出新的计数单位十万，在一个单位、一个单位地数的活动中，学生充分体会每数满 10 个单位就产生一个新的计数单位，感受了两个相邻计数单位间的进率是十。

（3）重视数位顺序表的使用

随着认识的数越来越大，教师应不断扩充完善数位顺序表，数位顺序表可以分两次扩展，先扩展到万级，再扩展到亿级。数位顺序表有助于学生了解十进制计数法，理解数的意义并掌握读、写数的方法。

3. 沟通知识之间的关系，把知识串联起来

（1）沟通整数和小数的关系

整数与小数的计数方法是一致的，相邻两个计数单位间的进率都是十，小数的计数方法是整数计数方法的扩展，教学中要设计相应的教学环节将整数的计数方法迁移到小数，为学生在计数的经验和方法上建立联系，不仅如此，还要利用这些活动帮助学生整理认数系统，把原来认识的整数数位表扩充到小数。

（2）沟通分数和小数的关系

小数和分数上的沟通，主要是意义上的沟通，使学生理解小数是特殊的十进分数。

比如一位特级老师在教学数的认识（总复习）中，就把教学目标定位在"通过复习，使学生进一步认识整数、小数、分数的意义和性质"，把教学重点放在沟通数与数之间的内在联系上。教学中通过把"用数表示数轴上的点"作为教学主线，用数轴把三种数的意义和性质都体现和沟通起来，让学生直观感受到 $\frac{2}{5}$ 这个分数等于 $\frac{4}{10}$，

等于 $\frac{6}{15}$ ……同样等于 0.4，0.40，0.400，…，也等于 40%，同时穿插着讨论和辨析，

让学生同时清晰地知道这些数之间的区别。这样就把一个个知识点串了起来，使学生对不同的数有了整体的认识和把握。

（3）沟通分数、整数、小数之间的关系

华罗庚先生说："数起源于数，量起源于量。"数和量都离不开数学单位。自然数是"十进位值制"的，不同计数单位与其个数的累加就构成了全部的自然数，例如，$2048=2 \times 1000+0 \times 100+4 \times 10+8 \times 1$；小数也是如此，其累加的过程与自然数基本相同，只不过分"有限次累加"和"无限次累加"两类；分数也是其分数单位累加的结果，即先有"分数单位"，再数出单位的个数，个数与分数单位相乘的结果就是"分数"。这样看待"数"，全部"数"的构成与结构就都一致了。进而，我们就能理解"加减法计算的本质就是相同计数单位'个数'相加减"。

教师在教学中只有抓住核心概念，以此作为建构知识网络的主线，让学生在经历知识形成的过程中主动地实现意义的自主建构。

第二节　数的运算学习策略

一、估算策略

（一）估算策略概述

数学来源于生活，又服务于生活。估算，是一种重要的数学思想方法和数学能力。相关课程标准指出："数学是人们生活、劳动和学习必不可少的工具。"因此，该标准对数学课程的内容也做了较大的调整，其中就增加了"能选择合适的估算方法"这一部分的内容，明确提出要"加强口算、重视估算"，并且对估算的要求提出了明确的落实点，仅在第一、二学段中，有关估算的目标就有6条。估算从原来大纲中作为"选学内容"发展到现在课程标准中重要的必学内容，其意义已得到重视。

翻开新教材，我们不难发现，估算已在数学教材的许多领域留下了深深的足迹，在数与代数领域，结合加减乘除的计算教学，每节课都可以进行估算意识和能力的培养。如$4812 \div 12$，学生在计算时容易漏掉商中间的0，如果先估算一下，$4800 \div 12=400$，那么4812除以12的商肯定是比400大，这样既避免了计算的错误，又培养了学生在计算前自觉进行估算的意识。在空间与图形领域，相关标准明确指出：能估算一些物体的长度，估算出给定的长方形和正方形的面积，估算出给定的立体图形的表面积和体积等等。在统计与概率领域，有结合数据的收集与整理，认识统计图表，估算可能性的大小，等等。

估算在日常生活与数学学习中有着十分广泛的应用。具体而言，估算的功效在以下几个方面表现得尤为凸显。

第一，有助于培养学生认识事物的整体感。强化学生的估算能力，有助于提高他们对运算和测量结果有概括性的认识，如估计物体的大小（如树的高度、树干粗细等）、事物的属性（如洗澡水的温度）、事物的变化（如学生不断变化的身高），等等。只有这样，学生在直面纷繁复杂的社会现象时，才能有所取舍，做到"心中有数"，从而增强他们认识事物的整体感。

第二，有助于增强学生行为的计划性。学生在从事某种行为时，可以先对有关问题做出粗略的估计，以确定此事可不可行，或者做此事有无必要，然后根据实际情况最后确定。如点菜时事先估算餐费、外出游览时估算花费、估计完成一件工作所需时间、装修预算、铺地面需要多少块地砖等。如此养成估算习惯，有助于增强学生行为的计划性。

第三，有助于强化学生的数感。数学课程标准指出，数感主要表现在以下几个方面：理解数的意义；能用多种方法来表示数；能在具体的情境中把握数的相对大小关系；能用数来表达和交流信息；能为解决问题而选择适当的算法；能估计运算的结果，并对结果的合理性作出解释。而学生形成良好的估算习惯，有助于增进他们的数感。

第四，有助于锻炼学生的观察力。估算习惯的养成是一个长期积累的过程，需要学生时时处处注意观察生活中的许多常量（如一桶可乐的体积），并积淀成生活的常识。长此以往，有利于增强学生对周围事物的敏感性和主动捕捉信息的能力，从而增强他们的观察力。

第五，有助于提高学生数学建模的意识。运用适当的估算方法于现实生活问题的解决，这种从具体问题中抽象出数量关系的过程，不仅会增进学生解决实际问题的能力，而且有助于提升他们数学建模的意识。

第六，有助于学生养成对计算结果的检验意识。学生在计算之后，可利用估算方法来判断计算结果的合理性。如计算的结果是否符合实际等，以检验笔算或计算器计算结果的正确性。养成习惯，将有助于增强学生对计算结果的检验意识，找出问题所在，减少不必要的失误。

估算的实用价值是很高的，当某人为了求得一个问题的答案只需要近似答案时，或由于条件的限制，根本无法进行精确的运算和判断时，必须采用估算。如果需要精确答案，那么估算也能促进精确答案的产生，以便预防错误计算，保证判断结果的合理性。

估算学习，不但可以培养学生对计算的结果能有概括性、整体性的认识和理解，还能培养学生对数量关系和空间形式进行合理的判断和推理，训练学生思维的正确性、灵活性、缜密性和独创性，从而提高学生处理和解决问题的能力。估算教学还可以训练学生思维的灵活性，使学生的思路更加灵活，对问题能举一反三，触类旁通，能将思路转移到别人不容易想到、比较隐蔽的方向上去。如在教学比较 $\frac{12}{25}$ 与 $\frac{19}{35}$ 的大小时，有些学生看到比较大小，又是异分母，就想到通分。其实这道题完全可以不用通分，只要进行估算：$\frac{12}{25} < \frac{1}{2}$，$\frac{19}{35} > \frac{1}{2}$，就可以判断 $\frac{12}{25} < \frac{19}{35}$。教学时结合估算，不仅可以训练学生周密、细致的思维，对问题正确地作出判断，而且还可以训练学生思维的独创性，使学生不依常规，不受传统知识束缚，结合估算发现一些独特的解题思路，寻找一些新颖的解题方法，更重要的是能引发学生的学习兴趣，开发学生的智力，通过这种合情合理的估算，促进学生求异思维的快速发展，实现优化解题。

（二）估算策略方法

1. 优化教材，加强估算教学

（1）突出计算中的估算教学

计算教学占了小学教学课时总数的 58% 左右。计算中的估算是保证计算正确的重要环节，是提高计算能力的手段。系统计算前进行估算，可以估计出得数的取值范围，为计算的准确性创造了条件。具体操作为：

①"审—估—选"三位一体，进行计算决策。生活中计算方法与计算工具的多样化给我们带来了更多的选择，比如我们上街买菜可以用心算、口算、简算，也可以用计算器。而学生在数学学习中却往往忽视计算方法和工具的选择，一味地埋头苦干，往往是走了很多弯路却达不到目的。最近，新大纲明确提出了要求灵活运用各种手段计算结果。在计算教学中教师应引导学生重视估算，在审题时借助于"估算"选择计算的方法和工具，数据简单可以用口算、心算，数据较为复杂则考虑笔算或计算器等。

②"估—算—查"三点一线，加强过程监控。培养学生的计算能力是小学数学教学的一项重要任务。学生在计算时，只求算出得数，不注意检查是造成计算错误的主要原因。对于这些错误教师批改后的讲评往往不能满足各层次学生的欲望，延缓了信息反馈。实践证明，培养学生的估算意识和能力，指导学生养成"估算—计算—审查"的习惯，有助于学生适时找出自己在解题中的偏差，重新思考和演算，从而预防和减少差错的产生，提高计算能力。

值得注意的是，"估—算—查"尤为重要。比如计算 4783÷13 可将 4783 看作 4800，把 13 看作 12，4800÷12=400，所以 4783÷13 大约是 400。粗略的估计能为学生提供足够的信息确认计算器按键是否按正确，防止不动脑筋使用计算器计算，减少错误的产生。

（2）加强应用问题中的估算教学

应用问题中的估算不但能进行计算决策，加强过程监控，而且更能开辟解题思路，开发思维。现行的小学数学教材中没有提到对应用问题的估算要求，教材也很少有估计型的问题。这就需要我们挖掘教材中隐含的估算内容，并且在实际生活中搜集素材，在课堂教学中加以渗透。

①利用生活常识估算，加强过程监控。"教室里有 45.3 人；王玲身高 0.13 米；教室里可以铺面积是 1 平方分米的瓷砖大约 72 块……"这些答案在学生作业中屡见

不鲜。其实只要稍作分析，就能推翻这些答案，因为，人必定是整数个的，人的身高不可能只有 0.13 米，教室面积一般有 45 ～ 60 平方米，而 72 块 1 平方分米的瓷砖只有一张课桌面那么大……这些都是生活常识，应用题教学中教师要引导学生联系生活实际问题，先作出大致的估计，以避免这样的错误发生。

②利用逻辑推理估算，开拓解题的思路。传统的教学要求学生在解答应用题时答案必须是精确的，这符合数学的要求，但是在实际的生活中并不要求每个问题都有精确的结果，有些问题的解决能得到精确的结果固然好，有一个合适的估计值也不错。

例如，张、王两位老师写奖状，张老师单独写需要用 4 小时，王老师单独写要用 6 小时，两位老师合作，需要几小时？

根据经验，两人合作肯定比一人独做要快；再假设一个人单独写只需要 4 小时，那么两人合作就只需要 2 小时；又假设一个人单独写要用 6 小时，那么两人合作就需要用 3 小时。因此，两人合作大约需要 2 个半小时。

（3）优化计量教学中的估算

关于估算和估测在计量教学中要给予相当的重视。因为估算和估测是向学生揭示数学的另一个方面，像大约、接近、近似等这些术语，在数学中和实际生活中要比精确值多得多。估算、估测与量的观念的建立及量的测量相配合，帮助学生发展对概念的理解，增强他们应用测量的灵活性，提高学生处理日常问题的能力。因此，估算应贯穿在整个计量教学过程中。

①先估后测量的观念的建立。用来衡量客观事物的大小、长短、轻重、面积、体积等的计量单位，如"千米、千克"等是抽象的。在实际教学中，学生能正确进行单位间的化聚，这并不意味着学生已经建立了量的观念。以"米"的教学为例，在复习中请学生比画"1 米有多长"，学生们比画时短的小到两个手指间的一小段，长的长到比画得两臂直向后倾。这时学生对米的观念是极为模糊的。

研究表明，在计量教学中引进并重视估测算，引导学生在认识计量单位后，"先估后测"（即先估计 1 个计量单位可以衡量身边的什么物体或身边的某一物体有几个这样的计量单位，再用标准的计量工具去测量，纠正误差）。加强亲身体验，把抽象的计量单位转化为真实的感受，帮助学生获得感性认识，有助于促使学生对知识的理解及对量的观念的建立。

例如，在讲授长度单位"厘米"时，引导学生找出身边长大约 1 厘米的物体，再量一量，比一比，哪些物体的长最接近 1 厘米。学生们找出了很多，其中有"大拇指指面宽约 1 厘米"，然后引导学生用手指测量橡皮，卷笔刀等小物体的长宽，最后进一步引导学生目测粉笔、铅笔、钢笔等物体的长度，有了上面的铺垫，学生估计得十分精彩。这样"厘米"的观念也就建立起来了。

②应用估测解决实际生活中的问题。由于实际生活中人的感官、测量的工具不十分精确，有时甚至根本没有测量工具，因此测量结果往往要通过估计得到。在计量教学中引进估测算不但有助于建立量的观念，而且有助于学生在学习中掌握一些实用的

技能，并应用到日常的生活中去。我们要让学生广泛接触实际生活中的数学问题，合理组织教学，将数学教学变为学生认识生活，运用知识的活动课。具体做法是：

a.创设模拟情境。利用环境布置，平时谈话或游戏，多媒体等，把数学课堂模拟成商场、园艺设计院等现实生活场景，使学生不知不觉地熟悉问题背景，形成数学问题，从而联想到解决方法。例如，在教学"千克"时，可以把课堂设计成小商场，让学生在"商场"中估测采购出整千克的物品，再到"营业员"处称量确定，把估计最准确的学生评为最佳"采购员"。这样，学生在课堂上不但进一步认识了"千克"，能够在实际生活中大致估测物体重量，同时还学习了售货员与顾客之间的交往礼仪。

b.布置实践性作业。数学实践性作业是架起数学与生活之间的桥梁，通过实践性作业，让学生自己去发现生活中的估测方法，并能综合运用各种估测算方法去解决一些实际问题。如教学"厘米"时，让学生用"指宽"测量家中的一些物体的长度，并作好记录；教学"吨"时，让学生在家长的协作下称出1克米的粒数，再估计全国14亿人每人每天浪费1粒米，全国每天浪费多少粒米；教学"千米"时，让学生步测家与学校距离等等。

2. 体验价值，形成估算意识

根据调查分析，学生对于估算意识的淡薄主要是因为：没有充分认识到估算在实际生活中和数学学习中的价值；现行教材中的估算内容缺乏生动性和生活色彩，估算教学苍白无味。因此要引导学生形成估算意识，首先要让学生明确估算的意义，提高他们学习估算的自觉性和积极性。其次要给估算教学增加营养，让估算贴近生活，走进学生的心灵。

（1）以生活实例，体验估算的实用价值

华罗庚曾经说过："人们对于数学产生枯燥无味，神秘难懂的印象，原因之一便是脱离实际。"实践表明，越贴近学生生活和学生熟悉的内容，在情感上越容易引起学生的共鸣，基于此可以引导学生从熟悉的生活情境和感兴趣的事物出发，使他们体味到估算就在身边，感受到估算的实用性，从而对估算产生亲切感。

比如在教学乘法估算前，可以设计一问：我们小学大约有多少学生？学生们纷纷猜测。有的说："如果每班50人，那么全校18个班，就大约有900人。"也有的说："如果每个年级有160人，那么全校6个年级就大约有960人。"……因此很自然地引出在日常生活中有时只需说出大约的近似数就够了。源于生活的数学问题，使学生倍感亲切，自然能在无形中体会到估算的作用，从而诱发学生主动探究的心理倾向。

（2）以数学应用，体验估算数学价值

在小学数学教学中，教师一般都要求学生验算，这是完全必要的，问题在于，一律要求学生用笔算按逆运算的关系严格验算，这样不但会加重学生负担，而且会阻碍学生灵活性的发挥。其实，有些错误用估算很容易发现（如51-30.23=20.23，差末位应该是7；6054÷9=106，商首位不应该是1等）。教师要重视估算的价值，设计相关的练习，引导学生感受估算的作用，形成估算的意识。

3. 掌握方法，提高估算能力

估算带有直觉和猜想的成分，是一种跳跃式的思维，在利用估算解决问题时最佳的结果往往需要多次的修正和尝试。优化估算教学的关键是提高学生的估算能力，使学生灵活地运用估算解决一些问题。

（1）掌握必要的估算方法

古人云："授人以鱼，不如授之以渔。"教学中要在具体的审题、解题、验证中教给学生估算的方法。经过多年的教学实践，常用的估算方法有取整法、分段法、观察估算法，联系实际估算法等，其中最常用的有：

①取整法。这是估算中经常用到的方法，即四舍五入取数的近似值，再计算结果。在使用中引导学生根据实际或需要确定省略哪一位后面的尾数，一般以与实际值接近并且使计算简便为佳。

例如，除数是两位数除法：$5572 \div 42$；$5572 \div 68$。

其中"$5572 \div 42$"用省略最高位后面的尾数取被除数与除数的近似数，再用近似数相除的方法，求出估算值，即 $5572 \div 42 \approx 6000 \div 40 = 150$，而"$5572 \div 68$"如采取同样的方法，那么被除数、除数的近似数 6000 与 70 相除就有余数，所以应该省略被除数百位后面的尾数"五入"得 5600，再用"$5600 \div 70 = 80$"，即 $5572 \div 68 \approx 5600 \div 70 = 80$。

②观察估算法。即观察算式、数据、图形的特点，从整体或局部对结果进行分析或审查判断出结论。常用的有观察首位进行估算（如 $2358 \div 7$，商最高位应是"3"，否则就错），观察末位进行估算（如 16.9×4.7，积的末位应是 3，否则就错）。

（2）提供充分的估算训练机会

为了促进学生熟练掌握估算的技能技巧，养成先估后算的习惯，教师要给学生提供充分的估算练习机会。练习可以分基本练习及综合性练习，前者帮助学生巩固新知，形成技能；后者培养学生灵活运用所学知识解答问题的能力。

①基本性练习。基本性练习一般放在新知教学以后，设计时要注意：练习形式要多样化，吸引学生去思考，理解和掌握；要与其他数学知识（如口算、笔算等）相结合，使它们相辅相成，相互促进。

②综合性练习。估算习惯的养成和估算能力的提高，标志之一是学生会自觉地运用估算解决一些数学问题。因此，教师要给学生创设这样的条件，引导学生从生活中提取出数学信息，用估算解决。以下提供几种常用的综合性习题类型以供参考：

练习类型	题型说明	题型举例
操作实践型	通过学生的实际操作（如试验、测量、制作等），根据学生在实际操作中得到的现象、实物、数据等进行分析、推理、判断、估计以解决生活中的实际问题。	如教学了长度单位以后，引导学生估测学校和家之间的距离；教学了面积单位以后引导学生估测教室地面面积。
探究实践型	通过学生创造性的思维，建设性地提出解决现实问题的策略的作业。	如教学了长方形面积计算后提供不同长度不同价格的地板供学生选择，让学生为自己的房间铺地板。
社会调查型	通过学生进行社会调查，用数学的眼光分析调查所得的资料，从而进一步认识我们周围的世界，解决实际问题。	如教学了重量单位吨以后，引导学生调查一幢居民楼一天的用水情况。并根据调查统计写一份节水倡议报告。

二、优化策略

（一）优化策略概述

"鼓励学生算法多样化"是数学新课程的一个重要理念。算法多样化是实现不同的人在数学学习上得到不同发展的有效途径，也是尊重学生个性化学习，促进学生个性化发展的有效途径。算法多样化的思想强调的是尊重学生的独立思考。但是鼓励学生探索不同的方法，并不是让学生掌握多种方法，而是教师应该在课堂中鼓励、尊重学生的思维结果，引导学生进行讨论、交流，适时地点拨、指导，肯定有创意的方法，从而培养学生良好的思维习惯和探索精神。小学数学计算教学要在鼓励学生算法多样化中优化算法，运用算法，从而提高计算技能和教学效果。

新课程标准指出："教师不要急于评价各种算法，应引导学生通过比较各种算法的特点，选择适合自己的方法。"每一个学生的知识背景和理解程度各不相同，对优化的感悟也存在着差异性。有的学生能在交流中很快地感悟到优化的算法，并对自己的算法及时进行修正与整合。有的学生却迟迟感悟不到，这时，教师绝对不能把自己的想法和观点强加给学生。应尊重学生的认知规律，先创设一定的教学情境引导学生对各种算法进行归纳整理、分析比较，不间断地去理解、去感悟。

算法多样化为学生进行比较、反思提供了充分的素材。在多样化的算法中，很大一部分学生的思维是凌乱无序的，有些方法并不高效，甚至有些不合理，这些都是正常的，符合学生的年龄特点和认知水平。对于学习有困难的学生，教师要充分利用其他学生的不同算法，为这些学生提供模仿、学习的范例，引导他们掌握最基本的方法，使他们的算法逐步优化，思维得到逐步发展。算法多样化应该有评论，有选择，其最终目的是让学生从小学会选择出最佳方法，并择优而用。

算法优化的过程是一个促进学生学会反思、自我完善的过程。教师应把选择判断的主动权交给学生，引导学生自主分析、讨论、比较，从而"悟"出属于自己的最佳方法。教师在评价算法时，不要讲"优点"，而要讲"特点"，把优点让给学生自己去感悟，为学生多留一些思考的空间，让所有学生都能在原有基础上得到发展，这才达到了优化算法的目的。"优化"并不是统一于一种算法，对于优化，教师应鼓励、引导，尊重学生的选择，切勿强求。应该把优化的过程作为引导学生主动寻找更好方法的过程。如果有学生通过优化掌握更好的算法，教师应及时给予肯定和鼓励。至于有的学生在优化过程中暂时不能找到最佳方法，教师也不要急于求成，可以让学生在交流与比较中认识不同方法的特点，引导学生选择适合自己的方法，作为教师，应在计算中真正体现因材施教，尊重学生思维，让学生选择最适合自己的方法。

（二）优化策略方法

1. 鼓励算法多样化，加强算法优化思想的引导

算法多样化并非多多益善。有时一道计算题的算法，学生可以想出七八种，甚至更多。这时需要教师进行有效合理的调控引导。教师可以根据学生的具体情况，指出其中的一种或两种算法，引导学生比较讨论，让不同的学生多说几次这种方法的思路。目的是让学生明确，在所有的方法中，有些方法是简便的，可取的，而有些方法的想法虽然是对的，却不简便，或是层次低。教师应让学生在某种程度上达成共识后，再练习同类的习题。最忌讳的是："用你自己喜欢的方法做。"因为学生自己喜欢的方法不一定是好的方法，也不一定是对以后学习有用的基础的方法。如果这样一直练下去，有些学生就会把基础的算法丢掉了。在优化计算意识的过程中，对于学生多样的算法，一定要优化。但优化一定要把握好时机，一定要使优化的过程成为学生不断体验算法和感悟算法的过程。

如在一次数学测验中，有这样一道题："剧场里能坐870人，每张票价8元，开始卖了860张票，在演出前又卖出10张票。这场的票房收入是多少元？"这道题的解法共有三种：

（1）870×8=6960（元）

（2）860×8=6880（元）

10×8=80（元）

6880+80=6960（元）

（3）860+10=870（张）

870×8=6960（元）

大多数的参测学生采用的是第二种方法，而采用第一、三种方法的学生却相对较少，其中采用第一种方法的学生寥寥无几。当问到这样做的原因时，回答有以下几种："我没多想，就这样做了"；"我以为870是个多余条件，是迷惑人的"；"不是不管用什么方法，算对了都可以吗？"由此可见，学生在自然状态下没有优化解题方法的意识，这就需要教师有意识地去引导。

2. 强调创设有价值的情境

丰富的生活情境是理解运算意义的条件，孩提时代在玩耍和做游戏时，孩子们会

提出各种问题："你有 3 粒糖，我有 5 粒糖，我们一共有几粒糖？""我比你多几粒糖？"等，通过数一数或一一对应等的方法来获得对加减法意义的理解。研究表明，学生能够使用积木等学具计算加减法，比没有积木时做得更好，他们反对一开始就进行单纯的符号训练，可见在情境中提出实际问题是学生理解并掌握运算意义的重要基础。丰富的生活情境，不仅可以帮助学生理解运算的意义，而且可以进一步扩展学生对运算意义的理解。

创设的情境一定要符合学生的年龄特征，贴近学生生活，情境的主题要紧扣学生情况与教学实际进行适当处理。教师在教学设计时要仔细斟酌教材中的主题，使学生感受到数学与现实世界的紧密联系，从而激发起学生对数学的兴趣。好的情境可以激起学生的学习兴趣，凝聚学生的注意力，还能促使学生联系相关的知识和生活经验，引发新的数学学习活动。

在实际教学中，我们可以见到大量的情境创设，有的甚至想方设法地设计各种各样的游戏活动。一节课就像变戏法一样热热闹闹的，给人的感觉是课堂气氛活跃，学生参与学习的热情高涨。然而，学生在这种轰轰烈烈的热闹场面中，其实并没有增长多少知识，也没有发展多少智力，因为学生已被大量无关的背景事物所吸引，没有多少学生能将注意力真正集中在所学的知识上。

课堂教学注重情境创设本是好的，恰当应用可以起到提高学生注意力，吸引学生眼球的作用，能有效地保持学生对所学知识的兴趣。但是，我们也应看到过多的情境，尤其是纷繁复杂的情境并不都会激发学生的学习兴趣，特别是对于高年级学生，不恰当的情境创设不但不能吸引学生的注意力，反而有可能让学生产生厌烦心理。

总的来说，情境创设须紧扣教学内容，符合学生的学习规律，增强学习的效果，并能给学生一个直观的美感，激发起学生主动探究的兴趣，调动学生积极投入且能使学生进行思考并获得感悟。

3. 通过比较，形成基本算法

优化算法是小学生在学习数学计算题中要经常面临的问题。如教学中，出现如下计算题："27+31=？"，让学生用自己喜欢的算法进行计算，学生想到的方法如下。

① 笔算法：7+1=8，20+30=50，8+50=58；

② 凑整法：27+3+28＝（27+3）+28=30+28=58；

③ 分解法：27+1+30＝（27+1）+30=28+30=58；

④ 口算法 1：20+30=50，7+1=8，50+8=58；

⑤ 口算法 2：27+30=57，57+1=58；或 31+20=51，51+7=58。

这些算法，只要引导学生通过比较，很容易得到最优化的方法或基本的算法，但许多教师在教学"两位数加减两位数（口算）"时，由于片面理解新课程理念倡导的"鼓励算法多样化"理念，认为只要学生喜欢的算法就应提倡，因而就忽视了算法最优化的过程。本题教学中，最优化的算法应该是口算法 2，有些学生已经想到，但教师仍没有引导学生通过比较，得出这是最基本、最优化的算法。实际上，在这五种算法中，口算法 2 的算法，它的解题过程思考的步骤最少，只有两步，口算教学的基本原则是尽量减少口算过程的暗记次数。学生通过比较是很容易得到这一最优化的算法的。况且，这一最优化的算法对于接着学习"两位数加两位数进位加法（口算）"有着重要的铺垫作用。因而数学计算教学鼓励学生算法多样化，必须以算法优化为基础，必须通过引导学生比化算法，从而优选算法，使学生形成基本算法，为今后学习和提高计算技能打下良好的基础。

4. 运用基本算法，形成计算技能

要想获得对运算意义的理解，有效地运用运算来解决问题，就需要具备基本的计算技能。同时，加强估算，也需要有一定的运算技能作保证。因此，使学生掌握基本的计算技能是小学数学课程的重要内容之一。由于教师在计算教学中很重视鼓励学生算法多样化，在引导学生探索算法多样化中花费了很多时间，如果在学生的计算练习中，不强调运用最优化的方法，则很可能是一节课下来，学生不但没掌握好基本的算法，而且连完成练习，实现教学目标都不能达到。运用基本算法（最优化方法），教师必须引导学生对照题目运用基本算法进行说理。可以从两人互说，四人小组说，到全体说进行训练。在教学中，安排适当的时间进行计算方法的说理训练是优化运用算法的重要一环，由于有些教师没有让学生进行优化算法，因而也就没有进行口算的说理训练，致使学生在进行计算练习时，由于方法不统一，有些计算速度很慢，有些错误不断。

数学计算教学不但应关注算法多样化和优化算法，还应注意安排时间运用基本算法，训练计算技能。最理想的教学设计应该是既能留给学生展示多样化算法的时间，充分体现算法多样化，还能保证足够的练习量。运用优化的基本算法进行练习是非常必要的，尽管计算方法是学生自己想出来的，但学生讲出来的算法在被教师认可前，他可能并不能确定这就是一种基本算法，或者在说出来以前只不过是一点模糊的意识而已。因此，对于学生探索出的一种新的算法（或基本的算法），教师要让全体学生理解算理，还必须通过多形式、多样化的练习，甚至要进行适度的强化练习，使学生深化感知，达到理解、掌握的效果。那么，如何在新课程背景下，在继承我国优秀传统的基础上，科学地培养学生的运算技能呢？

首先要以课程标准为依据，避免烦琐的运算，因为随着科学技术的发展，烦琐的计算在实际生活中已经没有多少价值了。其次要有效利用学生的困难与错误。教师要深入了解学生的想法，准确诊断学生的困难与错误的原因。不能将学生的错误简单归结为"粗心"，而要通过观察、访谈的形式了解学生的真实想法。还要合理设计练习，让学生形成一定的技能，必要的练习是不可缺少的，教师要采取丰富多彩的练习形式，以激发学生的学习兴趣。最后就是要对运算的意义有深入的了解，让学生知其然更知其所以然，这样学生才能灵活运用，举一反三。

5. 加强比较练习，实施优化反思策略

在计算教学中让学生经历数学知识的形成和发展过程，并在过程中主动体验、积

极思考，适量的数学练习也是必不可少的。因为练习能使学生获得的知识和技能得以巩固，而且巧妙的练习安排还有助于学生认识新旧知识之间的联系，完成认知构建并将数学知识广泛地应用到生活实际中。为此，在计算教学中应重视对练习题的精心编排，在安排题目中运用了对比的教学策略，帮助学生对于容易混淆的题目进行对比，优化学生在计算学习中对题目的对比能力和对比的思想。教学中可以安排一定量的题组进行对比。这些题组大致有以下几类：

第一类是容易混淆的题目，如

$740 \times 6 \quad 3 \times 720 \quad 480 \times 5$

$704 \times 6 \quad 3 \times 207 \quad 408 \times 5$

目的在于提醒学生把握题目的特点，避免不必要的错误。

第二类是相似的题目，如

$2 \times 3 \quad 6 \times 8 \quad 40 \times 7$

$200 \times 3 \quad 6 \times 800 \quad 400 \times 7$

意在启发学生体会相似题目之间内在的一致性，促进方法的有效迁移。

第三类是蕴涵某种数学规律或方法的题目，如

$1 \times 9+1$

$2 \times 99+2$

$3 \times 999+3$

目的是让学生在发现规律和方法的同时体验数学的学习乐趣和数学魅力。

比较练习，意在提高练习的兴趣，优化一些基本的数学思想和方法。要注意：在加强比较的时候不要满堂灌，要让学生观察，让学生自己去发现算式之间的异同点和规律，这样可以让学生经历知识的形成过程，让学生的印象更深刻；练习量要适当，不搞题海战术，别以为让学生练得越多越好，其实让学生计算得太多的话，学生会产生反感，从而丧失学习兴趣，练习的题量贵精不贵多；注意学生之间的差异，练习的难度要有层次性。

6. 必须处理好算法"创新"和算法"温故"的关系

一节课要体现算法多样化，就得给学生足够的时间思考多样的算法，让学生交流、展示、解释多样的算法，并进行方法的优化。这必然会耗去大量的时间。而计算课上学生不练肯定就不能达到很好地理解和掌握程度，因而要处理好算法"创新"和算法"温故"的关系。我们虽然要提倡对新算法的发现和挖掘，但一节计算课里如果学生用到的多样化方法与上节课是相同的或类似的，那么我们就没有必要节节课都来反复。那样，学生会觉得缺乏挑战性，没有新鲜感，会感到乏味，因而也就不再投入积极求异、求新的思考活动中。总之，教学要尽量避免机械重复，要优化算法，要处理好算法"创新"和算法"温故"的关系。

在鼓励学生算法多样化中优化算法的策略，是对新课程"鼓励算法多样化"教学理念的有效解读。小学数学教学中提倡的算法多样化必须以算法的优化为基础，算法

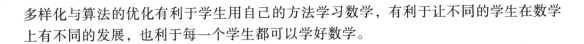

多样化与算法的优化有利于学生用自己的方法学习数学，有利于让不同的学生在数学上有不同的发展，也利于每一个学生都可以学好数学。

三、整体把握策略

（一）整体把握策略概述

计算教学渗透于"数与代数、空间与图形、统计与概率、实践与综合应用"四大领域，贯穿于小学数学教学的全过程。计算是学生要掌握的一项数学技能，因此新课程标准对学生计算能力的培养十分重视，不仅要求计算正确、迅速，还要求计算方法的合理、简便与灵活，并注意把口算、笔算、估算、简便计算有机地联系与整合起来，使学生在使用各种计算方法的实践中逐步提高能力。

小学阶段计算教学的重要性主要表现在三个方面。一是它的基础性。计算是小学生学习数学的起点，解决问题、空间与图形、统计与概率等知识内容都必须应用到数的运算的知识。二是它的启智性。计算教学还是一项发展学生思维能力的活动，从数形发展为笔算规则，形成计算工具，是一个重要的智力过程；领会数学思想、感悟数学方法，使思维具有条理性、敏捷性、创造性。三是它的整体性。计算具有很强的系统性，很多新知识都是在已有知识的基础上形成和发展起来的。也就是说，前面的知识是后面知识的基础，后面知识是前者的发展，数学知识间是相互联系的，从而形成数学知识的整体性和连续性。

整体把握策略注重数的运算知识的整体性，把握数的运算知识间的内在联系。其价值主要体现在以下几个方面：

第一，突出数的运算知识的基本规律，建立和沟通知识间的联系。

小学数学中关于数的运算知识是按照内在的科学体系和小学生认知发展顺序建立起来的统一体。因此，在教学中，不仅要研究本节课的教学内容，更要研究这部分内容与前后知识的内在联系；不仅要熟悉自己所教年级的教学内容，还要熟悉相邻年级的教学内容，甚至要熟悉整个小学阶段的教学内容。只有这样，才能了解到所要教学的这部分内容是在怎样的基础上发展起来的，又将怎样为后面所要学习的内容作好准备。只有突出基本概念和基本规律，才能在教学中有意识地沟通新旧知识的纵横联系。

例如，整数、小数、分数的加减法的运算法则，一般都分别在低、中、高年级出现。而分数加减法的运算法则，又分为同分母的、异分母的和带分数的。虽然这些法则的文字表述各异，教学侧重点也有所不同，但这里面有着一条共同的运算规律，就是只有相同单位上的数才能相加减。如果注意到了这一内在的联系，进行教学整数加减法时，就可以有意识地帮助学生理解"把相同数位对齐了，就能保证几个一和几个一相加减，几个十和几个十相加减"，初步感知相同数位上的数才能相加减。教学小数加减法时，就要着重让学生理解小数点对齐了，所有的相同数位也就对齐了，就能保证相同数位上的数相加减。由于整数、小数相邻两计数单位之间的进率是 10，所以某一位上相加满10时要向前一位进1；某一位不够减时，要由前一位退1作10，和本位上的数加起来再减。学生理解了这些道理，在学习分数加减法时，才能更好地理解同分母分数加减法、异分母分数加减法以及带分数加减法的计算法则，并能自觉地去应用这些法则进行有关的计算，促进知识的正向迁移。

第二，完善数的运算的知识体系，促进学生学习知识的迁移。

一方面，知识发展是一个连续构造的过程，每一个阶段都是对前一阶段的延伸，更是在新水平上对前一阶段进行改进而形成的一个新知识体。如果学生获得的知识繁杂无序、无系统性，也就不能使学生获得连续知识，就会制约学生的能力和智力的发展。因此数的运算教学应着力于培养学生完善认知结构，形成连续性、系统性的数学知识。

另一方面，帮助学生建立和形成知识网络体系，有利于知识迁移。迁移是指已经获得的知识、技能乃至方法和态度对学生学习新知识、新技能的影响。知识迁移实质上是基本概念和基本规律的迁移，也就是原有知识结构对新的学习内容的影响。小学数学教学的根本目的不仅是要使学生理解知识、掌握技能，更重要的是培养学生学习知识迁移的能力，能把所学的知识技能应用于不同的情境，更好地学习新知识，解决新问题。

第三，把握数的运算知识的整体结构，促进知识间的相互融合。

引导学生把握知识的整体性，通过合理的数学教学模型，对数的运算各知识点融会贯通，以此建立具有一定层次的知识网络，纵向加深知识层次，横向联系以发展思维能力，形成全局性的数的运算的知识体系。新课标提出注重数学知识整体性的教学要求，旨在引导学生去把握数学知识之间的相互联系，提高学生综合应用数学知识解决实际问题的能力，其重要意义显而易见。

（二）整体把握策略方法

1. 唤醒知识经验，把握教学起点

就运算而言，加法是减法和乘法的基础，乘法是除法的基础。就知识体系而言，人们是学了整数以后，再学小数和分数。因此在学习新知识之前，学生会有一定的知识经验的积累，所以在进行计算教学时，我们要唤醒学生已有的知识经验，以知识经验为教学起点，开展计算教学。

在人教版五年级上册中有"0.72×5"这样一道小数乘整数的教学内容，该内容是在整数乘法（整数乘法的方法、整数乘法中积的变化规律、小数的意义）的基础上教学的，因此，在教学中，可以抓住小数乘法与整数乘法之间的联系，提出转化性问题，帮助学生将未知转化成已知。

问题1：0.72表示（　）个（　）分之一。

问题2：你能将它转化成已学过的乘法算式吗？

通过两个问题唤醒学生对整数乘法、小数的意义的知识经验，构建解决"小数乘整数"的教学起点，鼓励学生先独立尝试进行计算，最后重点讨论小数点的问题。在

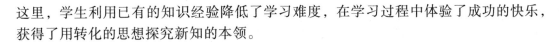

这里，学生利用已有的知识经验降低了学习难度，在学习过程中体验了成功的快乐，获得了用转化的思想探究新知的本领。

2. 探索计算方法，真正理解算理

（1）重视算理的教学

这里首先需要明确的是算理、法则的内涵以及二者的关系。算理是四则运算的理论依据，它是由数学概念、运算定律、运算性质等构成的；运算法则是四则运算的基本程序和方法。运算是基于法则进行的，而法则又要满足一定的道理。所以，算理为法则提供了理论依据，法则又使算理可操作。

由此不难看出，教学中既要重视法则的教学，还要使学生理解法则背后的道理。不仅要让学生知道该怎么计算，而且还应该让学生明白为什么要这样计算，使学生不仅知其然，而且还要知其所以然，在理解算理的基础上掌握运算法则。

（2）亲历探究过程，平衡算法算理

要使学生会算，首先必须使学生明确怎样算。教学时，教师不仅要努力引导学生发现新旧知识的内在联系，把学生的思维引到新旧知识的联结点上，引出算理。还要引导学生顺利形成思维正迁移，把算理与算法融为一体，真正达到理解算理促进算法，最终形成计算技能的目的。因此，在计算教学中，教师要精心设计，大胆放手，引导学生自主探索，充分思考。在此基础上表达自己的观点，赞同、补充、否定同伴的观点，继而达到能对计算过程作出合理解释，主动地获取知识的目的。

在上述关于"0.3×0.2"的讨论案例中，虽然针对的是小数乘法的一个案例，但为教师教学提供了共通的策略：第一，重视学生自主探索计算方法的过程，因为这种探索往往体现了学生对于算理的初步理解。在此基础上，教师组织学生对各种方法进行比较，凸显其中蕴涵的算理。第二，作为教师，要梳理小学阶段各种运算的算理，特别是梳理学生常见的方法背后是否蕴涵着算理，这样就能从容地面对学生的多种方法。第三，要鼓励学生运用自己的语言有条理地表达自己的思考，即数的运算也是讲道理的，不是按照程序机械运行。实际上，案例中几名学生在阐述自己的方法时，都在进行着推理，都在有条理地进行表达。

又如，教学"1.2×0.8"时，应引导学生探究出两个理由：一是将因数"1.2和0.8"转化成"12和8"的理由；二是96缩小到它的 $\frac{1}{100}$ 的理由。这样学生对算理清楚了，能表达了，在实际计算中，也就能正确移动小数点的位置，达到正确计算的目的。

（3）通过多种方式帮助学生理解算理

为了帮助学生更好地理解算理，教师要善于选择多种方式。常用的理解算理的方式有实物原型、直观模型、已有知识等。其中实物原型指的是具有一定结构的实物材料，如元、角、分等人民币，千米、米、分米等测量单位；而直观模型指的是具有一定结构的操作材料和直观材料，如小棒、计数器、长方形或圆形等。

3. 计算法则的内化与形成

有的教师重视让学生去探索如何计算，并在此基础上帮助学生理解算理，但是往往忽视了另一个重要的过程——计算法则（或个体使用方法）的内化与形成。即当学生经历了算法多样化，并且对于运算的道理有所理解后，还需要学生对众多算法中自己选择使用的方法或者常规的计算法则进行再熟悉，以达到内化，然后才是进一步的巩固练习。

由于算理直观性与算法抽象性是一对矛盾，在教具演示、学具操作、图片对照等直观刺激下，学生通过数形结合的方式，对算理的理解可谓十分清晰。但是，当学生还流连在直观形象的算理中时，马上就得面对十分抽象的算法，接下去的计算都是直接运用抽象的简化算法进行计算的。因此，在算理直观与算法抽象之间应该架设一座桥梁，让学生在充分体验中逐步完成由形象思维到抽象思维的发展过程。

例如，"14×2"的教学片段：

首先出示情境图——两只猴子摘桃子，每只猴子都摘了14个。

让学生提出问题，一共摘了多少个桃子？并列出乘法算式14×2。

接着，让学生独立思考，自主探索计算方法。有的学生看图知道了得数，有的学生用加法算出得数，有的学生用小棒摆出了得数，也有少数学生用乘法算出了得数。

然后，组织学生交流汇报自己的计算方法。同时，老师结合讲解，分别演示教具、学具操作过程，又结合图片进行了数形对应。

最后，老师引导学生观察这种初始竖式，通过讲解让学生掌握简化竖式的写法，再让学生运用简化竖式进行计算练习。

在上面的案例中，学生借助多种手段计算出结果，在理解了算理后，教师很快讲解并要求学生掌握简化的竖式，从而从对算理的直观理解立即进入了对算法的抽象理解。在实际教学中，形成了初始竖式后，不必过早抽象出一般算法，而应该让学生运用这种初始模式再计算几道题。

总之，在算法多样化的基础上，教师既要沟通各种算法之间的联系，凸显算理，又要让学生对常规法则（或者学生个体选择的方法）进行充分内化，然后进入巩固练习阶段。

4. 加强训练，形成技能

计算能力是通过有目的、有计划、有步骤地长期训练逐步形成的。训练可以从下面几个方面进行：

（1）突出计算基本技能训练

①加强口算和估算训练。培养学生的计算能力，要重视口算的训练，因为任何一道题都是由若干个口算题组成的，它是笔算的基础，口算能力加强了，计算的速度就会提高。而在计算前对结果进行估算，可以使学生合理、灵活地运用多种方法去思考问题，在计算后对结果进行估算，可以使学生获得一种最有价值的检验结果的方法。口算和估算一般采用视算与听算相结合的方式，运用开火车，对口令，接力赛，找朋

友等游戏性的练习形式，并且坚持经常练习，逐步达到计算熟练的目的。

②加强对比训练，形成计算技能。进位和不进位对比，减法和加法对比，乘法和加法对比，乘法和除法对比。对于普遍性错误或易混淆的计算问题，要利用课堂最佳时间，通过典型错例的对比分析，使个别同学的教训转化为全班学生的共识，从而明晰学生的计算思维。

③注意训练学生看、写、算技能的协调性。在计算教学过程中，教师要创造条件让学生动手、动脑、动眼、动口，多种感知渠道协同"作战"并且从严要求，以培养学生的注意力和持之以恒的精神；同时适当开展一些计算竞赛活动，调动学生学习的主动性，提高计算的兴趣，达到提高计算正确率的目的。

④适度使用计算器。允许学生在进行统计计算、求面积、体积计算、解答应用题和验算时使用计算器。计算器一般由教师统一管理，严格按教材要求，根据实际教学的需要适时发放，并随时监督学生作业过程，避免学生滥用。

（2）加强学生对算理算法的理解

计算的算理是说明计算过程中的依据和合理性，计算的算法是说明计算过程中的规则和逻辑顺序。在教学时，教师应以清晰的理论指导学生掌握计算方法，理清并熟练掌握计算法则，运算性质，运算定律以及计算公式的推导方法，可以培养学生的计算能力。如教学"异分母分数加减法"时，首先要明确这是在学生学会"同分母分数加减法"的基础上进行教学的，依据是"分数的基本性质"，关键是把"异分母分数转化为同分母分数"来计算，这个转化过程是学生认识的转折点。

①在操作活动中探究算理算法。计算教学中加强学生的直观动手操作，使学生获得最直接、最深刻的体验，丰富感性认识，为学生的探究提供支持。例如，在教学乘数是一位数的乘法时，让学生看图，从摆小方块、数小方块等形象思维入手，抽象出一位数乘法的法则，有利于学生掌握计算方法，理解算理，有利于发展学生的思维。

②在实践练习中巩固算理算法。学生的练习是别人无法代替的，课堂教学如果不能实现"当堂训练"，就会成为"夹生饭"。我们要精心选择练习内容，包括封闭性问题，半开放性、开放性问题等，以封闭性问题为主，开放性问题为辅；练习形式从基本练习、针对练习、变式练习到拓展练习等，层次要分明，难易要适度；在练习时添加一些新颖活动，如小竞赛、小游戏等，使学生的情绪、情感始终处于蓬勃状态。

③在讨论交流中内化算理算法。要经常引导学生思考"怎样算？""为什么这样算？"；适当追问"依据是什么？""你还有不同的想法吗？"有效调动学生个体的深入思考，同时也能将学生群体的思维拓宽、激活，把外在的知识结构转化为学生的内部需要。

（3）提倡算法的多样化与优化

新教材中计算教学的例题大多呈现多种计算方法，要允许学生采用不同的方法进行计算，承认个体思维差异，尊重学生的自主选择，保护学生自主发现的积极性。

①引导学生进行深层次思考。新课程标准提倡算法多样化，是对不同的学生提供

不同的路径和不同的视角，提供不同的情感体验和不同的表达能力，不能引导学生寻求"低层次算法"，要把学生的思维逐步引向深入。

②为学生提供交流的机会。在计算教学中，教师应经常要求学生思考："谁听懂了他的想法？能给大家解释一下吗？""你是怎样想的？你是怎么计算的？""你的方法和其他同学不同在哪里？""你错在哪里？你认为哪个方法更好？"通过比较，学生的思维不断深入，在热烈的交流中知己知彼，智慧的火花不断闪现，碰撞，这样的学生交流才会有实效。

③算法多样化，多中求简，择优而用。各种不同算法是建立在思维等价基础上的，不在同一层次上的算法就应该提倡优化，而且必须优化。而学生之间的差异也是客观存在的，对一些低思维层次的算法，教师不能放任自流而美其名曰尊重学生，教师要善于引导学生对算法进行分析比较，多中选优，择优而用。

第五章 方程式与应用题的学习策略

第一节 式与方程学习策略

一、符号策略

（一）符号策略概述

符号策略是指学生在学习过程中能用数学符号简明、抽象、清晰、准确地表达数学现象的一种学习策略。在式与方程中符号特指字母。

符号策略在小学阶段式与方程的学习中主要表现在以下几个方面：

第一，从具体情境中抽象出数量关系和变化规律，并用符号表示。这是一个从具体到抽象、从特殊到一般的探索和归纳的过程。如爸爸比小红大 30 岁，当小红 1 岁时，爸爸是（1+30）岁；当小红 2 岁时，爸爸是（2+30）岁；当小红 a 岁时，爸爸是（a+30）岁。（a+30）简单清晰地表示了爸爸的年龄，同时也抽象出了爸爸的年龄和小红的年龄之间的关系。这是一个符号化的过程，同时也是一个模型化的过程。

第二，理解符号所代表的数量关系和变化规律。这是一个从一般到特殊、从理论到实践的过程。如假设一个正方形的边长是 a，那么 $4a$ 就表示该正方形的周长，a^2 表示该正方形的面积。只要 a 的值确定了，那么正方形的周长和面积也同时确定，如

a=5 时，正方形的周长是 20，面积是 25。这是一个符号化的过程，同时也是一个解释和应用模型的过程。

第三，能准确进行符号的运算。在算术计算中都是具体的数参与四则运算，而式与方程中要把符号作为已知数参与运算，在遵守四则运算规则、运算定律的同时还要遵守有关符号运算的书写规则，如数与字母相乘或字母和字母相乘时乘号可以写成"·"，也可以忽略不写等。

第四，能运用符号进行简单的分析和推理。如果说上面三个方面是学生形成符号化策略的基础，那么能主动地运用符号进行分析、运算和推理是学生符号化策略形成的外在标志。

（二）符号策略方法

1. 分层设计，深入理解用字母表示数的实质与方法

引进用字母表示数，是用符号表示数量关系和变化规律的基础，用符号表示具体情境中的数量关系，也像普通语言一样，首先要引进基础知识。在数学语言中，像数字以及表示数字的字母、表示点的字母、运算符号、关系符号等，都是用数学语言刻画各种现实问题的基础。从第二学段学生开始接触字母表示数，是学习数学符号的重要一步，从研究一个具体特定的数到用字母表示一般的数，是实现认识上的一个飞跃。

用字母表示数的价值主要就体现在用具体的数和符号所组成的式子只能表示个别具体的数量之间的关系，而用字母表示既简单明了，又能概括出数量关系的一般规律，在较大范围内肯定了数学规律的正确性。如四年级的运算定律，除运用日常语言外，还用了数学符号语言，即字母表达式"a+b=b+a"，显然，它比用具体的数表示更加概括、明确，比用日常语言表示更加简明、易记。

英国数学家柯利斯把学生对"用字母表示数"的理解概括为六种水平。①赋予特定数值的字母：从一开始就对字母赋予一个特定的价值。②对字母不予考虑：根本忽略字母的存在或虽然承认它的存在，但不赋予其意义。③字母被看成一个具体的对象：认为字母是一个具体物体的速记或将其本身就看成一个具体的物体。④字母作为一个特定的未知量：把字母看成一个特定的但是未知的数量。⑤一般化的数：把字母看成代表，或至少可以取几个而不是一个值。⑥字母作为一个变量：把字母看成代表一组未指定的值，并在这些值之间存在系统的关系。人教版的用字母表示数主要分成四个层次展开：用字母表示未知数、用字母表示运算律、用字母表示计算公式、用字母表示数量关系。根据柯利斯的研究，对于用字母表示一个未知数、一个特定的数、一个变化的数，用字母表示运算律和计算公式，学生都是比较容易理解与接受的，而对于用代数式表示一个未知量和数量关系是其中的难点，也就是柯斯利研究中第5、6阶段。在学习过程中不妨以一种素材为载体，充分变化，分层比较，让学生体验代数式表达的方法和意义，同时逐步产生主动使用的意识。如在用字母表示一个未知量和数量关系的学习中作如下的层次设计。

①小丽摆了 a 个，小华摆了方个，他们摆的个数之间可能存在怎样的关系？

目的：让学生感受到两个量之间的关系（相差关系、倍比关系）。

②小丽摆了 a 个，如果小华比小丽多摆 2 个，小华摆了（）个。

问题设计：

a+2 表示什么？为什么不用表示小华摆的个数？

能确定小华摆的个数吗？为什么？

a 变了，a+2 也变了，有不变的吗？

a+2 和 1+2 一样吗？

目的：首先，让学生感受到当小丽摆 a 个时，只要知道小华摆的个数和小丽摆的个数之间的关系就能用一个含有字母的式子（a+2）清楚地表示出小华摆的个数。其次，小华摆了（a+2）个能清楚地反映小丽摆的个数和小华摆的个数之间的关系。第三，通过数值的变化让学生进一步感受两个量之间的关系，感受（a+2）的一般性。

③小丽摆 a 个，小华摆了（a-2）个，你知道些什么？

目的：进一步感受代数式不仅可以表示小华摆的个数，也能反映出两人个数之间的关系。

④小丽的个数用 a 表示，为什么表示小华个数的式子却不一样？

目的：通过比较让学生积累根据数量间的关系用代数式表示未知量的经验。

⑤如果小丽摆的个数是小华的 c 倍，你能想办法表示出小丽和小华摆的个数吗？

如果小丽摆了 1 个，小华摆的个数怎么表示？小丽摆了 2 个呢？小丽摆了 a 个呢？

目的：通过不断的变化，在变与不变的比较中发现，只要确定数量之间的关系，就能用一个简单的代数式概括出两人之间的数量关系。

上面五个层次的设计都借助于小丽和小华摆花片的素材展开，其中小丽和小华所摆花片的个数并不是确定的，正是通过变化小丽与小华所摆个数的关系，在不断地比较与追问中学生逐步深入地理解代数式表达的含义，直至最后自觉地产生运用代数式表达的心向。

2. 基本练习，夯实基本数量关系的代数式表达

学生能主动并正确地用代数式表达未知量，其基础在于熟练掌握与分析数量关系。在学习过程中可以进行数量关系的整理和数量关系的常规性练习。比如根据学生已有的知识储备，数量关系主要有以下几类：常见的数量关系（路程＝速度×时间，总价＝单价×数量，工作总量＝工作效率×工作时间），计算公式（平面图形的周长和面积公式，立体图形的表面积和体积计算公式），一般的数量关系（基于四则运算的数量关系）。在常规的练习中可以从上面几类基本数量关系入手，除了让学生通过练习正确用代数式表达未知量外，还应让学生能根据代数式说明它所表示的意义。如人教版五年级上册简易方程单元练习十的第 8 题和第 9 题，要求学生根据题意，对给出的代数式作出解释，即说出含有字母式子的实际含义。通过这些基本练习让学生熟悉并掌握把未知量当作已知量进行代数式表达的方式，为后面的列方程解决实际问题作好铺垫。

3. 选择方法，经历解决用符号表达问题的过程

在小学阶段，直接用符号表达的问题比较少。在解决实际问题的过程中，第一步往往是将实际问题抽象成数学问题，并用恰当的符号进行表达；第二步才是选择算法，进行相应的符号运算。教师要特别重视列方程解决实际问题的教学，引导学生先将实际问题转化成数学问题，再用符号语言建立等量关系。用方程解决问题主要应经历以下过程：

①代数假设，用字母代替未知数，与已知数平等地参与运算；

②代数翻译，把题中的自然语言表述的已知条件译成用符号化语言表述的方程；

③解代数方程，把字母看成已知数，并进行四则运算，进而达到求解的目的。

教师从学生已有的知识经验出发，引导学生经历寻找实际问题中数量之间的相等关系并列方程的全过程。首先，在问题情境中探索、研究、寻求已知与未知之间的内在联系，建立数量之间的相等关系；其次，把日常语言抽象成数学语言，找到数量关系式，并根据数量关系式用数学符号建立方程；最后，检验方程表达的数量关系是否正确并求解。学生在列方程解决实际问题的过程中，逐步加深了对方程思想的体验，同时也发展了符号化策略。

4. 辨别信息，用符号初步进行运算和推理

与"会用符号表示具体情境中的数量关系和变化规律"相比，"能从具体情境中识别出符号信息，并用符号去进行初步的运算和推理"的要求更高。前者的符号信息比较外露，容易发现，只要具有基本的符号运用能力就可以了。比如人教版教材简易方程单元的练习，无论是用代数式表达还是列方程解决实际问题，题目的指向都是非常明确的，通过这类练习能较好地检验学生正确运用符号的情况，却很难判断学生是否具有较好的符号化策略的意识。但后者的符号信息则可能是比较隐蔽的，需要学生具有比较敏锐的符号意识，具备用符号去运算和推理的能力。如苏教版六年级下册"圆柱和圆锥"单元的"你知道吗？"中有一段文字："《九章算术》中记载的圆柱体积的计算方法是'周自相乘，以高乘之，十二而一'，也就是底面周长的平方乘高，再除以12。这种计算方法与现在的算法是一致的，只不过取圆周率的近似数为3。"学生在阅读的过程中应该想到，可以用符号去进行推算，即辨别出其中的符号信息，同时在推算中验证圆柱的底面周长的平方乘高再除以12，所得的结果跟底面积乘高是否相等：

$$(2\pi r)^2 \cdot h \div 12$$
$$= 2\pi r \cdot 2\pi r \cdot h \div 12$$
$$= 4\pi \cdot \pi r^2 \cdot h \div 12$$
$$= 12(\pi r^2 \cdot h) \div 12$$
$$= \pi r^2 \cdot h$$

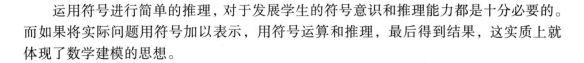

运用符号进行简单的推理，对于发展学生的符号意识和推理能力都是十分必要的。而如果将实际问题用符号加以表示，用符号运算和推理，最后得到结果，这实质上就体现了数学建模的思想。

二、建模策略

（一）建模策略概述

数学上广义的建模策略是指把现实世界中有待解决或未解决的问题从数学的角度发现问题、提出问题、理解问题，通过转化过程归结为一类已经解决或较易解决的问题中去，并能运用所学的数学知识与技能求得解决的一种解决问题的策略。

数学课程标准中提出了"方程是刻画现实世界的一个有效数学模型"这一观点。如果仅仅从形式上看很难理解，因为方程的建立似乎就是把两个等值的代数式用等号连接起来，但是究其实质，列方程的关键在于找到等量关系，只有围绕问题的既定目标，将现实情境抽象、概括为等价的自然语言，也就是用等号将相互等价的两个量联结起来之后，才能用数学符号等价地表达出来，而前面的抽象过程所体现的正是建模思想。如果没有前一步，后面的列方程也就无从谈起，也就是说方程中建模策略主要表现为学生在解决问题的过程中能通过对一般数量关系用数学符号式表达，用等号将相互等价的两件事情连接，从而使问题获得解决。区别于四则运算，方程是一个没有经过任何运算，只是阐述数学事实，没有经过任何加工的数学事实，它的本质是在说明两件事情是等价的。

如汽车行驶了 100 千米，用了 2 小时，问：速度是多少？

四则运算是：速度 $=100\div2$，而方程则是：设速度为 x 千米 / 时，则 $2x=100$。

显然，前者用已知的两个量：路程、时间表示出未知的量——速度，而后者是再现了路程、时间、速度之间的关系。左边的 $2x$ 即速度 × 时间，表示出了路程，右边的 100 也表示路程，左右两边表示的数量是相同的，是等价的。

方程建模策略的实施主要经历三个阶段。

第一阶段语言描述：用文字、图像语言表达数量之间的相互关系。

第二阶段数学表达：把文字、图像语言翻译成数学符号语言，即数、式子。

第三阶段方程建立：在数和式子之间建立等价关系，形成方程。

从错综复杂的现实世界中，将最本质的东西抽象出来，是建模思想的实质。方程建模策略的形成让学生经历将实际问题抽象成数学模型并进行解释与运用的过程，在获得数学理解的同时，有助于学生形成模型思想，提高学习数学的兴趣和意识。

（二）建模策略方法

1. 掌握确定等量关系的基本方法

学生能正确掌握寻找等量关系的基本方法是建立建模策略的基础。在小学阶段可以帮助学生梳理一些分析的基本方法。

①牢记数学计算公式，根据公式来找等量关系。这种方法一般适用于几何应用题，教师要让学生牢记周长公式、面积公式、体积公式等，然后根据公式列出方程。

②熟记常见数量关系式，根据数量关系式找等量关系。这种方法一般适用于工程问题、路程问题、价格问题等，教师在教学时，不但要让学生理解，还应让学生记熟基本关系式："工作效率 × 工作时间 = 工作总量；速度 × 时间 = 路程；单价 × 件数 = 总价"。

③抓住关键字句，根据关键句提示找等量关系。这种方法一般适用于和差关系、比率关系的应用题。学生可以在题中找到关键句如"小明做的个数比小亮的 3 倍少 4 个""普通列车速度比高铁速度的 60% 少 60 千米"等。解题时可根据这些关键句来找等量关系，按叙述的顺序列出方程。

④利用好图像，根据图像找等量关系。在方程学习的初始阶段为了更好地让学生理解掌握数量间的相等关系，可以借助于图像语言（如线段图、示意图）。另外有些问题只从字面上来看，不容易理解，这时我们也可以用图像帮助学生理解。

2. 训练信息"互译"能力

方程建模中学生需要将生活语言翻译成数学语言，再将数学语言翻译成代数式表达，最后列出方程，能够顺利地进行文字 —— 符号之间的互译是学生正确建立策略的重点。在学习中让学生进行一些"互译"训练，不仅能培养学生构建代数式的能力，为列方程扫除障碍，铺平道路，还能让学生明白代数式的实际意义，提高学生将生活问题抽象成数学问题的能力。

如人教版五年级上册练习十三第 10 题。题目用图文结合的方式呈现了一个生活场景，学生首先要完整地将生活场景中的信息描述出来"一共要运 35 吨，一辆车一次能运 5 吨，上午运 3 次，下午再运几次能运完？"接着就需要把它翻译成数学语言（可以用文字，也可以用图像），再把上面的数学语言用数学符号表达出来，上午运的吨数是 3×5，下午运的吨数是下午运的次数 $\times 5$，下午运的次数设为 x，下午运的吨数可以表示成 5x，最后找到等价关系列出方程 $3 \times 5 + 5x = 35$。在列出方程之后可以让学生根据题意来解释方程的含义，加深对代数式和方程的理解。

3. 在比较中体会策略的价值

在方程学习的不同阶段要充分利用比较，让学生在不同的策略使用中加深对方程分析方法、使用条件、方程选择等的理解，体会方程建模策略的作用和优势。

（1）综合法和分析法的比较

列方程解题有两种基本分析方法：综合法和分析法。所谓综合法，就是从所设的未知数出发，根据该数与其他各已知数和未知数的关系，列出代数式，然后依题意找出等量关系，最后列出方程。而分析法则是先确定题中最明显的两个性质相同的等量，然后找到这两个量分别与其他已知数、未知数的关系，如此继续下去，一直推到最后

只剩下一个未知数为止。然后设这个未知数为 x，再代入上式的各种相关关系中，即得到两个相等的代数式，由此列出方程。

（2）算术和方程的比较

对于小学生的思维水平和分析习惯，他们更乐于选择算术分析的思路，把目标直指结果的得出。对于把未知量等同于已知量参与分析的方法，学生不容易掌握，也不容易体会到其方法的好处。在方程引入的初始阶段可以通过不同思路的比较让学生感受它们的联系和区别。比如下列题组：

①足球上黑色的皮都是五边形的，白色的皮都是六边形的。一只足球黑色的皮共有 12 块，比白色皮的 $\frac{3}{4}$ 少 3 块，白色的皮有多少块？

②足球上黑色的皮都是五边形的，白色的皮都是六边形的。一只足球黑色的皮共有 12 块，白色皮比黑色皮的 2 倍少 4 块，白色的皮有多少块？

第一次比较：发现第 1 小题中无论是算术解答还是方程解答都要抓住"比白色皮的 $\frac{3}{4}$ 少 3 块"找到数量关系式"白色皮的块数 $\times \frac{3}{4} -3=$ 黑色皮的块数"。用算术解答时需要判断白色皮是多少，用方程解答时不需要变换数量间的关系，只需判断哪个量是未知的，白色皮的块数未知，根据等量关系直接就可以假设并列出方程。

第二次比较：为什么第 2 小题又要选择用算术解答呢？再次在比较中突出分析时只需抓住题目中的基本数量关系，根据已知量和未知量的不同来确定解答的方法。

（3）简单和复杂的比较

学生在策略使用时是有惰性的，如果问题在原有方法可以解决的范围内，学生会仍然习惯于使用原来的方法；而当问题具有挑战性时会促使学生使用新策略来解决问题。也就是说在学习过程中需要通过设计一些具有挑战性的问题，促使学生在比较的过程中克服惰性。比如下面的题组设计：

①红红、军军同时从南京长江大桥南桥头堡出发向北桥头堡走去，红红每分走 52 米，军军每分走 60 米，几分钟后两人相距 120 米？

②红红、军军从南京长江大桥南桥头堡向北桥头堡出发。红红每分行 52 米，军军每分行 60 米。军军比红红晚出发 4 分，他们却同时到达了北桥头堡，现南北桥头堡相距多少米？

对于第 1 小题既可以用方程解答，同时根据行程问题的数量关系学生也很容易直接列算式解答。第 2 小题同样是行程问题，未知量是隐含在其中的，不像上一题那么容易直接找到解答方法，对学生是有挑战性的。通过分析发现红红行的路程和军军行的路程是相同的，根据"速度 $\times$ 时间 = 路程"，红红所用时间是未知的，假设为 x，就可以用代数式来表示两人各自行的路程，红红行的路程：52x；军军行的路程：$60 \times （x-4）$，它们之间是等价的，列方程 $52x=60 \times （x-4）$。

113

（4）方程和方程的比较

对于同一个问题，从不同的角度切入能找到不同的等价关系。在学习中特别是用列方程解答一些复杂问题时，通过巧妙的题组设计，在不同的思路比较、不同的方程比较中提高学生对策略的选择性使用能力，逐步提高策略使用的有效性。比如"问题透视"案例 2 中的题，思路一：假设羽毛球和乒乓球的数量为 x，羽毛球每次取 3 个，取了 [（x-6）+3] 次；乒乓球取了（x÷5）次，两种球取的次数是相同的，也就是 [（x-6）+3] 和（x÷5）是等价的，列方程（x-6）÷3=x+5。思路二：两种球取的次数是相同的，假设为羽毛球每次取 3 个，一共有 3x+6 个；乒乓球每次取 5 个，一共有 5x 个；羽毛球和乒乓球的数量是相等的，列方程 3x+6=5x。两种思路通过代数式的表达都找到了等价关系，列出了方程，比较两种思路学生会发现思路二假设次数更易于代数式的表达和分析，也提示学生在分析中面对多个未知量要斟酌假设哪个未知量更便于思考。

4. 在整体把握中促进策略的使用

方程建模面对的不仅仅是一道道独立存在的题，更重要的是在大量不同的实际问题的解决和经验的积累中，由"对问题的单个认识 —— 对整体模糊的感知有意识的比较"抽象出一般的方程模型。如果反之能辅以根据方程编写出具有现实意义的问题情境的训练，将进一步提升学生对策略的正确使用。

如人教版五年级上册练习十二有这样一些题："共有 1428 个网球，每 5 个装一筒，装完后还剩 3 个。一共装了多少筒？""故宫的面积是 72 万平方米，比天安门广场面积的 2 倍少 16 万平方米。天安门广场的面积是多少万平方米？""猎豹是世界上跑得最快的动物，能达到每小时 110km，比大象的 2 倍还多 30 km。大象最快能达到每小时多少千米？""华氏温度＝摄氏温度 ×1.8+32。小朋友的体温是 98.6 华氏度，相当于多少摄氏度？"等。教师不应仅仅满足于学生能正确地列方程解答，更应有意识地引导学生在解答过程中初步感受到它们之间似乎是有联系的，然后组织学生整体比较这些题，发现它们分析的思路是一致的，列出的方程的形式是一样的，如果用 x 表示未知数，用 a，b，c 表示已知数，那么这些方程都可以概括成 $ax+b=c$ 的形式。这时还可以进行补充练习"请你根据方程 $6x-8=76$ 口头编一道实际问题。"这样既有助于学生掌握数量关系，又能使学生初步体会到 $ax ± b=c$ 这一模型广泛的现实意义。到六年级时，还可以把模型的现实使用意义扩充到比率问题中。

5. 在活动中经历方程建模的全过程

完整的方程建模过程是把错综复杂的实际问题简化、抽象为合理的数学结构的过程。要通过调查、收集数据资料，观察和研究实际对象的固有特征和内在规律，抓住问题的主要矛盾，建立起反映实际问题的数量关系，然后利用方程的思想去分析和解决问题。建模的过程需要有扎实的数学基础，敏锐的洞察力和想象力，对实际问题的浓厚兴趣和广博的知识面。

　　由于小学生的数学能力、知识基础等是有限的，所以方程学习中的素材基本都是经过初步加工的数学情境，为了让学生经历方程建模的全过程，为策略的进一步提升提供支撑，人教版教材在简易方程的学习之后安排了"量一量找规律"的综合应用活动，活动可以依据建模过程的几个阶段来展开：模型准备，通过生活经验知道皮筋下挂课本会使皮筋拉长；模型假设，课本越多皮筋拉得越长，明确活动要研究的问题是"皮筋长度的变化和课本数变化之间的关系"；模型建立，利用简易秤来测量每增加一本课本皮筋长度的变化情况，并将获得的数据制成折线统计图；模型求解，根据图像和数据计算归纳推理出理论上课本数和皮筋长度之间具有 $y=a+bx$（a 代表皮筋原长，3 代表每增加一本书皮筋伸张的长度）的关系；模型分析，"如果要称量的课本越来越多的话，会发生什么变化"，理解上述关系是建立在皮筋的弹性限度之内的；模型检验，利用关系计算不同皮筋的情况，验证模型的准确性、合理性和适用性。

三、反思策略

（一）反思策略概述

　　反思是数学思维活动的核心和动力。数学课程标准也提出了"在义务教育阶段，要使学生初步形成评价与反思意识"。由于数学对象的抽象性、数学活动的探索性、数学推理的严谨性和数学语言的特殊性，决定了正处于思维发展阶段的小学生不可能一次性地直接把握数学活动的本质，必须经过多次地分析思考、深入研究、自我调整。这一过程需要学生能自觉对问题的本质进行重新剖析，反思自己发现解题思路的过程，抽取解决问题的关键，总结解题过程的经验与教训，反思解题过程的成败得失及其原因。

　　学生在解决问题的过程中，往往只重视问题的结果，而忽视了解决问题过程的回顾与反思。在解题受阻时，需要及时反思，考虑方法的正确性、可行性，以便及时调整；在解题失败时，同样要反思寻找失败的原因；在解题顺利时，更需要对解题过程再审视，从偶然性中发现必然性，寻找其中蕴含的数学本质和规律。

　　反思的作用在式与方程的学习中尤为明显，只是学生在反思的广度、深度和习惯方面尚未达到自觉的程度，还没有形成反思的策略。反思是认识过程中强化自我意识，进行自我监控、自我调节的重要形式。反思活动的深度和广度，能反映自我意识、自我调节进行的强弱。只有当学生的反思意识转化为自身良好的反思习惯时，学生才能在自身的解决问题的实践中自觉地进行反思。

　　在教授"式与方程"时教师必须有意识地引导学生在解题后进行反思，评价自己的解题方法，努力寻求解决问题的最佳方案。一方面教师要引导学生对方程知识进行反思。包括：①对方程的本质进行反思；②方法的应用反思；③问题表征的反思；④对问题的结果进行反思等。二是教师要引导学生对学习活动进行自我反思。包括：①根据教学情况调节教学行为，对整个学习过程及结果进行反思；②通过对"关系理解、方程表达、解题过程"数学活动的调控，对整个学习过程及结果进行反思。

（二）反思策略方法

1. 激发学生策略使用的需要

要保证策略教学有效，条件化知识是不可缺少的。条件化知识是指策略使用的条件与范围。由于每一种策略不是万能的，总是有一定前提条件的，所以条件化知识的教学可能提高策略选择的恰当性，让学生在众多的策略中迅速、正确地选择合适的策略。如果只教策略，不教策略使用的条件化知识，学习者仍然可能不会使用策略，出现策略使用的利用性缺陷。

反思策略同样不是万能的，在什么情况下用是和学生的知识背景、数学能力紧密联系的。比如对于学生已熟练掌握的比率问题，学生依据基本等量关系能迅速地列出方程，这时反思能成为学生的真实需要。但对于非典型的比较复杂的问题，其中蕴含的关系对于学生来说有一定的难度，在思考和列出方程后学生自身就会产生疑问"这个方程对不对？"也就产生了反思的需要。再比如对于以往的学习过程中比较忽视的学习方法的回顾和提炼，学生是没有经验的，通过教师的问题"想一想我们是怎样解决这个问题的？"引导学生回头看，帮助学生通过回顾反思积累学习的经验。总之教师在组织学习的过程中要有意识地设计有一定挑战性的问题，要有意识地组织学生在学习的过程中不断地停下来看一看，使反思能真正成为学生学习的需要。

2. 明确反思的内容

要想培养学生的反思策略，明确反思的内容是前提和基础，因为反思的内容直接影响到反思的质量。只有明确了反思内容，学生的反思才能有的放矢。教师除了应重视知识层面的反思，更应重视方法层面的回顾，如学生列方程解决实际问题时，反思就是指解答后回过头来认真地再作一番思考。对一道题来说反思的内容有：思未知数的假设是否合理；思方程左右两边的数量是否等价；思有无不同的分析角度；思方程的解法是否正确；思结果是否符合题意。

对整个方程来说反思的内容有：思方程的类型、解法；思解方程的一般步骤；思列方程解决实际问题的步骤；思代数式分析的本质与方法；思检验的一般方法。

3. 掌握反思的方法

作为对方程结果的反思，检验是有一定操作程序的，教师在教学中要让学生清楚地概括出操作的程序，以便于学生能按照程序展开检验。如列方程解决实际问题中检验的操作程序为两回头：一回头看方程左右两边是否等价；二回头看结果是否符合题目中的所有关系。

除了掌握这种特殊反思形式的操作程序外，更重要的是让学生掌握一些反思的基本方法，以便于在学习过程中有序有效地进行反思。常用的反思方法有以下几种，教师可以在学生的学习过程中适时引导。

（1）质疑反思

亚里士多德说过：思维是从疑问和惊奇开始的。在学习中有意识地设置反思环节，

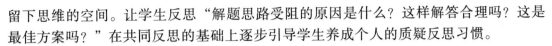

留下思维的空间。让学生反思"解题思路受阻的原因是什么？这样解答合理吗？这是最佳方案吗？"在共同反思的基础上逐步引导学生养成个人的质疑反思习惯。

（2）对比反思

对比有利于学生发现知识、思路之间的异同点和相互的联系，有利于学生更深刻地认识旧知识，更容易接受新知识，突破学习难点。在学习中根据内容的特点可及时引导学生进行对比反思，促进学生对数学内容本质的把握。如在引入新知识时可以和旧知进行对比反思，学习用字母表示数时可以将以前出现的 $a+2=7$ 和现在学习的爸爸的年龄是 $a+30$ 岁进行比较，前者 a 表示一个确定的数，后者 a 表示一个变化的数，当 a 确定后 $a+30$ 的值也就确定了，在两者的比较中使学生清晰概念。

（3）因果反思

事物处于普遍联系的状态之中，事物发展的任何阶段都有它的过去和未来。在数学学习中同样如此，找出过去经历的因果关系，可以让我们更清楚地把握数学学习的方向。面对自己的思维空白、思维缺陷问一问"这道题我为什么没做出来？"经过这样的反思，学生的自主性、自觉性一定会得到很大程度的提高。

（4）归纳反思

过去的经历一般是在自然状态下零星地存在于我们的记忆之中甚至是记忆之外的，而一旦我们将它们联系起来，找出它们的共性之处，这些经历就会显示出一般性的规律了。"我的这些错误有相同之处吗？""这么多错误说明了什么呢？"经过这样的归纳反思，找出问题的症结，解决问题就不难了。对于学生经常性出错的题就可以借助于错题本分类整理，阶段性地展开归纳反思。

以上这些常用的反思方法并不是独立存在于某一时间段内的，它需要教师有意识地、经常性地引导学生去反思，并通过一定的训练逐步内化，直至成为自觉行为。

4. 进行适度的训练提高策略使用的自觉性

在学生掌握了一定的反思方法之后还需要对整个策略的执行过程进行一定量的练习。由于反思策略的特殊性，它是伴随着整个学习过程的，随时可能产生使用的需要，随时可以运用，但要真正地让学生体会到策略的价值，主动把它纳入学习策略系统并有意识地进行运用还需要经过适度的训练。

训练最初时可以由教师提出要求，如解方程后明确要求学生进行检验；列方程解决实际问题解答后要求写出检验的过程；教学时在新知学习和每一层次练习结束后要求学生反思学习、解答过程等。有时也可以进行一些专项训练，如针对学生不习惯在列方程后对方程进行反思的现象，可以有针对性地进行只列方程不解答练习，重在指导学生反思方程左右两边是否等价。

在学生基本掌握方法后应鼓励学生进行运用，教师也要尽可能多地创造各种条件和机会，让学生进行尝试。如学习列方程解比率问题后适时点拨"学了这个有没有想到可以和以前学过的哪些知识进行比较，你能试着比一比吗？"

大量策略训练的研究表明，仅让学生记住策略的有关知识，并不能改进他们的学习，只有当他们意识到策略是有效的，他们才可能倾向于使用。因此在训练过程中要重视加强反馈与评价，通过生生之间的相互评价，让学生看到是否使用策略成效是不相同的，从而感受到策略的价值，增强策略运用的动机。

第二节　应用题学习策略

一、问题表征策略

（一）问题表征策略概述

在小学数学学习中，一个很重要的环节就是应用题学习，它涉及数学的建模过程，通过解决这些问题，不仅能使学生认识到语言加工、数学加工和情境推理之间的关系，还可获得对数学规律的基本认识。

小学应用题的设计是建立在数字运算的掌握基础之上的，并融合了学生的其他能力，其中问题表征能力是解决应用题的核心和关键。问题表征是指根据问题所提供的信息和自身已有的知识经验，发现问题的结构，构建自己的问题空间过程，也就是把外部的物理刺激转变为内部心理符号的过程，是主体对问题呈现的内化。在学生从问题的外部特征的表征逐渐转换到对问题的内部表征这个过程中，由于主体的状态、激活的知识和从问题已知条件中提取信息的不同，导致对问题结构的理解也有所不同，因此对问题的表征必定是不断重构、不断变化的，是一种认知状态动态变化的过程。

小学生应用题的表征类型可分为图形表征、言语表征。实际的应用题解决中解题者的表征偏好由多种因素决定，解题时没有一种固定的倾向，常处于言语和图形表征连续体上的某一点，表现出混合型的特点。应用题解决中各种表征的存在、程度及限制受到很多因素的影响，归纳起来，主要有题目因素与个体因素两个方面。当学生解决较难或新颖的问题时通常采用图形表征进行，当解决相对容易的问题时采用言语表征，图形表征方式有助于减少记忆负荷，提高对信息的加工能力，并能用简洁的方式建构已知条件和问题之间的关系。

小学数学应用题问题表征存在两种基本策略：直接转换策略和问题模型策略。直接转换策略指当学生面对应用题时，并不过多考虑问题表述中的语义和词序是否符合正常的逻辑顺序，只关注题目中的数字和关键词，对数字进行加工。其中强调对量的推理，即运算过程。问题模型策略指当面对应用题时，主体首先试图理解问题情境和条件间的关系，建立问题的情境模型，然后根据问题情境表征制订解题计划。在问题模型策略中，主体强调对质的推理，即理解问题中条件之间的关系。一些研究结果表明成功的问题解决者倾向于使用问题模型策略，不良问题解决者倾向于使用直接转换策略，这是因为使用直接转换策略的学生往往难以摆脱问题的具体内容，受表面信息的误导，只对题中的表面内容进行理解，只是选择题目中的数字和关键词，而使用问题模型策略的学生试图理解问题情境并建构问题内部结构特征，能更好地理解题目中条件之间的关系。

另外阅读理解水平是影响问题表征的重要因素，不仅影响问题解决，也影响问题解决的速度，它影响对应用题结构的认知，这种影响主要通过对问题表征的认知来体现。小学教学中学生阅读能力相对低于数学教学要求是普遍存在的，其严重程度随年级增加逐渐减缓，但数学学习的连续性较强，一旦在低年级形成某种定式，可能到高年级还有直接影响，这也是导致应用题教学始终困难的一个因素。

总之，正确的表征方式是解决问题的必要条件，作为数学教师要基于学生的认知特点和已有的知识基础，帮助学生选择适合他的正确的表征方式，从而从整体上把握问题，避免问题解决中信息的遗漏，更加直观和清晰地了解问题解决的实质和关键。

（二）问题表征策略方法

1. 加强读题，弄清题目的具体情境

读题是问题表征的第一步，应用题来自生活与生产实际，每一道题都有具体的内容。而学生年龄小，缺乏生活经验，对应用题所反映的事理往往模糊不清。又由于小学生的感知具有笼统性和随意性的特点，他们对题目往往一读而过，没有真正弄清题意就匆忙解题，造成错误。因此，在问题表征过程中，教师首先应要求学生要认真读题，教师应给学生较充裕的时间读题，正确地指导学生读好题，养成良好的读题习惯，掌握读题的基本方法。

读题的形式多种多样，可以教师范读、集体或个别试读、自我默读等。范读和试读主要适用于低年级，到了中、高年级则要加强自我默读的训练。首先可以通读，使学生读正确，读清楚，初步了解应用题的情节，然后要精读，要逐字逐句地读，反复仔细，做到读得准（不漏字，不添字，不破句），读得好（关键词句应加重语气），读得懂（理解情境及数量关系），通过读题来弄清应用题的题意。

例如，某工厂有货物 100 吨，用去 $\frac{1}{4}$，还剩多少吨？

某工厂有货物 100 吨，用去 $\frac{1}{4}$ 吨，还剩多少吨？

上面两道题目只有一字之差，题意却是两样，解法和结果也不同。如果不认真读题，粗心的学生就会错解。学生认真读题，观察比较，就会发现"$\frac{1}{4}$"与"$\frac{1}{4}$ 吨"的不同了。

表述是读题的延伸，是对学生读题效果的检验。复述题意不是把题目重读一遍，而是用自己的话复述。复述时要引导学生把注意力集中在应用题的主要事理上，不必

受什么地点、产品名称及具体数据的干扰。教师可要求学生不看题目，用自己的语言把题目的意思、情节复述一遍，把题中的条件和问题表述清楚。

例如，"小新的家与学校相距80米。一天他上学走了30米，发现没有带文具盒，又返回家去拿，再到学校去。他这次从家到学校一共走了多少米？"

教师可以这样指导学生复述：小明上学，先走了30米，返回家又走了30米，最后从家到学校走了80米，求这三段路一共是多少米。这样既有利于学生理解题意，又能提高学生的口头表达能力和概括数学材料的能力。

另外，小学生知识经验有限，生活阅历少，有的应用题的情节比较陌生，叙述的形式有时是逆向或倒叙的，往往会给学生理解题意带来困难。这时我们可以设置情境，让学生置身情境中，运用直观，帮助学生全面理解题意。

例如，小红和小军各有8支铅笔，小红送给小军3支后，小红比小军少几支？

教师就可以让两名学生分别扮演小红、小军，通过一个送出3支，一个拿回3支，直观理解题意及数量关系。

再如，一座大桥长4000米，一列200米长的火车以每秒20米的速度开过此桥，需要多长时间？

缺乏生活经验的学生往往列为4000÷20，如果设置一个情境引导学生用文具盒作火车，课桌作大桥，自己实践一下火车怎样过桥，火车从什么地方开始到什么地方结束，才算开过桥。学生立刻会理解为什么要加上火车本身的长，从而找到解题的途径。

2. 重视阅读教学，弄清题目中字、词的含义

学生受"求一共用加法，求剩余用减法"等模式的影响，一些学生形成了一种见"共"见"多"就加，见"剩"见"少"就减的思维定式。其实它们在不同的题目中所表示的意思是不同的。教师在引导学生表征问题的过程中，既要弄清楚这些词本身的含义，更要弄清楚他们在不同情境中的不同含义。教师可以通过题组的比较，让学生在审题训练中观察、比较、判断，并从中得到启迪。

例如，小明、小华和小青共写16个大字，其中小明写了4个，小华和小青共写多少个？

二（1）班40个同学排队，平均每8个人排一队，一共可以排多少队？

这两题同样是求"一共"，但一个用减法，一个用除法。在审题中经常进行这方面的对比训练，学生就能改变原有的思维定式，从问题的内部结构特征出发来正确表征问题。

还有应用题中经常会出现一些名词术语，如：减少、减少到、扩大、缩小、倍、平均、同样多、照这样计算、相向而行等等，这些都对理解题意起着重要作用，要引导学生审题时都能准确把握其意义，并有意识、有计划地进行对比辨析。

例如，一个水利工地用4辆汽车运石头，每天可以运64吨，后来增加了同样的汽车6辆，每天可以运多少吨石头？

一个水利工地用4辆汽车石头，每天可以运64吨，后来同样的汽车增加到6辆，

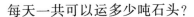

每天一共可以运多少吨石头？

这两道题形似而质异，关键在于"增加了"和"增加到"的区别。认识到它们的区别，并准确把握"增加了"与"增加到"两概念各自的实际意义，就能防止混淆。

3. 关注隐含条件，引导学生思考、探索

有的应用题条件比较隐蔽，隐含在题目中，有的条件多余，学生往往会忽视，或没有正确地收集解题中有用的信息，导致无法解题。特别是课改以后，我们应用题的呈现方式变得多种多样了，有图文式的、有图表式的，这些题目能很好地培养学生收集信息的能力，但同时也给学生正确的表征问题带来了难度。

例如，"商店运来 3 箱红墨水，每箱 100 瓶。运来的蓝墨水比红墨水多 200 瓶。运来蓝墨水多少瓶？"可这样摘录条件和问题。

条件：红墨水 3 箱，每箱 100 瓶。蓝墨水比红墨水多 200 瓶。

问题：蓝墨水有多少瓶？

在摘录条件和问题的过程中，要注意引导学生弄清条件中每个数量的实际意义。如上题中的"100 瓶"的实际意义是"每箱红墨水 100 瓶"，不是红墨水共 100 瓶。"200瓶"的实际意义是"蓝墨水总数比红墨水总数多 200 瓶"。

再如，"气象小组在一天的 2 时、4 时、14 时、20 时测得的温度分别是：13℃、16℃、25℃、18℃，算出这一天的平均温度。"

题目中的四个时刻是多余的条件，解题时与具体什么时间没有必然的联系，若细心体会，则能发现其中隐藏着"测了 4 次"这一重要条件。

在以往的应用题教学中，条件围绕问题叙述，不多不少。学生很容易造成解决问题要把所有条件用上这样的思维定式，但在现实生活中解决问题并非如此，需要选择条件来解决问题。因此，教师在教学中应重视设计应用题中多余的条件，培养学生根据问题选择条件的能力。

4. 指导学生画图，弄清题中条件与问题的内在联系

有时候学生不能正确解题，是因为学生缺少对题目整体把握的能力，如比较复杂的应用题，它的数量关系比较复杂，条件和问题的指向性不明显，所以学生往往会掉入"陷阱"、步入"歧途"，而他们自己却还没有发现，那么如何提高整体把握题目的能力呢？"图示"是一个很好的载体，借助"图示"这个载体，让学生动手画一画直观图、线段图是一个比较好的策略。在画图的过程中，学生要从条件出发思考问题，通过画图，动态展现题目的各个条件，引导学生仔细观察图示。结合题目的问题寻找解决办法，即以问题为目标寻找条件的适应性。通过这样的反复沟通，学生寻找解题的方法也就不会很难了。因此，在实际的教学实践中，教师要有"画图"的意识，引导学生动手操作，边画边分析题目条件，再通过观察"图示"，结合题目的问题，进行反复地双向思维沟通，寻求解决问题的办法。这样一定能培养学生的整体思维能力，切实提高解题策略，收到良好的教学效果。

例如，少年宫合唱队有84人，比舞蹈队的3倍多15人，舞蹈队有多少人？

有些学生凭直觉或思维定式很容易列成84×3+15，这时候教师可以引导学生根据题目中的条件和问题，指导学生画出线段示意图：

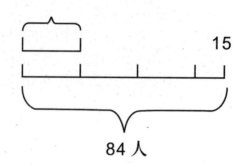

通过线段图，学生能够很直观地看出合唱队84人与舞蹈队的3倍多15人之间的关系，通过直观途径，来帮助学生理清题目中的条件和问题，以及条件与问题之间的内在联系，发现解题思路，从而正确地解题。

再如，有一组小朋友，从前往后数，小明是第八个，从后往前数，他是第七个，这个小组一共有几个小朋友？

碰到这种类型的题目可以这样来指导学生画图："把小明画作△，把同组的其他小朋友画作○。根据条件，可以画成○○○○○○○△○○○○○○，所以这个小组共有14个小朋友。"

二、问题分析解决策略

（一）问题分析解决策略概述

问题分析解决策略分为一般的和特殊的。一般策略可应用于好几个问题解决领域，而不管其内容如何。特殊策略则只在特定的领域中有用。当问题解决的方案不能清晰地呈现时，个体通常采用一般策略，比较有用的一般策略有：产生——检验策略、手段——目的分析策略、类推策略等。但是如果要处理比较特殊的问题，一般策略就不如特定领域的策略那么有用。

产生——检验策略：如果我们可以检验有限的几个问题解决方案，看它们是否能达到目标，那么产生—检验策略就是很有用的。

手段——目的分析策略：使用这一策略，个体应把现有条件和目标进行比较，以辨别这两者之间的差异。然后个体要建立子目标来减少这一差异。进而个体要执行各种操作来达到子目标。开展手段——目的分析策略一般按从目标到初始状态（逆向工作）的顺序进行，比如分析法；也可以从初始状态到目标（正向工作）的顺序进行，比如综合法。在实际的运用中，个体一般会根据实际情况把这两者结合起来使用。

类推策略：即在问题情境（目标）和个体熟悉的情境之间做出类推。个体先在熟悉的领域把问题解决，而后把问题解决的方案与新的问题情境建立联系。

　　成功地解决数学问题，依赖于学生已经掌握的知识和解决问题的技能。最基本的知识类型包括资源型知识，即对基本事实和程序的了解。第二种类型的知识是具有启发性的，即前面所论述的一般策略。解决问题的人尤其需要对问题进行表征和分析制定解题规划的策略。数学问题的解决要求学生首先要准确地描述问题，包括问题中的已知条件和需要求解的是什么；然后通过分析选择和使用某种解题方法。对问题的分析和解决要求学生有良好的陈述性和程序性知识，比如，"一列客车和一列货车相向而开，当它们相遇时，客车行驶的距离是货车的两倍，问：客车的速度是货车速度的几倍？"要解决这个问题学生首先要理解以下陈述性知识：什么是相向而开、怎样的状态是相遇、如何理解客车行驶的距离是货车的两倍。除此以外，学生还要理解相关的程序性知识，在这里也就是要明确：时间一定，路程与速度成正比例关系。

　　水平高的学生能够很好地理解问题，其中一个原因是他们的知识在常识记忆中组织得更好，这种组织反映了学科的基本结构。熟悉的解题者会忽略问题的表面内容，去分析解决问题所需要进行的操作运算是什么，而初级新手则容易被问题的表面特征所迷惑。

　　另外，水平高低的区别还在于解题方法不同。水平低的通常运用逆向工作的策略，从要解决的问题出发，回头去找已知条件。为了成功运用这一策略，解题者需要对问题所涉及的领域具有足够的理解，知道达到每一步小目标所需的知识。在学习的早期阶段，逆向工作策略是一种很好的基础性启发式教学法。水平高的学生通常采用正向工作策略，他们会先辨别问题的类型，然后选择和实施恰当的方式来解决问题。

　　综上所述，我们可以知道数学问题解决的实质是：运用数学知识和方法，借助各种策略，构建从已知条件到达未知的逻辑链条的过程。同一个问题，由于学生的基础和思维水平不同，选择切入的条件不同，往往引出不同的解题途径。一般在解决问题之前学生可以先想一想：它是不是和以前做过的某个问题相似？如果是，不妨用那个方法试一试。如果不是，通常的方法是变化问题、从简单问题或特殊问题入手以及从已知条件或未知条件出发，甚至两者相结合来寻找突破点。

（二）问题分析解决策略方法

1. 加强运算意义的理解，夯实解决问题的基础

　　一直以来在应用题教学中，老师总有这样的困惑：有些学生为什么总是找不出题目中的数量关系呢？为什么老师讲了之后还是不理解数量关系呢？通过观察发现，实际上是这些学生对数的运算意义不理解，运算意义的理解对能否有效地分析数量关系起着关键的作用。

　　首先，要让学生充分经历探索运算意义的过程，理解整数、小数、分数的加减乘除各种运算的意义。通过情境的多元化，帮助学生多积累一些运算的"原型"，为学生理解数量关系以及实现顺利"化归"提供必要的"原型"支撑。例如，乘法的意义

可以从"几个几""面积""倍数""折扣"等方面来理解：

"六年级平均每班有 38 人，一共有 6 个班，六年级一共有多少人？"

"教室长 8 米，宽 6 米，教室的面积是多少？"

"我们班喜欢踢球的有 8 人，喜欢跳绳的人数是喜欢踢球人数的 1.5 倍，喜欢跳绳的有多少人？"

"一套衣服的原价为 400 元，现在打六折出售，现价多少元？"

在学生积累了比较多的运算意义的"原型"后，就能较好地理解运算"模型"的内在结构，如加法可以作为合并、移入、增加、继续往前数等的模型；减法可以作为剩余、比较、往回数、减少或加法逆运算等的模型；乘法可以作为相等的数的和、面积计算、倍数、组合等的模型；除法可以作为平均分配、比率或乘法逆运算等的模型等。

其次，在具体解决问题时，教师要注意沟通运算意义与解决问题的联系，促进学生对数量关系的理解。

例如，"苏宁家电商场有电视机 840 台，第一天卖出 160 台，第二天卖出剩下台数的 $\frac{1}{4}$，第二天卖出多少台？"关键引导学生沟通"剩下台数"与分数乘法意义的联系，根据分数乘法意义可以得出"剩下台数 × $\frac{1}{4}$ = 第二天卖出的台数"，从而列出算式"（840−160）× $\frac{1}{4}$"。

另外，除了重视加减乘除等运算意义的教学外，一些概念的理解同样也对解决问题起着很关键的作用，如分数、百分数、小数等概念以及比、正比例、反比例等概念的理解。

2. 加强数量关系的分析，理清解决问题的思路

分析数量关系是从"数学问题"到"用数学方法解决"的关键。在学生用一定的方式表征问题后，要进一步引导学生分析已知数量与未知数量之间的关系，并综合应用所学的知识解决问题。分析数量关系的能力是学生分析和解决问题能力培养的重要方面，需要教师在教学中特别关注。

（1）注重引导学生分析问题中最基本数量关系的结构，抓住主要矛盾

分析数量关系时，教师要引导学生注重对问题中最基本的数量关系结构的分析，即关注题目中的"大逻辑"。

例如，三年级植树 20 棵，六年级植树的棵数是三年级的 3 倍，三年级和六年级一共植树多少棵？

此题的大逻辑是：三年级植的棵数 + 六年级植的棵数 = 总数。

又如，小桶装水 8 千克，大桶装水的质量比小桶多 5 千克，4 个大桶可以装水多少千克？

此题的大逻辑是：一个大桶装水的质量 ×4= 总质量。

如何才能准确抓住主要矛盾，并且在此基础上确定先求什么？再求什么？分析法和综合法是最常用的方法。

分析法：即由结论向前推理使结论成立的条件，也就是在认真观察、分析题目的基础上，看着已知条件，从最后要解决的问题入手，找出解答这个问题需要的条件，然后把其中一个或几个未知的条件作为要解决的问题，再找出解答它们所需要的条件，这样逐步逆推，直到所需要的条件均为已知为止。这一过程可以简说成：从"未知"看"需知"（找可知），逐步靠拢"已知"。概括起来讲就学是：执果索因，逐步追溯到已知条件。

综合法：即由条件向后（题目中要求的问题）进行推理，也就是在认真观察、分析题目的条件和问题的基础上，瞄准最后要解决的问题，从已知条件出发，先选择某些条件推得一些结论（中间结果），然后把中间结果作为新的条件和原条件一起再推出一些结论，如此继续下去，直到推得题目要求的问题为止。这一过程可以简说成：从"已知"看"可知"（找需知），逐步推向"未知"。概括起来讲就是：由因导果，逐步推出要解决的问题。

（2）引导学生表述解决问题的思路，提高学生数量关系分析的条理性

表述解题思路是展示学生思考问题过程的重要方式，能提高学生数量关系分析的条理性。教师应鼓励学生表述解决问题的思路，特别是一些需要用两步及两步以上计算解决的问题，更需要学生进行解题思路的表述。同时，教师要进行必要的指导，如引导学生用"先……再……""根据……可以知道……""要求……需要……"等语言来表述，这些话看似简单，却恰恰是教师帮助学生梳理和提炼思路的拐杖，它能让解决问题的隐性策略显性化，提高学生语言表达的条理性和严密性。当然也不要过分追求"形式化"，学生只要能把自己的思考过程说清楚即可，也应允许学生根据直觉、猜想、合情推理等表述自己的思考过程。

例如这样一道题："一条裤子的价格是18元，一件上衣的价格是一条裤子的2倍。买这样的一套衣服，需要多少钱？"

学生表述了几种不同的思路。思路一：先算出一件上衣的价钱，再计算一件上衣和一条裤子一共多少元；思路二：根据"一件上衣的价钱是一条裤子的2倍"，可以知道一套衣服的价钱是一条裤子的3倍，所以只要 18×3 就可以了。

语言是思维的外壳，教师在平时的教学中要让学生这样有条理地、清晰地表述自己的思考过程，学生的逻辑推理能力就会得到不断提高。

3. 加强具体策略的运用，获得解决问题的拐杖

当学生遇到比较复杂的或非常规的问题时，教师可以引导学生运用具体的策略来帮助自己找到解决问题的思路。

（1）画图策略

画图策略是利用"图"的直观来表征问题中的数量关系和数学结构，是最常用的一种解决问题的策略，符合学生的思维特点。如果一个特定的问题可以转化为一个图形，那么就整体地把握了问题，并且能创造性地思考问题的解法。教学中，教师要鼓

励学生把"应用题"画出来，提高学生通过画图分析问题的能力。

画图策略包括画线段图、示意图等多种形式的图。教学中，教师要引导学生在画图思考问题时，除了画一些比较规范的线段图外，还应该画自己容易理解的图，只要能帮助学生思考问题，都应该进行鼓励。

（2）列表策略

列表策略也是一种重要的解决问题的策略。对于一些开放性问题或者需要用列举法解决的问题，列表可以帮助学生整理信息，并利用表格进行分析推理。

（3）模拟操作策略

模拟操作策略就是在解决问题的过程中，对于一些较复杂或难以理解的问题，可以用人或物模拟问题的情境，通过实物操作或动态模拟使语言叙述的问题变得生动具体，帮助学生理解和思考问题。如这样一个问题："小军去游泳池游泳，他在泳道内游了两个来回，共游了100米，这个游泳池的泳道有多长？"在这个问题中，对"两个来回"的理解是解决这个问题的关键，教学时可以让学生走一走来模拟情景，也可以用物体代替进行情景模拟，帮助学生理解"两个来回"实际上就是4个泳道的长。模拟操作使问题变得直观，能帮助学生理解问题情境，找到解决问题的思路。

以上是解决问题时常用的三种策略，教师除了让学生了解、掌握这些解决问题的策略外，更重要的是要让学生知道一种策略什么时候是有效的，能从几种可用的策略中选择最恰当的一种，能正确地运用策略，逐步将解决问题策略内化为个人的数学素养，成为思考问题的一种习惯。

三、元认知监控策略

（一）元认知监控策略概述

数学元认知就是对数学认知活动的认识和监控，是在数学思维过程中表现出来的，以一定的数学观念为指导，对自己的思维过程的意识进行调节与控制。它包括元认知知识、元认知体验和元认知监控。其中元认知知识就是个体关于自己或他人的认识活动的过程、结果、任务目标和方法以及影响认知活动的各种因素等有关的信息和知识。元认知体验是指伴随着认知活动的进行而产生的认知体验或情感体验，它是推动认知活动顺利进行的内在动力，可以是对"知"的体验，也可以是对"不知"的体验。元认知监控就是主体在认知活动的全过程中，将自己正在进行的认知活动作为意识对象，不断地对其进行积极自觉地监视、控制和调节，以达到预定的目标。

一般来说，数学元认知监控是在数学元认知知识、元认知体验相互作用的基础上实现的，丰富的元认知知识和元认知体验有助于主体对认知活动进行有效的监控，同时元认知监控能力又制约着主体元认知知识的获得的水平。因此，在实际认知活动中，三者相互作用，相互制约构成一个统一的整体，其中数学元认知监控处于核心地位。

元认知监控是学生数学思维活动的核心。它在学生的数学思维活动中起着定向（认知方向）、控制（认知进程）和调节（认知策略）作用，并直接影响着他们学习水平的发挥、数学思维能力的发展，是思维活动的动力。

学生的数学思维与自我监控并存，且相互联系、相互作用。以数学的解题过程为例，"问题解决"分为四步，思维程序表现为：弄清数学问题→拟订解题计划→实施解题计划→回顾解题过程。

元认知把数学的思维活动过程作为意识对象，对问题的初始条件和目标等进行积极、自觉地监控，若发现解题结论与目标不符，且对自己的解法有信心，就会对目标产生怀疑，从而作出修改或放弃，以确定新的数学目标。但若对数学问题的目标深信不疑，又达不到最终目标，就会怀疑自己的解题策略，并重新选择，直至解决。这样，就能在数学元认知体验的基础上，不断改组元认知，控制认知过程，调节认知策略，从而实现认知目标。

元认知监控策略在问题解决中的作用主要体现在以下几个方面：

①引导阶段。数学问题的解决首先都有明确的目标，它引导着解题的方向和过程。在问题解决的过程中，首先要运用元认知知识将自己正在进行的认知活动作为意识对象，并不断发挥自己的主动性和自觉性对问题解决的进程进行积极的监控，一旦发现进程与目标不符，则进行检查和纠正，直至数学问题得以顺利解决。

②组织阶段。学生在解决数学问题时，通常是以目标为出发点，将问题条件放入知识背景，根据问题条件在认知结构中的相似性，寻求数学认知结构中的相似模块，并进行识别，从而制定正确的问题解决策略，并通过对问题解决进程的反馈，对问题解决的策略进行自我评价，从而调控解题策略，直到达到问题目标。

③执行阶段。在问题的解决过程中，从问题的提出到问题的成功解决，要经历许多的失误和失败，要求解题者必须发挥主体作用，不断克服困难，激发问题解决的欲望。而元认知在问题解决中自始至终存在着内部反馈调节，它能帮助学生调节在学习活动中的思维过程，逐步强化学生问题解决的主体意识，使问题得到最好的解决。

（二）元认知监控策略方法

1. 重视学生知识的掌握和方法的指导

从信息加工的观点来看，自我调节相当于元认知觉察，这种觉察包括任务的知识（将要学习什么、什么时候和如何学习等）以及有关个人能力、兴趣和态度等方面的自我认识。自我调节学习需要学习者拥有稳定的知识。试想，在解答应用题时，如果学生连最基本的四则运算的意义都不清楚、连最基本的数量关系式都不懂，怎么可能会正确解答，更谈不上监控和调整自己的解题过程了，所以知识是发挥元认知监控的基础，同时好的学习方法又是发挥元认知监控的保证。在学习过程中，有些学生尽管对数学学习有积极性，也肯下功夫，但成绩却始终提不上来，其原因就在于他们缺乏良好的数学学习方法，在教师辅导学生的过程中也常常会碰到这样的现象，"教师追问：这道题目要我们求什么？要求这个问题，就要知道哪些条件？哪个条件已经告诉我们，哪个条件没有直接告诉我们，所以应该先求什么？在教师不断地追问中学生突然就明白了。"这实际上就是学生还没有掌握一定的学习方法，不会有序地，一步步地加以思考。所以教师在平时的教学中要加强过程性教学，重视数学方法的指导，特别是数学思维方法的指导，以知识学习和问题解决为载体，充分展示学法，向学生传授解决数学问题的基本方法，比如分析法、综合法、比较法、类推法等，指导他们掌握确定学习目标、制订学习计划、监控学习活动的过程、评价学习效果和转变学习方式、修正错误、选择策略等技能，同时还要根据学生的年龄特征和兴趣、爱好，面向全体学生创设有意义的、贴近学生生活实际的问题情境，让学生在感受、经历、体验中获取宝贵的解决问题的经验，为提高学生数学学习活动的监控和调节水平创造条件、打好基础。

2. 重视学生良好学习习惯的培养

教育家叶圣陶说："什么是教育？简单一句话，就是要养成良好的学习习惯，教育就是习惯的培养，积千累万，不如养个好习惯。"小学阶段，不仅要重视学生知识的学习，更重要的是学生学习习惯的培养。

（1）培养学生认真倾听的习惯

学生只有在课堂上认真倾听老师的讲课，认真倾听同学的发言，才能积极有效地参与教学活动过程，开启思维的火花，获取知识，培养能力，才能保证课堂活动有效地进行。因此，在教学中要明确目标，对认真听的学生进行鼓励、表扬，加以强化，而对于不认真倾听的学生及时给予纠正，必要时还要给予适当的批评教育。这样，学生在课堂上才能认真倾听，在听的过程中更能积极主动地参与教学活动。

（2）培养学生认真审题的习惯

在解应用题过程中往往会发现由于没有认真审题或由于没有仔细分析数量关系，造成列式错误的现象。因此，在教学中，很有必要对学生审题能力进行培养。加强审题训练，通过训练，让学生养成认真严谨的习惯，引导学生灵活地选择正确合理的解题方法，提高做题的质量与速度。

（3）培养学生良好的书写、认真检查验算的习惯

在考试时我们经常发现有的学生在草稿本上做对了题目，但往卷子上写的时候抄错了，还有的学生数字写得不规范，甚至是自己都难以辨认，因此培养学生验算习惯对于学生学好数学十分重要。教师在教学中要把验算作为解题过程的基本环节之一加以强调，让学生知道验算的意义和重要性，持之以恒地养成解题验算的习惯。

3. 充分发挥教师教学的评价、激励功能

学生的心理品质对学习应用题有着很大的影响。应用题是训练学生思维发展的一种题型，思维敏捷、勤思考、不怕困难的学生就容易想出不同的解题思路和方法，而胆小、怕事，懒惰，不愿思考的学生就截然不同了。如何培养学生良好的心理品质呢？

（1）培养学生的毅力

由于应用题信息量大，需要思考的步骤多，有时不能一下子就找到解决的方法，所以有些懒惰的学生就不愿多动脑筋，看到题目，就胡乱列式或留空白。遇到这样的学生，我们要重点帮助他们克服心理障碍，并改正缺点，使他们成为不怕困难的学生。

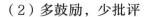

（2）多鼓励，少批评

在学习过程中，学生避免不了会做错题，会犯错误。作为教师应耐心地辅导他们，教育他们，特别对学困生要给予更多的关注，多找他们的"亮点"，减少惩罚，要让这些学生摆脱不利的心理状态（如感觉被人歧视、对自己失望、失去相信等）。"兴趣是最好的老师"，只有当学生对学习感到有兴趣、有信心时，他们才会为学习付出努力，学生一旦对学习失去了兴趣，学习就会成为他们的负担，由此对学习产生抵触情绪和对抗情绪，焦虑、恐惧，甚至逃避，学业就会急剧下降。

（3）调动非智力因素

学生在数学学习的过程中会经历多种情感体验，包括成功、失败、喜悦、满足、怀疑、焦虑等，这些非智力因素都是学生数学认知过程中的元认知体验。如果学生能自觉地提高元认知活动，并对自己的数学学习作出客观判断和评价，产生对策性的意识动机和相应的调控行为，就会激发他们学好数学的愿望。因此，教师要注重引导学生明确学习目标，克服自卑感，以实现由非智力因素向智力因素转化。

4. 从他控发展为自控

他控是指数学学习活动受外界因素的控制和调节，自控则是指数学学习活动受主体自己的控制和调节。要培养学生的自控能力，首先要让学生有明确的学习计划，明确所学内容的性质，对学习情景中的各种信息有准确的知觉和分类，并能对有效信息迅速作出选择；调动头脑中已有的相关知识、安排学习步骤，选择学习或解决问题的策略；猜想问题的可能答案和可能采取的解题方法，这是学生进行自我监控的前提。其次要不断提高学生自我监控的能力，数学学习自我监控的过程或方式，可以从一个具体的数学活动情境迁移或应用到与其相同或相似的其他数学活动情境中去。因此，学生的自我监控能力的发展与学生所掌握的数学思想方法的抽象过程密切相关。数学思想方法的抽象水平越高，其使用的范围就越广，用它来监控自己解决问题的过程的意识、自觉性就会越强。另外，要不断提高自我监控的敏感度，敏感度一般包括两方面：一是对数学问题中的条件、结论及涉及的主要数学概念、原理及其相互关系的敏感度。由于这方面的敏感度决定着学生对数学问题的条件、结论及其相互关系的觉察与认知，如果敏感度不强，就有可能遗漏、忽视某些重要信息，特别是忽略关于条件与条件、条件与结论之间的内在联系的线索，或者被数与形的表现形式所迷惑而忽视隐含条件导致理解的错误。二是根据具体问题情境，调动有关知识经验、数学思想方法的敏感度。如果敏感度不高，就会在问题情境与解题策略、方法的匹配上发生困难，激活相关知识、策略、方法的速度及质量都会受到影响，从而不可能实现有效的自我监控。

第六章　图形学习策略

第一节　图形的认识学习策略

一、操作策略

（一）操作策略概述

　　教材为学生提供了数学语言或图形直观，有些教师认为，学生和教师一样，也能很容易地把图形表象和抽象的语言符号与现实客体联系起来，能依靠图形表象和抽象语言符号对客体的关系进行认识，这是不符合学生的认知规律的。事实上，只有学生对学习对象建立丰富的具体经验以后，才能对学习对象进行主动的、充分地理解，达到对知识及其关系的相应水平的认识。因此，教师应该为学生提供数量丰富的、典型性的素材，引导学生通过动手操作、观察、感知和理解，从而获得丰富的具体经验，使抽象的语言符号获得具体背景材料的支持，帮助学生顺利地实现知识的同化（或顺应）。

　　学生认识图形，并不是一味地识记图形的形状、名称、性质。认识要通过具体的操作活动去感知、发现，建构正确的空间形式和关系。因为空间观念的建立，只靠观察是不够的，教师还必须引导学生进行具体的操作活动，通过搭一搭、折一折、剪一剪、拼一拼、量一量、做一做、画一画等过程中，视觉、触觉、听觉等多种感官协调作用，完成对具体对象的抽象，形成相应的空间表象，获得对几何知识和方法的理解，建立和发展空间观念。纵观小学数学教材关于图形的认识内容的编排，我们可以发现，操作活动贯穿了始终。借助操作活动来帮助学生认识图形对小学生来说是非常必要的：首先，兴趣是最好的老师，动手操作是小学生所乐于进行的活动。其次，小学生的思维正处于由具体形象思维为主向逻辑思维为主的过渡阶段，操作符合小学生对图形认识的一般过程。最后，经历与图形有关的各种操作活动可以使学生获取大量的感性知识，可以帮助学生不断积累图形的表象，并不断加工提炼，使抽象的数学知识形象化，深化对知识的理解和掌握，进而形成图形概念。

　　而在学生的日常学习和我们的日常教学中，由于受条件的限制以及教师和学生等多方面因素的影响，常存在着脱离教学目标，忽略教学重点的操作，或者不能充分地考虑"哪些内容需要课堂操作"（有的太易、有的太难），或者操作的要求不到位等情况。此外，操作材料的限制、操作时间的不足、重操作轻思维都是导致操作流于形式的原因。

（二）操作策略方法

1. 做好充分的准备，保证操作策略的实施

（1）注意把握操作契机

　　小学生学习几何形体知识属于直观几何阶段，教师在教学时往往需要引导学生动手操作，特别是对于比较抽象的知识通过操作往往能很容易地达到目标的，就必须选用操作的策略。

　　例如，用棱长 1 厘米的小正方体摆成稍大一些的正方体，至少需要多少个小正方体？如果让学生凭空想象，对大部分学生来说是有难度的，即使是想通了，在下一次遇到时很多学生下意识的还是会说至少需要 4 个小正方体；如果我们让学生动手摆一摆，再观察反思：为什么要 8 个小正方体才能拼成一个稍大一些的正方体。让学生在看一看、摸一摸、拼一拼等实际操作中，使自己的多种感官参与活动，丰富自己的感性认识，掌握几何形体的特征，不断积累空间观念，这时操作的作用是不可比拟的。操作要注意做到适时、适度，把握好操作契机，不搞形式的操作。

（2）注意指导学生选择恰当的操作材料

　　根据教学内容和教学目标选择合适的学具，是保证操作活动达到一定目的的前提。例如，前面平行四边形变形操作的学具，如果老师事先就能指导在四个角固定时要注意什么，就不会出现上面的情况。可见，在数学操作活动中，操作材料是否恰当，直接关系到操作的效果，进而影响教育目标的实现。因此，在教学前我们就要根据操作活动的目标，考虑操作材料准备过程中可能出现的种种问题，先加以指导。图形的认识很多时候是基于学生的动手操作，操作成功与否直接影响了正确概念的建立及后续对图形特征的探究发现，因此我们一定要在课前了解的基础上帮助每个孩子经历成功

的操作活动。

2. 规范操作常规促进操作的有效性

小学生的年龄特点决定了他们是好动的，通常操作前后小学生都会比较兴奋，有时不但影响操作的效果，还会影响后续的学习。因此建立良好的操作常规是很有必要的，对于一、二年级的小学生可以设置一些口令，比如老师说："拿出学具。"小学生说："动作轻轻，速度快。"老师说："停"。小学生说："说停就停，身体坐正。"等，以此规范小学生的习惯。规范的操作常规还包括：

①确定学具摆放的位置，用之前、用之后放在指定的地方（不易掉在地上，好拿好放）。

②在动手操作之前，先听清楚教师的要求，听到老师说开始才能把学具拿出来，操作结束，及时收好学具。

③在操作中不能随意拿别人的东西，按要求边操作、边观察、边思考，不影响其他同学。

3. 设计操作活动促进"有效操作"

（1）合理把握操作的顺序

①从"盲目操作"到"理性操作"。有些教学内容在不指导的情况下，先让学生试着操作，再分析出现的问题，反而可以使概念逐渐明晰，同时正确的操作也能得以强化，使操作在质疑中由感性上升到理性。

②"理性思考"和"理性操作"有机结合。在操作前让学生明确操作目的，知道通过操作要解决什么问题，可以克服操作的盲目性和随意性。这就需要在学生动手操作前设计好操作步骤并进行定向指导，在操作中引导学生观察和思考问题。使操作过程真正为实现既定的目标服务。例如，为了使学生清楚地感受长方体12条棱的关系，让学生用小棒插一个长方体的框架，在操作之前先让学生思考：a.想想应该选用哪些小棒，怎样插比较快？ b.在制作中你发现长方体的12条棱可以分成几组？每一组棱的长度怎么样？这样带着目的，有程序的操作使学生加深了对概念的理解，同时发展了学生的空间观念。

（2）合理把握操作的形式

①操作可以是"围、量、画、剪、拼、折……"小学阶段教学的几何是实验几何，很直观，不是严密的几何证明。只要通过活动、操作直观感受几何形体的特点就可以了，不必要求过多的形式逻辑的推理。所以教材在编排"认识图形"的内容时，一般都是通过现实的情境引起学生的回忆，在同一层次上增加丰富多彩的活动，在学生有了对图形的初步表象后放手让学生用各种方法做图形，做的形式可以是"围、量、画、剪、拼、折……"最后通过小组的交流，结合每个人动手所做的图形，逐步抽象出图形的特征。

例如，某教科书第一册第四单元"认识图形"第一课时是初步认识立体图形中的长方体、正方体、圆柱和球。第二课时是通过立体图形和平面图形的关系引入教学，

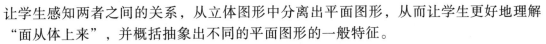

让学生感知两者之间的关系，从立体图形中分离出平面图形，从而让学生更好地理解"面从体上来"，并概括抽象出不同的平面图形的一般特征。

①认识三角形三条边的关系、认识等腰三角形、认识等边三角形等可以通过围图形的过程来实现；选用合适的小棒拼组成一个长方体框架，使学生清楚地看到长方体有12条棱；在认识平行四边形和梯形后，可以有意识地增加一些通过剪、拼将三角形转化成平行四边形、将梯形转化成的平行四边形、将平行四边形转化成长方形的活动，不但可使学生对图形的特征有更进一步的认识，而且可以沟通这些图形之间的关系，为后续学生自主探索图形的面积计算方法做好准备。

②操作还可以是"摸"。摸的过程是实现对图形特征辨析的过程，在摸的过程中，学生能很快发现不同图形的不同点，进而强化对图形特征的认识，比如，在"圆柱与圆锥的认识"一课中，老师把长方体、正方体、圆柱、圆锥四个立体图形放入不透明的袋子里，让一名学生摸出圆柱，其他同学判断正误。不但激发了学生浓厚的学习兴趣，而且摸和判断的过程必然有着理性的思考，学生能更好地区分这些图形面的特征。

③"想"也是一种操作。想象是学生依靠大量感性材料而进行的一种高级的思维活动。有时想是一种更高层次的操作。比如，在脑子里摆一摆。在教学过程中，要培养学生按照一定目的，有顺序、有重点地去观察，在反复细致观察的基础上，让学生展开丰富的空间想象，发展空间观念。

让学生在头脑中想象两条直线无限延长后的样子，想象的空间是无限的，不限于一张纸、一块黑板，这时让画的动作在想象中完成，更有助于学生对无限延长永不相交的认识，帮助学生纠正了原有认知中的偏差，建立了两条直线相交的正确概念。

例如，让学生根据图形想象长、宽、高的长度分别发生变化后，会引起长方体的形状怎样改变，既使学生认识到了长、宽、高和长方体大小的关系，又发展了学生的空间观念。教学中，有时会遇到突发状况，没有现成的学具，或学具数量不够，或向上面一样的情形，让操作在想象中完成，对培养学生的空间观念未尝不是一种更好的选择。

4. 关注操作的数学化实质，实现操作的提升

对于图形来说，重要的是从操作的行为中提升对图形的认识，需要关注操作的数学化实质，实现操作的提升。一方面，要重视通过"动态操作"后"静态的数学思考"来实现自主提升；另一方面，认真听取同学的叙述，通过同伴间的交流来反思操作过程、评价操作过程，也可以实现操作活动的"内化"。

作为数学课堂中组织的操作活动，其目的是通过操作探索发现数学问题，因而从数学的角度思考是操作活动的灵魂。上述案例中，看似不经意的活动与交流，将三角形三边的关系深刻地印在了学生的脑海里。可见学生在动手操作中亲身体验，再通过交流和同学的思维发生碰撞，使研究逐步深入，概念逐步清晰。所以交流促进了操作的提升。

二、抽象策略

（一）抽象策略概述

抽象是从众多的事物中抽取出这些事物共同的、本质性的特征，而舍弃其非本质的特征。共同特征是指那些能把一类事物与他类事物区分开来的特征，这些具有区分作用的特征又称本质特征。因此抽取事物的共同特征就是抽取事物的本质特征，舍弃不同特征。所以抽象的过程也是一个裁剪的过程，把不同的、非本质的特征全部裁剪掉的过程。

与一般的抽象活动一样，数学抽象同样是一种概括，即集中地表明了一类事物或现象在数量方面的共同特性，完全舍弃了各个对象之间所必然存在的种种差异，并将它们看成是不加区分的"同类事物"。从许多事物中，舍弃个别的、非本质的属性，抽出共同的、本质的属性的过程，是形成概念的必要手段。小学数学教材对图形认识的要求主要包括两个方面：一是对图形自身特征的认识。二是对图形各元素之间、图形与图形之间关系的认识。在三个学段中，认识同一个或同一类图形的要求有明显的层次性：从"辨认"到"初步认识"，再从"认识"到"探索并证明"。例如，对于长方体、正方体、圆柱和球等几何体，第一学段要求"辨认"；第二学段要求"认识"；第三学段要求了解其中一些几何体的侧面展开图。这些都需要在观察、操作中抽象出图形特征，发展空间观念。

（二）抽象策略方法

1. 充分的感知

概念是抽象的，但概念的获得有赖于对事物的感性认识。任何思维，不论它是多么抽象的，都是从分析经验材料开始的。学生感知越丰富建立的表象就越具有概括性，而建立正确、牢固而清晰的表象，有利于学生积累数学活动经验、支持抽象思维、发展空间观念。但是感知不是大量材料的简单重复，而是多方位、多种形式、多种感官协同参与。

小学数学教材第一学段要求：能通过实物和模型辨认长方体、正方体、圆柱和球等几何体；通过观察、操作，初步认识长方形、正方形的特征。第二学段要求结合实例了解线段、射线和直线、结合生活情境了解平面上两条直线的平行和相交（包括垂直）关系等。这些要求的共同特点是通过观察与操作认识图形，直观地、整体地认识立体图形和平面图形。从对实物的观察与操作过程中来抽象出图形的特征和性质。

例如，人教版二年级上册"角的初步认识"

联系实际感知角的片段。

①学生观看主题图。从图中说出物体上的角，初步感知角。

②学生从自带的三角板上找角。

生生相互找角，指角。

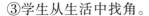

③学生从生活中找角。

生举手汇报。

操作感知，探究新知，认识角的组成部分片段。

①学生折角。

学生从自己折的角中探索出角的顶点和边。

②电脑抽象出折纸的角，学生认识角的组成部分。

③出示活动角让学生感知角是有大小的，且角的大小与两边的长短无关。

教师变魔术引出活动角。

学生动手操作活动角。

学生说发现。

这里，呈现一个校园的场景图，先让学生感性、直观地看到角在生活中无处不在：做操同学伸开的双臂、足球门、足球场的边界、小旗、花工的剪刀、教师手中的三角板、远处钟楼的时针与分针，这些物体上都有角。教师用红色标出了其中一些角。从剪刀、吸管、水龙头等实物中抽象出角的一般模型，包括锐角、钝角、直角，体现了从直观到抽象的过程。直接用图形描述角的概念，并在图上标出顶点和边（类似于线段概念的引出），使学生通过直观、形象的观察初步感知什么是角以及角有什么特征。通过制作活动角、用纸折出大小不同的角，使学生再一次感受角的顶点和边的特征，并直观地认识到角是有大小的。

以上案例里运用了各种直观素材、教具的观察和联系实际（学生原有的知识和生活经验、生产实践等）操作性活动以及教师的生动讲解，都是对角的感知活动，把学生对角的认识自然地从生活实际过渡到数学知识，逐步构建正确的表象。

例如，对"平行线"这一概念的认识，有赖于练习本上的横线、铁路上笔直的两条铁轨、双杠等形象，这些都是平行线的概念在现实生活中的"原型"，学生在日常生活中经常见到这样的事物，这些形象性的概念原型就是人们赖以抽象、概括科学概念的基础。

2. 必要的比较

数学知识的系统性很强，数学概念也不是孤立的，教师应从有关概念的逻辑联系和区别中，引导学生理解相关的数学概念，从而在学生头脑中形成一个比较完整准确的概念体系。此外，有些本来不同的数学概念，由于形成概念、表达概念的过程或者表达概念的词语符号的某种相似性，学生容易混淆。要让学生正确区别这些不同的概念，必须对这些概念进行比较，从中找出它们共有的本质要素，确定他们之间的不同点和联系。只有通过比较，才能弄清造成混淆的具体原因，达到真正识别概念的目的。

学生对图形特征的掌握往往是一个逐步深入和提高的过程，一般都要经历由现象到本质，由简单到复杂，由具体到抽象的完善过程。基于学生的知识水平和认识规律的比较，有利于学生对感性材料的认识和分析，有利于学生从感性到理性的提升，有利于学生对概念本质的剖析、对知识结构的系统化，有利于学生沿着"感知到分析、综合等抽象思维到形成概念"这样的路径，找到抽象图形本质特征的突破点。

3. 及时的想象

想象是人在脑子里凭借记忆所提供的材料进行加工，从而产生新的形象的心理过程。想象是人们对客观世界的一种反映形式。借助对实物的观察、操作、思考等活动启发想象，先是看着实物在脑海中试着建立表象，继而能看着图形在脑海中想象，再到空间观念的形成，这是个突破时间和空间的束缚，从具体到抽象，层层深入的过程。

如教学"正方体展开图"时，为了应付考试，很多情况下教师会让学生记忆展开图的数量和类型，短时间学生是记住了，时间一长往往会忘记或混淆，更不利于学生数学能力的培养。应该让孩子折一折，通过操作找到结果，再回过头想象一遍，或者在操作之前先想象一下，可能会是什么样子，然后通过操作，去验证自己的想法。这里想象的过程就是一个抽象的过程，对发展学生的空间想象力，促进空间观念的形成是至关重要的。

又如射线和直线涉及了无限的概念，在现实中没有"直线"的实物原型，这就更加需要学生进行抽象与想象。记得一位教师在教学中，为了让学生理解"无限延长"，先让学生想象很长很长的一条直线会是什么样的，然后用 Flash 做成课件，把一条直线两端不停延长，体验直线无限延长的样子，最后，出现天体运行情景，再让学生想象在天体中无限延长是什么样子，想完后，课件演示让学生看到一条直线穿越地球，向太空、向宇宙延长，消失在茫茫宇宙中。从中体验到直线可以这样无限制地延长下去。使原本无法理解的"无限延长"在学生的想象和视觉效应中得到充分的体验。

学生理解两条直线平行的位置关系也比较困难，教师在教学中通常会利用两根铁轨作为实物原型来描述，两根铁轨不相交以及它们之间的距离处处相等的事实，都揭示了平行线的本质，但铁轨无法总是笔直的延伸，所以在从实物到几何图形的抽象过程中还需要想象。另外，根据几何图形想象出所描述的实际物体；想象出物体的方位和相互之间的位置关系等，都有助于学生发展抽象能力和空间观念。

4. 恰当的媒体

生活经验是直观的，尽管生活经验在一定程度上有利于数学概念的学习，但因为数学概念的抽象性、精确性，使得生活经验在转化成数学概念、数学知识时有一定的困难，我们就可以用多媒体让抽象的概念具体化，获得非常好的教学效果。

如在教学"角的认识"时，教师先出示一系列事物的图形，如钟面、扇子、红领巾等，然后通过利用多媒体，抽象出由线条组成的图形——角，逐步让学生从具体事物中跳出来，认识角的概念，了解角的一些特征，并能从现实的事物中找出角，加深对角的认识，从而达到最佳的教学效果。

如教学长方体、正方体后经常会设计这样的习题：把一个棱长为 7 厘米的表面是黄色的正方体切割成体积是 1 立方厘米的正方体小块，一共可切成多少块？其中一面、两面、三面有黄色的各为几块？没有一面是黄色的小正方体有几块？这些问题对于学

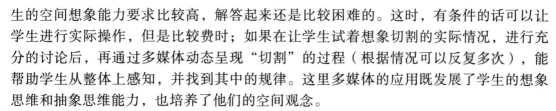

生的空间想象能力要求比较高，解答起来还是比较困难的。这时，有条件的话可以让学生进行实际操作，但是比较费时；如果在让学生试着想象切割的实际情况，进行充分的讨论后，再通过多媒体动态呈现"切割"的过程（根据情况可以反复多次），能帮助学生从整体上感知，并找到其中的规律。这里多媒体的应用既发展了学生的想象思维和抽象思维能力，也培养了他们的空间观念。

可见根据需要恰当地使用多媒体便于从生活原型中抽象出平面图形或立体图形，可以为学生认识图形的本质、发展空间观念提供更加直接的渠道。

5. 生活的回归

心理学家告诉我们，概念一旦获得，如果不及时巩固，就会被遗忘。在概念教学过程中，经常会出现这样的情况：学生课堂上听懂了，却不会用概念去解决问题，而且对知识遗忘的程度比较高，这些除了由于没有及时地复习概念之外，另外一个很重要的原因，就是没有对概念进行及时的巩固与应用，因此，概念的巩固与应用尤其重要。

例如，教学"角的初步认识"，在从生活原型中抽象出角，并教学了角的各部分名称之后，教师可让学生在教室里找一找，看看哪些物体的表面上有角，并指出角的顶点和两条边。这样学生先是经历从生活中感知角到认识数学上的角，再回到生活中用学过的知识更理性地找角，让学生亲身经历将实际问题抽象成数学模型并应用于生活的过程，如果说第一次从生活原型中找角是有些盲目的，那么认识了数学上的角再回到生活中找角必然会带着理性的思考，这个过程可以说是对角更深层次的抽象。

再如，教学"轴对称图形"，首先，通过观察实物或实物图片，认识生活中有些物体是对称的，体会生活里的对称现象，接着，提供有关实物图片的抽象图片，让学生在进一步的观察和操作中体会轴对称图形的基本特征，并适时揭示轴对称图形的初步概念，最后，让学生从学过的一些简单的平面图形中识别其中的轴对称图形。这个识别的过程可以使概念经验化、直观化，不但可以反馈学生对概念的认识情况，而且有助于学生对概念的记忆和理解。

三、建构策略

（一）建构策略概述

学习是一种"自我建构"，个体思维的发生过程就是学生在不断成熟的基础上，在主客体相互作用的过程中获得的个体经验与社会经验，从而使图式不断地协调、建构（平衡）的过程。图式是该理论体系的一个核心概念，是指个体对世界的知觉、理解和思考的方式。发生认识论原理是当代建构主义学习理论的重要基础之一。20世纪90年代以后，建构主义得以迅速发展。其核心是研究学习者知识建构的机制问题，它不仅关注知识表征和意义过程，同时还注意到了建构学习环境，以帮助学习者建构知识的意义。

知识不可能以实体的形式存在于个体之外，尽管通过语言赋予了知识一定的外在形式，但这并不意味着学习者对这种知识有同样的理解。真正地理解只能是由学习者自身基于自己的经验背景而建构起来的，取决于特定情况下的学习活动过程。学习过程包含两方面的建构：一方面是对新信息的意义的建构，同时又包含对原有经验的改造和重组；另一方面强调学习者在学习过程中形成的对概念的理解，有着丰富的经验背景，因而在面临新的情境时，能够灵活地建构起用于指导活动的图式。

概括起来当今建构主义的观点主要有以下几点：①学习是学习者主动地建构内部心理表征的过程。②学习是一个双向建构的活动过程，一方面是对新信息的理解，借助已有经验，超越所提供的新信息而建构的；另一方面是从已有认知结构中提取的有关信息，也要按具体情况进行建构，而不是简单的提取。③学习者已有的发展水平是学习的决定因素。同样的学习情境对不同发展阶段的人会产生不同的效果，处于同样发展水平的人对同一事物的理解也是不同的，事物的意义不能独立于主体而存在，必须通过主体的主动建构才能获得理解。④学习是一种社会活动，它是在社会环境交往中实现的，与其他个体之间的对话、交流、互动等，是完整的学习体系中的一个有机部分。⑤学习的结果是围绕关键概念而建构起来的网络结构的知识，它既包括结构性知识，也包括非结构性知识。

"图形的认识"是数学课程标准四大领域之一的"空间与图形"中的重要内容，大纲教材中属于"几何初步知识"领域。小学生的思维正处于由直观表象思维为主向抽象逻辑思维为主的过渡阶段，他们对几何图形的认识还相当于人类早期认识几何的阶段。因此，我们可以通过创设一定的情境，引导小学生借助他们身边直观、可感的空间世界，借助学生原先储备的经验积累，让他们在自主探索、合作交流的过程中主动地关注、认识周围的图形世界，在大量的操作、思考活动和效果评价中丰富表象，建构对事物的理解，提升数学思考，发展空间观念。

（二）建构策略方法

建构主义认为，学习者的知识是在一定的情境下，借助他人的帮助，如人与人之间的协作、交流，利用必要的信息等积累的，通过意义的建构而获得的。理想的学习环境应当包括创设情境、自主探索、合作交流和效果评价四个部分。学习环境中的情境必须有利于学习者对所学内容的意义建构。在教学设计中，创设有利于学习者建构意义的情境是最重要的环节或方面；自主探索、合作交流应该贯穿于整个学习活动过程中。合作学习的过程就是交流的过程，在这个过程中，每个学习者的想法都为整个学习群体所共享。效果评价对于推进每个学习者的学习进程，也是至关重要的，对学习效果的评价包括学生个人的自我评价和学习小组对个人的学习评价，评价内容包括：①自主学习能力；②对小组协作学习所作出的贡献；③是否完成对所学知识的意义建构。而教学中抓住细节构建想象，借助知识梳理帮助学生建构知识网络，也是认识图形必不可少的教学环节之一，有利于发展学生的数学思考和空间观念，有利于学生的探究和新知识的建构。

1. 合理创设建构情境

当学习内容和学生熟悉的生活情境越贴近，学生接纳知识的程度就越高。所以教师合理创设建构情境，从生活情境中挖掘数学知识，引出数学问题，并以此让学生感悟到数学问题的存在，引出一种学习的需要，从而使学生积极主动地投入学习、探索中。

例如，在教学"认识图形"时，创设学生熟悉的搭积木的生活情境，让他们利用手中的积木，搭建出漂亮的建筑物，同时说一说用到的积木的形状，唤起学生对已经认识的长方体、正方体、圆柱体等立体图形的记忆，然后进一步引导学生观察长方体、正方体积木的形状，并在纸上把长方体、正方体的每个面描绘出来，进行成果展示。再如，在教学"认识多边形"时，创设一组生活中常见的冰箱、钟面、红领巾、电视机、魔方、楼梯扶手、垫板等物体，让学生从中找到以前学过的一些图形并根据图形的特点，将这些图形分成两大类（平面的和立体的）。然后创设长方形、正方形、平行四边形等图片让学生通过摸一摸，数一数这些图形边的数量，逐步感悟通过数边的数量，可以知道平面图形的名称。在认识完多边形后，鼓励学生用多边形设计美丽的图画，让孩子们通过亲自动手实践，合作交流创作成果。一方面强化对所学图形的感知，另一方面帮助学生建构对图形意义的认识。同时，既激发了学生展示自己成果的欲望，又调动了他们学习的积极性，培养了他们的求异思维和创新思维。

2. 适时展开建构"行动"

著名心理学家皮亚杰说："儿童的思维是从动作开始的，切断动作与思维的关系，思维就不能得到发展。"要解决数学知识的抽象性和小学生思维的形象性之间的矛盾，必须多组织学生动手操作，以"动"启发学生的思维，让他们产生更多的新问题，在新问题中进一步深化自己的想法。

下面以一个具体的课例"长方体的认识"来分析。

（1）在操作中初步建构

片段一：让学生通过观察生活中的立体图形的实物进行分类。因为学生已经有了原来的基础，所以能够很快地通过眼睛观察把大大小小的长方体归为一类。

片段二：通过摸一摸、玩一玩长方体实物，想一想你有什么发现？让学生初步感知到长方体的面是光滑的、棱是直的、顶点是尖的，甚至有些学生已经数出了长方体面、棱、顶点的数量。通过以上操作活动帮助学生初步建构对长方体特征的认识。

（2）在操作中逐级提升

片段三：通过数一数、量一量、画一画等方法，自主探究一下长方体的面和棱有什么具体的特征？再在小组内交流。通过这一操作活动有的学生发现了面的形状、大小，面与面的关系，棱与棱的关系等；有的学生发现了长方体的 6 个面一般是长方形的，特殊情况下有一组对面是正方形；有的学生通过量一量每个面的长和宽，发现长方体相对的面是完全相同的，逐级提升对长方体特征的认识。

从以上片段可以看出，学生对长方体特征的获得都来自他们在操作中的亲身体验，不用老师太多的讲解，学生在操作中不断感悟，不断反思，不断提升，逐级建构对长方体的特征的认识。

3. 细节入手，想象建构

心理学研究表明：儿童空间观念的形成会呈现出一些明显的心理特征，比如对直观的依赖性强。也就是当图形外显性较强的因素与图形的本质特性一致时，就能促进图形概念的建构，反之，就可能会干扰图形概念的建构。以下以教学"射线"和"直线"时的两个不同教学案例为例谈谈建构想象的必要性。

案例 1

①教师先在黑板上边说边板演"射线"和"直线"，顺势小结：由线段的一端无限延伸所形成的图形叫做"射线"，由线段的两端无限延伸所形成的图形叫做"直线"，帮助学生初步建构无限性。

②出示一些线段、直线和射线的图例，让学生根据图例辨析出哪些是射线、哪些是直线。

结果无论教师怎样强调"无限延伸"，仍有部分学生由于对射学线和直线图例的真正意义认识不够导致辨析失误。

案例 2

①多媒体演示：先出示一条线段，然后演示由线段的一端向另一端延伸的直观展示图。

②让学生闭上眼睛想象由线段的一端向另一端不断延伸会是什么样的图形。

③接下来让学生将想象好的图形画出来。

结果学生在操作时发现就算用再大的纸也无法画出所想象的图形的全部，从而深刻体验到射线的"无限性"本质。

从以上两个案例中我们不难发现，在空间与图形的教学中，教师可以利用某个中介，让学生突破其局限进行想象，从而在头脑中构建出研究对象的空间形状与结构，帮助学生深刻体验图形本质。

4. 重视练习，内化建构

心理学认为，一个正确认识的获得，总要经过由实践到认识、由认识到实践的多次反复。反映在教学规律上，学生对概念正确的建构，也需要一个多次反复的过程。练习是学习者对学习任务的重复接触或重复反应，是学生心智技能和动作技能形成的基本途径。及时的练习，可以拓展学生思维，深入地建构概念，培养学生能力。

5. 及时展示，建构成果

在教学中往往会随时产生许多很有创意的合作成果，这些合作成果如果经常得不到展示，或者得不到积极的评价，长此以往学生对创作也会少了一份积极性，因为这些作品是通过学生自主探索、合作交流、动手实践获得的，倾注了他们深厚的情感，是他们集体智慧的结晶，是他们团队精神的体现。此时，他们迫切需要展示于众，引起大家的关注，受到大家的称赞，从中享受成功的愉悦，树立信心，争取再度创作。

6. 系统梳理，整体建构

由于小学生的年龄特征制约他们对图形的认识，因此小学生认识图形需要经历一个长期的、反复的过程。在实际教学中教师可以根据学生的这一年龄特征有针对性地对这部分知识进行有层次、有坡度的系统梳理，整体建构。例如，低年级教师让学生在整体感知"体"的基础上，逐步研究"面"，帮助学生建构"形"的概念，这样做不仅有利于降低低年级学生的认知难度，还有利于帮助低年级学生建构图形的特征；教师在中高年级学生深入认识平面图形特征的基础上安排他们对立体图形特征的探索，这样做既遵循了学生的认知规律，又符合从简单到复杂的教学顺序。在六年级总复习时，我们可以将整个小学阶段所认识的图形，从具体到抽象，由简单到复杂进行系统梳理，帮助学生整体建构知识网络。例如，多媒体演示先从出示一个"点"入手，用直的线连接两点，引出"线段"，再演示由4条线段围成一个长方形，抽象出"面"，接着演示由六个面组合而成的一个长方体，逐步抽象出"体"。而在讲形体的特征时，又是按照由简单到复杂的顺序，从线段、射线、直线、角到长方形、正方形、平行四边形、三角形和梯形，再到长方体、正方体；从直线围成的图形，到圆、圆柱、圆锥等曲线围成的图形，帮助学生进行系统梳理，整体建构认识图形的整个知识网络。

总之，我们生活在一个由形、体构成的丰富、生动的现实世界里，孩子们在日常生活中积累了许多对图形世界丰富的、零碎的、直观的感知。虽然他们对"空间与图形"领域已经具备丰富的感性经验，但在其生成方式或储备形式上看，还是模糊的、直觉的、多义的，甚至有些还会对系统的数学学习产生负迁移，干扰学生对数学知识的准确建构。因此，我们有必要在这里对认识图形的建构策略，进行有效的尝试和不断探究。诚然，在图形的认识的建构领域里有待大家的更多实践、体会、总结和提升。

第二节　图形的测量学习策略

一、直观策略

（一）直观策略概述

数学直观策略是数学学习的一种重要策略。数学直观可解释为视觉化、形象化。数学直观是以数学直观符号为基本构成要素，以信息加工过程的直观性为形态的认知方式。它是一个外延相对宽泛的概念，且具有多种表征形式，不仅可以是直观背景材料，如实物、图表、插图、物体模型等，还可以是现实的情境问题、学生头脑里的"数学现实"和外显化的数学模式等。

为描述和交流信息的需要，为思考和形成新观念的需要，为深入理解的需要，我们或在头脑中，或在纸上，或利用技术工具，绘出并解释一些图画、影像和图表。使用并反馈的过程和结果，以及该过程中伴随着的能力，统称为数学直观。徐利治先生认为：直观就是借助于经验、观察、测试或类比联想，所产生的对事物关系直接的感知与认识，而几何直观是借助于见到的或想到的几何图形的形象关系产生对数量关系的直接感知。

在小学数学中，由于学生的年龄特点和认知特点，他们学习几何需要更多地从经验入手，通过观察比较，或通过动手操作获得对图形的认识，也就是说在小学阶段几何学习中的数学直观更多地指向于直观几何，是以观察、操作等手段得出结论的几何学习方法，即"小学几何课程内容的性质实质上是直观几何、实验几何"。正因如此，在图形测量的学习中有必要培养学生的直观策略。直观策略的建立离不开学生的经验、观察、操作和想象，学生应能在学习中根据自己已有的生活和知识经验，通过一定量的学习素材展开有效的观察和操作活动，并进行合理想象。

直观策略的建立更离不开学生的几何直观。《数学课程标准》明确指出：几何直观主要是指利用图形描述和分析问题。借助几何直观可以把复杂的数学问题变得简明、形象，有助于探索解决问题的思路，预测结果。具体地说，几何直观是学生通过几何学习，在掌握几何图形的结构特征、空间关系以及度量的基础上，学会建立和操作平面或空间物体的心智表征，形成准确感知和洞察客观世界的能力及能从空间形式和关系的角度对现实问题进行抽象和推理的能力。

（二）直观策略方法

1. 创设有效的直观情境

学生的几何知识来自丰富的现实原型，与现实生活的关系非常紧密。小学生在生活中已经积累了比较丰富的几何经验，这对他们展开几何学习起着非常重要的作用，是学习的重要资源，也是学习的前提条件。因此在学习中创设有效的直观情境，激活并利用学生的已有经验来帮助他们学习是十分必要的。

①实物直观，具有鲜明、生动和真实等特点，容易引起学生的学习兴趣，增强感知的积极性，合理地设计和使用多媒体、教具可以充分调动学生的学习兴趣，直接影响着课堂教学的效率。

②图像直观，具有清晰、形象的特点，利用直观图、示意图清楚地表达题目中的关系，让学生易于理解。对于学生而言，纯文字形式呈现的问题相对比较抽象，仅凭文字叙述有时很难看出题中的数量关系，这样就使学生产生了画图的想法。如长方形面积的变化，"有一个长方形花圃，长8米。在修建时，花圃的长增加了3米，这样花圃的面积就增加了18平方米。原来花圃的面积是多少平方米？"学生感觉光看文字一下子有点想不出办法，想画个图看看长方形是怎样发生变化的？学生依据题意顺利地画好图，通过文字和示意图的比较明显可以看出图的优势和作用，让长方形的变

化情况一下子直观形象地展现出来,更便于思考和分析。又如"一块长方形菜地,长6米,宽3米。四周围上篱笆,篱笆长多少米?如果一面靠墙,篱笆至少要多少米?"在解决第二问时首先要理解什么情况下使用的篱笆长度最少,通过画图,发现一面靠墙,可能是长边的那面靠墙,也可能是短边的一面靠墙,要使篱笆的长度最短,通过图形的直观比较马上就可以判断出应该让长边靠墙,这时篱笆的长度只包括一条长和两条宽,是最短的。教师在实际使用中要让学生充分体会到图像在解决问题中的作用,促使学生主动地运用,利用图像的直观形象、便于分析,帮助学生找到解决问题的方法。

2. 引导多样的观察体验

观察是获得空间知觉的必要环节。观察是一种有目的、有顺序、相对持久的视觉活动,是学生了解外部世界不可或缺的一种活动。可以说观察能力是开启想象空间大门的钥匙,观察得是否深刻,决定着想象最终能否形成。事实上没有观察就无从谈起发现,就更加不会产生丰富的想象。

几何学习中的观察是多样化和多侧面的,主要是通过对具体实物、几何模型、几何图形等材料的观察,形成对研究对象的特征及构成要素的认识,获得对研究对象本质属性及对象性质之间关系的感知。小学生的几何学习往往是从对具体对象的观察开始的,只有通过观察,学生才可能建立图形的形状、大小和位置关系的表象,才有可能获得对图形性质的理解,才有可能正确把握图形之间的联系。

学生观察的效果同学习材料的呈现方式有关。既要通过标准图形帮助学生初步建立几何概念的表象,又要注意通过标准图形帮助学生加深对几何概念本质属性的认识和体验。

3. 开展充分的操作活动

学生在学习图形测量时并不是一味地识记计算公式,而要通过具体的操作活动去感知、发现。因此,直观策略只有观察是不够的,还必须引导学生进行具体的操作活动,在分一分、拼一拼、量一量、画一画等过程中,视觉、触觉、听觉等多种感官协同作用下,完成对具体对象的抽象,形成相应的空间表象,获得对图形测量知识的理解。

如面积单位的认识。学生在学习面积单位时先通过多次比一比:把1平方厘米与指甲面、门牙面、纽扣面等生活中物体的面比一比;把1平方分米与手掌面、开关面、笔筒面等物体的面比一比;在1平方米的正方形内站一站,把1平方米和黑板面比一比等。通过这些活动在脑中建立了1平方厘米、1平方分米和1平方米的表象。接着又通过用1平方厘米的正方形量一量、几个同学伸开双臂围一围、在格子图中数一数等操作活动进一步巩固学生对面积单位的认识。

4. 鼓励大胆的空间想象

数学想象是数学思维的基本要素,是数学认知活动中不可缺少的环节。一般来说,在各种数学新观念产生的过程中,或多或少都有数学想象的作用。在图形测量中,想象往往伴随着观察、操作等活动展开。学生通过想象能直接、有效地获得图形的大小、相互之间的关系等表象，推动数学学习活动的进行。

比如人教版长方形面积计算方法的研究。学生的学习活动按三个层次展开，第一层次用面积为 1 平方厘米的小正方形摆，一共摆了 15 个，所以长方形的面积是 15 平方厘米。同时初步地在直观观察中感受到"每行 5 个，一共摆了 3 行可以用 3×5 计算"。第二层次没有用小正方形摆满整个长方形，而只是沿着长和宽摆了半圈，然后通过直观和想象，用算式算出了一共要摆 15 个。第三层次没有用小正方形去摆，而是直接在脑中按照长方形的长和宽的数据进行想象的摆拼"长是 5 厘米，一行可以摆 5 个，宽是 3 厘米，可以摆 3 行，也就是摆了 3 个 5，一共可以摆 15 个小正方形。"通过三个层次的层层递进，学生由直观摆 —— 半直观半想象摆 —— 想象摆，为长方形面积计算方法的揭示做好了充足的准备。

随着学生年龄的增长，他们不断地从日常生活中获得经验，并形成各种空间知觉和空间表象；他们借助空间想象。对几何中的点、直线、射线与线段、角与平面、空间的基本图形的结构、性质、关系进行识记，并能重现基本图形的形状和结构；他们逐步学会分析图形基本元素之间的位置关系和度量关系，并能正确地画图，还能离开实物或图形进行空间描述。

比如，当圆柱或圆锥等实物模型从他们眼前消失以后。他们必须凭借实物形状，充分运用大脑已有的储存信息，就像电影的画面一幕一幕地出现，在头脑中再现信息描述的形体特征。通过想象描述，他们可以进一步感知物体的形状、大小、位置关系及其平移、旋转变化等，这既可以直接想象，也可以让学生边动手边想象，具象与抽象结合，以便发展学生的空间想象，有效培养其几何直观能力。

5. 进行基本的图形练习

几何直观是形象思维与逻辑思维交替作用的思维过程。表达这种思维的最好语言是几何图形。它能简捷、直观地表达出空间形式。小学《数学课程标准》明确要求学生：能由实物的形状想象出几何图形，由几何图形想象出实物的形状。进行几何体与其三视图、展开图之间的转化。在实际学习中，学生头脑中难以形成较为准确、直观的几何模型，从而反映在做题时不会画图或画出图来也不易辨认，甚至画出错误的图形来，误导了分析且不易查错，从而影响了问题的解决。因此，学生看图、读图、想图、作图能力的培养是培养学生几何直观能力的重要环节。教师要注意在学生的学习过程中加强这种训练，抓住图形，从图形入手培养学生的几何直观。

（1）组织实物操作

教师教学中利用实物，安排学生进行测量、比对、折纸、拼摆等操作，有机地进行图形认识与变换训练，是培养学生几何直观的有效途径。

（2）看物训练画图

小学阶段对学生画图的要求不宜拔高，主要是让学生学会画线、画角及画平面几何图形，在此基础上试着画示意立体图形，但基本训练要严。教学中，不仅要求学生掌握正确的画法，而且要让学生简要地说出依据。从而使学生进一步认识图形的特征，

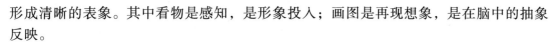

形成清晰的表象。其中看物是感知，是形象投入；画图是再现想象，是在脑中的抽象反映。

（3）对照实物识图

培养学生的识图能力，是小学阶段认识图形教学的核心问题。因为只有感知的积累才能形成表象，而表象的再现是识别图形的依据；学生只有掌握了图形的基本特征，才能正确分辨各种图形的本质区别。培养学生的识图能力，对照实物教具进行识图训练，是深化表象表征的有效途径。因为实物识图训练能使学生更好地区分出哪些是本质特征，哪些是非本质特征，从而形成正确、清晰的图形感知。对照实物，通过不断变式引导学生分析、比较各图形之间的相互联系，可使学生形成正确的动态表象。有效发展空间联想与想象。

比如组题：

①在一个长是 10 厘米、宽是 8 厘米的长方形中剪去一个最大的正方形，求剩余图形的周长和面积。

②在一个长是 10 厘米、宽是 6 厘米的长方形中剪去一个最大的正方形，求剩余图形的周长和面积。

③在一个长是 10 厘米、宽是 4 厘米的长方形中剪去一个最大的正方形，求剩余图形的周长和面积。

通过这三小题的解答，你有什么重要的发现吗？

学生面对这样的一组题，需要将数学语言转化成图形语言，即要先画出几何直观图再解决，在作图中还要兼顾长方形和正方形的特征与联系。最后一问你有什么重要发现？通过学生观察比较，不难发现三个小题中剩余图形的周长相等，也可以说剩余图形的周长 = 原长方形的长 ×2；剩余图形的面积，直接从直观图上通过观察就可以发现原长方形长相同，宽越小，剩余图形的面积就越大。

二、转化策略

（一）转化策略概述

转化思想是数学思想的重要组成部分，更是一种解决数学问题的重要策略，是由一种形式变换成另一种形式的思想方法。转化思想就是利用已有的知识和经验，将复杂的转化为简单的，将未知的转化为已知的，将看来不能解答的转化成能解答的，简单地说就是将"新知"转化为"旧知"，利用"旧知"解决"新知"。数学的解题过程，就是从未知向已知、从复杂到简单的化归转换过程。

小学数学中的很多的问题都可以通过转化思想来解决，通过一系列相关知识的学习，要使学生认识到转化是解决问题的重要途径之一，面对新的问题，首先要考虑能否转化成原来学过的，能否用原来的知识和经验来解决。课堂教学中若能及时地将新知识转化为学生熟悉的知识和经验，问题就容易解决了，学生就能够较快地掌握新知识，从而提高解决问题的能力。另外数学的系统性决定了数学知识间是相互联系的，利用转化策略进行学习时，用到的"旧知"有些和"新知"不是一个单元的，甚至不是一个年级的，这就要求学生在学习时不仅要考虑知识是不是学会了，还要考虑所学的知识和原来的哪些知识有联系，不断地补充与完善自身的知识结构，也为转化策略的正确使用奠定基础。

在数学学习实施转化时，我们要遵循熟悉化、简单化、直观化、标准化的原则，即把我们遇到的问题，转化成我们比较熟悉的问题来处理；或者将较为烦琐、复杂的问题，变成比较简单的问题；或者将比较难以解决、比较抽象的问题，转化为比较直观的问题，以便准确把握问题的求解过程。按照这些原则进行数学操作，转化过程省时省力，有如顺水推舟，经常渗透转化思想，可以提高解题的水平和能力。

图形的测量是学生学习转化方法、感悟转化策略的重要内容之一，无论是平面图形的周长、面积还是立体图形的表面积和体积的学习，转化都起着主导性作用。如平面图形的面积计算是把长方形的面积计算方法作为基本方法，在探索平行四边形、三角形、梯形面积、圆的计算方法时都是通过转化成已学过的平面图形进行研究的。在运用转化策略进行研究时需要引导学生学会质疑，利用旧知解决新问题，在充分经历探究过程的同时理解并掌握转化的方法；在观察、探究、分析、验证、归纳的数学活动过程中，体会到知识背后所蕴含的策略的作用。

（二）转化策略方法

1. 把握转化策略的"目的性"和"等价性"

在引导学生运用转化思想进行学习时，一要引导学生思考是由"谁"向"谁"转化，为什么要实施这样的转化；二要保证转化前后的"等价"，在探究获取新知最终得出结论时，我们要引导学生关注图形、算式的变换过程，即"旧知与新知之间什么变了、什么不变、相关要素是如何转化的"，这才是更重要的。如在利用转化思想学习平行四边形的面积时，要使学生明确为什么要转化成长方形？为什么不转化成三角形等其他图形？引导学生深入比较什么变了？什么没变？转化成的长方形的长与宽和原来平行四边形的底与高有什么关系？转化成的长方形面积和原平行四边形面积是否等价？平行四边形的面积计算方法和长方形的面积计算方法存在什么共同的特征？这样可通过学生自己的表述让其深刻了解转化的意图，把握转化策略的"目的性"和"等价性"。

2. 掌握不同的转化方法促进转化策略的灵活运用

小学数学有关图形的学习，首先学习直线型图形，如长方形、三角形、平行四边形、长方体等，再学习曲线型图形，如圆、圆柱等，在学习曲线型图形有关知识时，就可利用转化方法，将曲线型图形转化为直线型的图形，利用直线型的相关知识和经验解决。先引导学生将圆这一曲线型图形转化成长方形这一直线型图形，然后观察、研究圆各部分和长方形各部分之间的关系，根据圆周长的一半相当于长方形的长，圆的半径相当于长方形的宽的关系，由长方形的面积等于长乘宽，得到圆的面积等于半径乘

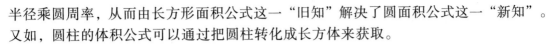

半径乘圆周率，从而由长方形面积公式这一"旧知"解决了圆面积公式这一"新知"。又如，圆柱的体积公式可以通过把圆柱转化成长方体来获取。

长方形面积：长 × 宽

圆的面积：$\pi r \times r = \pi r^2$

直线型图形之间也可以通过转化来学习，如在教学平行四边形面积公式时，可先引导学生把平行四边形设法转化成长方形，然后研究两者元素之间的关系，通过平行四边形的底相当于长方形的长，平行四边形的高相当于长方形的宽的关系，由长方形面积等于长乘宽，得到平行四边形面积等于底乘高，从而由长方形面积这一"旧知"解决了平行四边形面积这一"新知"的问题。

长方形面积：长 × 宽

平行四边形面积：底 × 高

如，三角形的面积公式，可以将其转化成平行四边形来获取；梯形的面积公式可以将其转化成平行四边形、三角形等学过的图形获得；不规则图形的周长、面积可以转化成规则图形的周长、面积等。

上述的曲线型图形和直线型图形之间的转化都是二维空间或三维空间的转化。除此之外，学生还应体验三维空间与二维空间图形之间的转化。如长方体的表面积学习将长方体转化成平面展开图；圆柱的表面积转化成一个长方形和两个圆形的面积，问题透视将立体图形的实际问题转化成平面上的实际问题等。

如果说以上各种转化方法是静态的，那么在平面图形面积全部学习沟通后，各类平面图形的转化方法就是动态的。动态地变化一条边的长度梯形分别转化成了三角形和平行四边形（或长方形），这种转化对学生是陌生的，不同于以往的等积变形，但它们之间是紧密联系的，利用梯形的面积计算方法又能推导出其他三种平面图形的面积计算方法。

体验不同的转化方法，比较概括各类转化的要点能促进学生在数学学习中灵活地选择转化方法，正确地使用转化方法。

3. 引导沟通知识间的联系，培养学生运用策略的意识

学生解决新问题时，要从自己的认知结构中去"检索"与新问题有关的已有知识和经验，良好的认知结构便于学生去"检索"，否则即使认知结构中有相关的知识和经验，也难以"检索"到。利用转化思想学习，是沟通新旧知识联系、形成良好认知结构的有效途径，教学时要有意识地引导学生及时沟通知识间的联系，从本质上掌握相关知识，不断地丰富和调整自己的认知结构。

小学数学中的很多的问题都可以通过转化思想来解决，通过一系列相关知识的学习，要使学生认识到转化是解决问题的重要途径之一，面对新的问题，首先要考虑能否转化成原来学过的，能否用原来的知识和经验来解决，培养学生善于和习惯利用转化思想解决问题的意识。

三、推理策略

（一）推理策略概述

推理是数学的基本思维方式，也是人们学习和生活中经常使用的思维方式。《数学课程标准》在论述"课程性质"时指出："数学课程有助于培养学生的思维和推理能力。"推理一般包括合情推理和演绎推理，这两种推理都是逻辑推理。合情推理是"从特殊到一般的推理"，它包含了归纳推理和类比推理；演绎推理是"从一般到特殊的推理"。推理的有效与否主要表现为推理形式是否有效。

小学生几何学习过程中的推理很大程度上是依赖直观展开的，学生的几何推理能力主要是在图形的变换、转化等过程中得到发展的。学习时，要引导学生在观察、操作、想象和交流中，通过比较和分析、抽象和概括、归纳和类比等活动，逐步认识图形的特征及性质，了解不同图形之间的关系，解释和解答一些简单的几何问题，发展空间观察、几何直观和推理能力。学生发展推理能力的主要途径是参与观察、实验、猜想、证明、综合实践等数学活动的过程，在数学活动中，观察一些现象或实验得到的事实往往是提出猜想的前提，这里的观察往往是一种直观能力——直觉数学关系的能力，具备直观能力才能形成猜想。之后，需要进一步地检验或证明完成演绎推理的过程。学生的推理能力往往表现为推理过程中富有逻辑的思维过程和清晰的数学表达。史宁中教授认为：实施智慧教育就要重视过程的教学，而推理的过程是其中的一个方面。

《数学课程标准》将第一学段推理能力的目标设计为：在观察、操作等活动中，能提出一些简单的猜想；第二学段的目标设计为：在观察、实验、猜想、验证等活动中，发展推理能力，能进行有条理的思考，能比较清楚地表达自己的思考过程与结果。第一学段只要求能在观察、操作等直观的数学活动中提出简单的猜想，并不一定要进行验证，重在掌握猜想的数学思维方法。而第二学段则要让学生经历完整的数学思维活动，发展包括归纳推理和类比推理等在内的合情推理能力，并能对合情推理的结果进行验证。同时第二学段还要求学生能够将推理过程有条理地、清楚地表达出来，将内在的思维活动与外部的数学表达能力结合起来。

推理能力的形成是一个长期的、循序渐进的过程。能力的发展不同于知识和技能的理解和掌握。能力的形成既不是学生"懂"了，也不是学生"会"了，而是学生自己"悟"出了道理、规律或方法。因此，在教学过程中，要注重引导学生经历完整的推理过程，发展学生的推理能力。

当学生具备了一定的推理能力，在解决问题的过程中能主动地通过观察——猜想——验证，有条理地、清晰完整地用数学语言表达出验证推理的过程，从而使问题得以解决，此时学生的推理能力已转化成了自身的一种学习策略——推理策略。

（二）推理策略方法

1. 基于数学现象培养学生数学猜想的能力

数学猜想是数学研究中合情推理的前提，对数学问题的猜想，会激发学生解决问题的兴趣，启迪学生的创造性思维，从而发现问题、解决问题。数学猜想是在已有数学知识和数学事实的基础上，对未知量及其规律做出的似真判断，是科学假说在数学中的体现，它一旦得到论证便上升为数学理论。牛顿有一句名言："没有大胆的猜想，就做不出伟大的发现"。许多思路的形成和方法的创造，都可以通过数学猜想得到。通过猜想不仅有利于学生牢固地掌握知识，也有利于培养他们的推理能力。

数学猜想的提出通常是从观察开始的。观察是对数学现象及其相互关系的真实记录，通过观察还可以减少猜想的盲目性。在学习中教师要有意识地组织观察活动，给学生提供基于观察的合情推理的机会。如圆周长的学习，学生根据画圆积累的经验可以判断圆的周长与圆的直径有关，它们之间有怎样的关系？通过观察图形中的直径与周长，可以发现圆周长的一半必定大于直径，圆周长必定大于直径的 2 倍，据此学生提出了大胆的猜想：圆周长大概是直径的 3～4 倍。

其次教师可以根据学习内容有计划地教给学生提出数学猜想的方法。一是借助观察，运用归纳提出猜想。观察与实验是数学发现的重要手段，在学习中我们可以通过组织学生开展剪一剪、量一量、做一做等实验活动，运用归纳法对这些具体实例或学习材料进行观察、分析，找出蕴含在其中的共同特征，进而合理地提出有关结论、方法等方面的猜想。二是借助联想，运用类比提出猜想。就是运用类比的方法，通过比较研究对象或问题某些方面的相似性作出猜想或推断。学生掌握了运用类比进行联想提出猜想的研究方法，可以在学习中做到举一反三、触类旁通。如三角形的面积研究，学生已经有了对平行四边形通过割补进行转化的方法，很自然地会联想到三角形是不是也可以通过割补的方法转化成已经学过的图形。

2. 通过不同的推理途径扩展学生思维

在数学教学活动中，教师力求引导学生从不同的角度去思考、去分析，展开问题探究，寻找更多的解题方法，拓宽思路。要设法创设问题情境，为学生的思维埋下伏笔，通过探究问题的多种解法，训练学生的发散思维，培养学生的推理能力。给学生留有思考的空间，让学生自己去发现、去分析，多角度、全方位地去思考，去分析已知与结论的关系，增强了推理的能力，培养他们的创新精神。如三角形的面积，教材中只安排了"拼"的方法，而学生根据平行四边形面积的研究方法类比得出猜想：能不能也通过割补把三角形转化成长方形或平行四边形。教师对于学生提出的猜想要适时进行实验方法上的指引：怎样分？带领学生从不同的途径进行推导。主要的割补途径有以下几种。

途径一：沿两边中点的连线把三角形分成一个小三角形和一个梯形，将小三角形顺时针旋转 180 度后将三角形转化成平行四边形。

途径二：在途径一的基础上通过底边上的高将小三角形分成两部分，分别旋转180度后将原三角形转化成长方形。

途径三：在途径一的基础上过两边中点分别作底边的垂线，将两边的小三角形分别旋转180度后和空白部分拼成一个长方形。

除了上面三种割补的方法，根据学生探究三角形内角和的过程还可以引导学生通过"折"将三角形转化成长方形。

在每种转化的背后都对应着不同的推理过程，但最后却殊途同归，都得到了三角形面积的计算方法。

3. 归纳推理要提供丰富的有质量的例证

归纳推理是从部分推断整体，从经历过的事实推测没有经历过的事实。从统计学的角度审视归纳推理，可以将它的基本思维过程和实质简单概括为：重复观察得到的样本，通过样本推断总体。因此，在验证猜想时，要提供足够多的例证，范围要足够广；验证的例证要有典型性和代表性，或者在其他属性上要有很大差别，这样才能使归纳推理的结论具有"更大的"可靠性。

比如验证圆周长的求法，学生已大胆提出猜想圆周长是直径的 3 ~ 4 倍，但到底是多少倍呢？学生利用各种方法先量出圆的周长，再通过计算得出两者的倍数关系，验证自己的猜想。光凭一个学生画的一个圆是无法得出令人信服的结论的，学生基于以往的经验主动想到要用不同大小的圆进行验证，在不同的测量数据中看是否都能得出相同的结论，如果能得到相同的结论就能推理出圆周长和直径的一般关系；受限于测量方法，学生测量得到的周长数据会有误差，验证中有必要准备一些相同大小的圆，同样大小的圆周长应该是相等的，那在测量计算后能得出相同的结论吗？通过对相同大小的圆的验证，让学生感受到这种测量的误差是真实存在的，也为最后推理出"圆的周长是直径的 3 倍多一些"增加可信度。

上面的例子中学生遵循了不完全归纳推理对例证的要求：一是在验证一个数学结论时全部举例不必要也不可能，但要尽量多举一些例子。二是对比呈现举例的不同情况，使学生清晰地感受举例要全面；同时呈现相同大小的圆的验证，使学生理解结果之间的差异，并体会到例证的确定还要注意典型性和特殊情况。由此，学生便对验证某一数学结论时需如何举例有了具体的经历和生动的体验。

4. 使用规范的数学语言清晰有条理地表达

思维的条理性体现在能够遵循逻辑顺序分析问题，并能根据充足的依据进行推断。内部的思维条理性可以通过外部的数学语言表达呈现出来，数学语言表达能力的提高又可以推动思维的条理性。学生在推理的过程中用准确的数学语言表述推理的过程、分析推理的结果，对于发展数学思维的严谨性和条理性极为有益。

教师在教学过程中，首先要规范学生的数学语言，其次要引导学生使用数学语言，在此基础上达到熟练应用数学语言，这样才能清晰、有条理地表达自己的观点，才能

运用数学语言进行交流。

　　比如圆柱体积转化成近似的长方体体积后，学生应有条理地说出两者之间的关系，并推理出圆柱体积的计算方法。

　　长方体的长相当于圆柱的底面圆周长的一半，长方体的宽相当于底面圆的半径，长方体的高相当于圆柱的高。因为长方体的体积 $=abh$，所以圆柱的体积 $=\pi r \cdot r \cdot h=\pi r^2 h$。

　　在巩固了圆柱面积计算后，利用直观图发现长方体和圆柱的体积都与底面积、高有关，因为 ab 是长方体的底面积，πr^2 是圆柱的底面积，所以可以推导出长方体和圆柱的体积都等于底面积乘高。

　　在推理过程中应让学生把自己的理解说清楚，如果学生对于推理的过程不能一下子表达完整，这时教师的启发、引导和等待就显得十分必要。在图形的测量中，由于学生已积累了一定的推理策略，这时可以允许并鼓励学生"压缩"推理过程。"压缩"推理过程能够大大加速思维过程，提高思维活动的效率，这是推理能力发展的需要，也是数学对简洁性的自然追求。

第三节　图形的运动学习策略

一、操作策略

（一）操作策略概述

　　研究表明，适当运用学具组织学生动手操作，不仅符合学生的年龄特点和认知规律，更具有帮助理解和认知、提高学习效果的明显作用。操作过程中学生手脑并用，兴趣盎然，思维活跃。特别是在学习较为抽象的"图形的位置与变换"知识时，动手操作显得尤为重要。

　　儿童形成空间观念的特点是他们对直观事物的依赖性强，这表现在比较容易理解直观图形（或实物）与变化。因此，在教学中，教师要尽量让学生通过自己手的触摸来体验，通过亲手变化图形的位置等实际操作来感知，借助感性材料，经历知识形成的过程，充分感受数学概念，理解数学知识。

　　操作策略的基本内涵是在学习中把抽象化的数学知识转化成生动、具体、形象的物化过程，让学生在操作和观察等活动中调动多种感官去实现对抽象数学知识的理解。它的实施途径可概括为两条：一是以学具拼摆为基本形式的实际操作活动，这是一种能通过操作而在头脑中建立数学知识的动作表象的学习活动。它的主要功能是在操作中把抽象的数学知识转化成一种活动过程，让学生在活动中更好地理解数学知识的形成过程；二是以观察实物、模型、图像或教师的演示过程等为主要内容的直观感知活动。这是一种侧重通过视觉去获得所学数学知识的知觉表象的直观感知活动，其主要作用是从感性上为数学学习提供形象化的支持。

学生操作的过程是一个多元多维的成长过程。其间，既有知识的发现与理解，又有经验的积累与提升，还有情感、态度、价值观的形成与培育。

有效的操作策略主要表现为以下三点：一是目标明确。即学生首先要明确操作的目标。只有明确了目标，才能在操作活动中有方向、有动力，这是操作活动取得实效的关键因素之一。二是操作过程要规范、有序。即学生的操作过程，必须有较为规范的流程和问题引领，否则，学生很容易被一些具体的操作材料所吸引而影响了操作的实际用意。三是操作后要有及时的反思与总结。即学生在经历了动手操作之后，必须及时进行反思与回顾整理。

动手操作的过程是让学生感悟、理解知识，实现知识的"再创造"的过程，需要经历由易到难，由"扶"到"放"的过程。如果一味地让学生自由操作，他们只能就事论事，就操作而操作，难以实现从操作的过程中得到思维的提升。

不同的学段，教师要有不同的动手操作要求和难度。低年级：教师要尽量为学生准备好便于操作的材料，提出详尽的操作程序和规范，帮助学生顺利操作。中年级：教师要适当放手，让学生带着教师提出的研究主题或问题，自己去发现知识，建构新知。高年级：教师要尽量减少对学生的帮助，减少教师指导的分量，在动手操作的过程中增加研究的成分，做到动手和动脑相结合，以达到在相互认同或质疑中共享成果的局面。

（二）操作策略方法

1. 关注"动手操作"的真实价值：促进学生思维能力的不断提升

数学，是思维的体操。通过数学教学，尤其是通过引导学生参与"动手操作"的数学活动，让他们的思维在操作中不断成长与发展。处于小学阶段的学生，对玩具很感兴趣。教师抓住学生的这一特点，为其准备了丰富的玩具，放手让他们充分地"玩"，并提出了具体建议："在玩的过程中要注意观察每种玩具是怎么运动的。待会儿我们按组来汇报，每小组几个孩子的玩具交换着玩。"这样，学生的动手操作就有了目标，有了任务，从而保证了"玩"中学的效率。

2. 重视动手操作的核心环节：适时"模型建构"

动手操作的过程，是学生由直观操作的感性认识向抽象概括的理性认识过渡的过程。在这一过程中，孩子的心理、知识、能力等各方面会发生各种新的变化，同时，在这一过程中他们的头脑中也会借助一些符号、图表等逐步构建一些反映事物内部特征的结构表达式，即数学模型。在学生"动手操作"之后，要及时引导学生总结反思，总结自己的成功经验，反思自己的心理变化，总结自己在"动手操作"过程中的收获。帮助他们及时将操作过程中生成的感性认识进行内化，逐步建构模型。

还以"平移和旋转"一课的教学为例，来看以下片段。

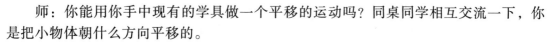

师：你能用你手中现有的学具做一个平移的运动吗？同桌同学相互交流一下，你是把小物体朝什么方向平移的。

（学生自由地在桌面上做任意的平移运动，并进行交流。）

师：（观察后）同学们的平移运动做得都不错，平移运动一般是按照一定的方向进行的，你能用学具按老师指定的方向在桌面上做运动吗？试试看。

师：向右平移，再向上平移。

生：在桌面上按要求将学具做平移运动。

师：你能做出一个旋转运动给大家看一看吗？

生1：（伸出手指作旋转）

师：（追问）你是围绕着哪里进行旋转的？

生2：（伸出手臂作旋转）

师：（追问）你又是围绕着哪进行旋转的？

师：通过我们的活动，你对平移和旋转又有了充分的认识与理解。你能说说现在你所发现的平移和旋转的特点吗？

生汇报……

案例中，教师及时引导学生对几种"运动"进行归纳与总结。"你能用你手中现有的学具做一个平移的运动吗？同桌同学相互交流一下，你是把小物体朝什么方向平移的。"一语，不仅引发了学生总结与发现的热情，同时也激起了同伴间相互交流与分享的兴致。为学生充分把握"平移与旋转"的意义及二者之间的联系和区别创造了广阔天地。"你能说说现在你所发现的平移和旋转的特点吗？"引发了学生操作后的理性思考，让他们一步步逼近对"平移"与"旋转"本质特征的理解，很好地帮助学生建立了相关概念模型。

3. 设计操作活动的重要基础：深入把握教材、学生和先进的教学理念

任何有意义的操作活动，无不源于教师对教材、学生和新理念的深刻把握。就拿上述案例中涉及的"平移与旋转"一课来说，从教学内容的角度来看，图形的平移和旋转，对于学生建立空间观念，掌握变换的数学思想方法有很大的作用。从儿童空间知觉的认知发展来说，是从静态的前、后、左、右的空间知觉进入感悟平移和旋转这一动态的空间知觉。物体的平移和旋转在学生的生活中并不陌生，但作为数学概念则是第一次接触。因此教师在教学中从大量感性、直观的生活实例入手，让学生在以往生活经验的基础上感知平移和旋转的运动特征，然后通过观察思考、操作验证的学习方法掌握平移的方法，为今后学习平行线和推导基本平面图形面积的计算公式等几何知识打下了坚实的基础。

从学生的实际情况来看，学生对平移和旋转的现象，在生活中已经有了一些感性的认识，只是不知道这两个专门术语，也不会有意识地体会平移和旋转的特点。教学时，教师考虑到了学生的年龄特点和认知发展水平，通过操作感知，归纳体验，辨别内化等环节，使学生了解什么样的现象是平移，什么样的现象是旋转。

从教学理念来看，平移和旋转是新课程标准为了加强学生空间观念的培养而新增的学习内容。从数学的意义上讲，平移和旋转是两种基本的图形变换。图形的平移和旋转对于帮助学生建立空间观念，掌握变换的数学思想方法有很大作用。物体或图形在直线方向上移动，而本身没有发生方向上的改变，就可以近似地看做是平移现象。物体以一个点或一个轴为中心进行圆周运动，就可以近似地看做是旋转现象。教学时，注重结合学生的生活经验，使学生初步感知平移和旋转，体会它们的不同特点。

4. 做好操作活动的科学筹划：精心准备、目标明确、分步实施

（1）操作前做好充分准备

学生的动手操作效果，很大程度上取决于教师的策划与指导。由于学生年龄小，他们操作的经验会比较少，这时候很需要教师的指导与帮助。

课前，教师应指导他们做好操作前的准备，包括材料准备、知识准备和心理准备等。检查学生的学具有没有准备好，此时教师也应准备一些提供给忘带的学生。同时教师需要花一定时间给学生提出操作要求和注意事项，以保证操作活动的顺利进行。尤其是一些开放性的动手操作活动，教师还要和他们一起制订好操作的计划，否则他们会无从下手。

（2）操作要目标明确、针对性强

任何高效的操作，无不源于明确操作目标的指引。由于学生年龄小，注意力不持久，他们常常被操作物的其他因素所吸引，如学具色彩、形状以及大小，而影响问题探究的实质。鉴于此，教师在每次操作活动之前，应明确告诉学生操作目标，然后放手让他们去操作。明确操作目的，将操作活动与数学思维、知识技能有机地结合在一起，才能充分发挥操作的功能。

操作的必要性是任何操作活动所必须追问的问题。恰如其分的操作活动可以帮学生建构数学模型，发现数学秘密，引发深层次的数学思考。有时，还能够在学生想知而不知，似懂而非懂的时候起到化难为易的效果。因此，教师要掌握好操作的契机，有针对性地引导学生动手操作。避免"为操作而操作"的表面操作，操作要有价值、有意义、有挑战性和开放性。

二、生活情境策略

（一）生活情境策略概述

生活中蕴含着大量的数学信息，同时，数学在现实生活中又有着广泛的应用。对于数学与生活实际的联系，《数学课程标准》中有十分明确的要求："重视从学生的生活经验和已有知识中学习数学和理解数学。"并指出："数学教学必须从学生熟悉的生活情境和感兴趣的事情中提供观察和操作的机会，使他们感受到数学就在身边，感受到数学的趣味和作用，对数学产生亲切感。"作为教师在教学中要架起数学和生活的桥梁，充分尊重学生的生活经验和认知水平，使数学生活化，生活数学化，引导

学生在探索的过程中体味数学的价值。

生活情境是以学生的生活为素材，创设一种模拟生活的情境，让学生在生动、具体、现实的情境中学习数学，使学生感到数学就在我们身边。合理的、有价值的数学生活情境能让学生触景生思，诱发学生数学思维的积极性，能帮助学生在现实环境中去发现、探索与解决问题，使学生感受到学有所用。

生活情境在学习"图形与几何"中具有重要意义。《数学课程标准》的"教学建议"中，无论第一学段还是第二学段，都提出了"情境创设"的要求，并且都把这一建议放在了首要地位。其中第一学段的情境创设力求"生动有趣、直观形象"，例如"讲故事、做游戏、直观演示、模拟表演"等。第二学段情境创设则要求"创设与学生生活环境、知识背景密切相关的，又是学生感兴趣的学习情境"，让学生在"观察、操作、猜测、交流、反思"等活动中学习数学。可见，"情境"在"图形与几何"的教学中发挥着非常重要的作用。

生活情境策略要体现"四强"：一是针对性强。即生活情境要具有极强的针对性，能突出所要学习的核心内容。特别是"图形的位置与变换"这一内容的学习，更要透过表面直指本质，让生活情境具有极强的针对性，避免"为情境而情境"的尴尬状况。二是主动性强。设计学习活动时，应从学生熟悉的生活环境出发，设计趣味性浓的情境，以充分调动他们的主动性。尽管小学生具备了一定的生活经验，但他们对周围的各种事物、现象有很强的好奇心。如通过"猫捉老鼠"的情境游戏学习"平移"，以教室内的同学为情境，学习"数对"、确定位置等，抓住学生的好奇心，根据教材的特点，结合学生的生活实际，把生活经验数学化，学生在生动有趣的情境中，会主动地学习、深入地探究。三是开放性强。即生活情境要有较强的开放性。不仅是为了引出问题、激起兴趣，更重要的是让其充满挑战性与开放性。只有这样，才能让生活情境真正发挥其应有的作用，既能激起兴趣，又能成为有价值的探究素材。四是实践性强。在学习"图形的位置与变换"相关内容时，应尽量突出生活情境的实践性。让生活情境真正"活"起来，"动"起来，这样学生的学习才会有成效。

（二）生活情境策略方法

1. 点面结合，全面把握生活情境

面对一个生活情境，学生不仅要有能力从大处入手，宏观把握情境的基本内容，还要有能力从小处着眼，微观解读情境的基本内涵。只有这样，在学习中才会做到"入境不乱""临境不慌"，如在学习"用数对确定位置"一课时，有位老师这样引入。

师：同学们，暑假期间我们学校组织了丰富多彩的夏令营活动，其中少年军校吸引了许多同学参加，有一个叫小强的同学也参加了这个活动，请看屏幕（多媒体）。他们正在进行队列训练呢。

（队列图略）

师：小强在整个队伍中的什么位置？能用一句话说一说吗？

生1：第三行第二个。

师：这样说，说清楚了吗？

生2：要说从左往右数第三行第二个。

生3：从左往右数第三行，从前往后数第二个。

师：这样说怎么样？还有别的说法吗？

生4：可以说从右往左数第四行，从后向前数第四个。

师：小强的位置一定，却有这么多种不同的说法，一一解释很不方便，怎样才能简便地表示出小强的位置呢？这节课我们就一起来研究确定位置。（板书课题）

这样的设计，为学生创造了一个"队列训练"的情境，引导学生用不同方式叙述小强的位置，由于学生的个体差异与生活经验的不同，表述方法也各不相同，使听的人与说的人之间产生认知冲突，从而让学生体会到建立统一记录方法的必要性，为学习新知做好铺垫。

面对这样的情境，学生要能宏观把握队形图，能看出其中的"行"和"列"，同时，还要能将几十人理解为具体的"点"，特别是小强这一"点"在整个队形中的位置，要能把握清楚。

2. 机智灵活，适时从情境中抽取数学问题

面对生活情境，学生要养成认真分析，及时抽取数学问题的习惯。这一习惯，决定着数学学习的进程。如在学习"平移与旋转"时，有这样的环节：

师：同学们，老师为大家带来了一些我们非常熟悉的图片，请同学们一边欣赏，一边用手模拟这些物体分别是怎样运动的。

（课件依次出现：缆车、风车、摩天轮、滑梯、升旗、推拉窗、电梯等动态图片，每出示一张，学生都随着物体的运动路线模仿它们的运动方式）

师：通过大家模拟的样子，你能根据它们不同的运动方式把它们分分类吗？把你的想法和小组里其他同学交流一下。

（生小组讨论后，将物体的运动方式分为两类，课件结合展示）

师：我们先看看这一类物体是怎么运动的。谁能给这种运动方式起个名字？

生：直线运动。

生：平行运动。

生：平移运动。

（师结合板书：平移）

师：我们再来看看另一类物体是怎么运动的，谁能给这种运动方式起个名字？

生：转圈运动。

生：转动运动。

生：旋转运动。

（师结合板书：旋转）

师：正像同学们所说的，我们把摩天轮、风车、风扇的运动方式称为旋转。而像电梯、

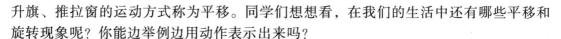

升旗、推拉窗的运动方式称为平移。同学们想想看，在我们的生活中还有哪些平移和旋转现象呢？你能边举例边用动作表示出来吗？

生：汽车向前走是平移。

生：穿校服时拉拉锁是平移。

生：飞机的螺旋桨是旋转的。

生：火箭升空是向上平移。

生：电风扇是旋转的。

学生面对具体的生活情境，在经历了将物体按运动路线进行分类的过程后不仅训练了观察对比的能力，更重要的是及时抽取了物体运动的本质 —— 平移和旋转。及时抓住了情境的本质，为接下来的深入学习创造了条件。然后的讨论交流，使学生对平移和旋转的运动特点认识更加深刻。紧接着举例，这一系列学生活动及师生互动都是建立在学生已有知识、经验及直观感知的基础上，形成了非常清晰的表象。让学生寻找自己身边的平移、旋转的现象，进一步强化学生的认识，使学生感受到平移和旋转现象在生活中的无处不在，加深了学生对数学与生活的联系，也可以使学生进一步理解平移与旋转现象，把握其特点，为之后总结平移与旋转的特点，作好充分的知识、思维、语言的储备。

3. 巧妙转化，让情境在课堂练习中再显"威力"

生活情境，不仅可以为学生学习与发现新知识提供必要的素材和机会，在巩固练习与拓展练习中，照样可以发挥重要的作用。如有位老师在学了"平移与旋转"之后，设计了这样一个练习：

师：在大海深处，有一条非常漂亮的红色小鱼，其他小鱼都想和它成为好朋友，它左右为难，情急之下想出了一个主意：谁能通过平移和我重合，谁就能成为我的好朋友。同学们，你们愿意帮助红色小鱼找到朋友吗？

生：愿意！

师：仔细观察，你觉得谁会成为红色小鱼的好朋友？

生：我觉得 5 号小鱼通过平移可以和红色小鱼重合。（大部分同学都同意）

生：还有 1 号小鱼也是红色小鱼的好朋友，它可以这样走（用手比画平移的路线，老师结合课件演示）。

（其他同学恍然大悟）

师：看来这两名同学代表了大家的意见。可是你们为什么不选择 2、3、4、6 号小鱼呢？

生：2 号小鱼和红色小鱼的形状不一样，身上多了两个鱼鳍。

师：观察得真仔细。

生：3 号、6 号小鱼和红色小鱼的方向不一样，没法重合。

生：4 号小鱼比红色小鱼要大，平移之后也不可能重合。

师总结：同学们真是有一双善于观察的慧眼。看来物体发生平移后，无论是它的方向、大小、形状都是不发生变化的。

平移的本质是物体在发生整体移动，其上的每一个点经过的距离都相等。但其中也暗含了一个非常重要的内涵，那就是物体在发生平移后，物体本身的方向、大小、形状是不发生改变的。执教者通过给小鱼找朋友的情境，引导学生通过观察、辨别，分析了不是红色小鱼朋友的原因，简单而深入地理解了平移的内涵。

4. 用心研究，及时反思与总结

面对 2、3、4、6 号小鱼生活情境，学生要用心研究，及时反思与总结，同时积累数学活动经验，掌握数学知识。如在学习"平移和旋转"时，有这样一个片段：

师：春天来了，小鸟为了欣赏到更高、更远的景色，决定把自己的房子搬得再高一点，于是请来小蝴蝶帮忙，只见它们各自提着房子的一角，搬家啦！小鸟的房子刚才做了什么运动？你们知道它向哪儿平移了几格吗？

生：我觉得房子向上平移了两格，因为平移前后的图形中间空了两格。

生：我反对。我认为房子向上平移了 3 格，大家看房子的这两个拐角空了 3 格。

生：他们的说法我都不同意，房子应该向上平移了 5 格，我是看小房子屋顶尖尖的点。这个点和平移后屋顶尖尖的点之间有 5 格，也就是向上平移了 5 格。

师：这么多的意见，到底哪种说法才是正确的呢？让我们亲自动手移一移，数一数。

（学生按照老师的要求：在方格纸上先把小房子和下面的实线小房子重合，然后通过平移数一数几格后能与上面的虚线小房子重合。教师巡视）

师：谁愿意给大家展示一下你是怎么移动的？

（学生在实物展示台展示了自己是怎样平移房子的。统一结论：向上平移了 5 格）

师：我们的意见是一致了，可是这两位却吵起来了。

（出示小鸟和小蝴蝶的对话，小鸟说："我在上面，我走的路长一些。"小蝴蝶说："不对不对，我在下面，我走的路长一些。"）

师：你们认为呢？

（学生发表不同的意见）

师：为了便于观察和比较，我们把小鸟和小蝴蝶所在的位置看成一个点，你现在能找到小鸟和小蝴蝶分别从哪儿平移到哪儿吗？上台指一指。

师：到底谁走的路比较长呢？让我们再一次观察搬家的过程，请同学们仔细看，用心数，看看结果会是什么样的。

（老师用课件展示房子带动两个点一格一格平移的过程，学生分成两组，认为小鸟走的路长的数小鸟所在的点平移了几格，认为小蝴蝶走的路长的数小蝴蝶所在的点平移了几格）

（演示结束后提问）

师：小鸟向上平移了几格？

生：小鸟向上平移了 5 格。

师：小蝴蝶呢？

生：小蝴蝶也向上平移了 5 格。

师：同学们，你们有什么发现？

生：我发现小鸟和小蝴蝶走的路程是一样的，它们都向上平移了 5 格。

师总结：房子向上平移了 5 格，这两个点也向上平移了 5 格。

师：是不是只有这两个点向上平移了 5 格呢？同学们，如果让你来帮小鸟搬家，你想从哪个点帮忙，在方格纸上描一描，房子搬家后，你会平移到哪个点，再描一描，数一数这个点平移了几格。

学生在学习卡上动手操作。之后汇报：

生 1：我找的是房顶的点，它向上平移了 5 格。

生 2：我找的是烟囱上的点，它也向上平移了 5 格。

生 3：我找的是窗户上的点，它也向上平移了 5 格。

师：同学们，你们有什么发现？

生：房子上所有的点都向上平移了 5 格。

生：小房子是整体移动的，每个地方都向上平移了 5 格。

师揭示平移的实质: 房子向上平移了 5 格，就是房子上所有的点都向上平移了 5 格。

平移距离是本课教学的一个难点，学生常常认为两个图形中间空了几格，就是平移了几格。新课程指出：“数学教学活动必须建立在学生的认知发展水平和已有的知识经验基础上。”在教学平移距离时，从建构主义观看，学生很难想到要数一个图形平移的格数，只要去数某个点移动的格数就行了。因此，在教学时，由小鸟搬家的情境，引出认知难点——小房子到底平移了几格？这样的预设，有效地激起学生的思维碰撞，引起学生的讨论。教师此时让学生动手操作，引起学生的重新思考。蝴蝶和鸟争论的情境，引发了学生的猜测、争论，再引导其观察、探究，最后进行验证，从而揭发了平移的本质特征 —— 图形平移了几格，图形上所有的点就平移了几格。

学生经历了猜测、争论、观察、探究与验证的完整过程，在这一过程中，他们不仅从本质上理解了平移的概念，而且更深刻地理解了平移的本质特征。

第七章 统计概论与综合实践学习策略

第一节 统计与概论学习策略

一、信息获取策略

（一）信息获取策略概述

信息一般是指反映活动或事物状态的消息和讯息，它主要包括两个方面：一是反映学习活动或情况的消息或讯息，如如何可以买到需要的书籍，怎样找到克服困难的办法，学习者利用这类信息可以对学习进行很好的调控。二是指学习者的知识或经验，主要指学习者从课外获取的知识和经验。这类信息可以丰富学习者的知识，增长学习者的见识，对学习者学习课堂知识也有积极的促进作用。

信息的获取是对信息的吸收和占有。个体要获取满足需要的有价值的信息，是需要技巧和方法的，这种技巧和方法就是获取信息的策略。获取信息的策略主要体现在如何主动去获取有价值的信息。同时，信息的分布比较分散，而且良莠不齐。信息获取过程，即对信息的选择、甄别与整理。有意识地收集有效信息，才能让信息发挥它的价值。

信息的获取过程中作为个体：①要分析信息的需求，有许多的学习者没有根据自己的需求来获取信息，而是多多益善，全然不顾自己是否需要。个体的信息需求受三个因素的影响：一是个体利用信息要达到的目的；二是个体对信息的接受能力；三是外界提供信息的情况。受这三个因素的影响，个体的信息需求并非要占有所有信息，而是要从大量信息中选择自己需要的、能达到目的的信息。所以分析信息需求，既要发现需要什么样的信息，也要反思信息需求的合理性。①要甄别信息的真伪。从信息本身出发，有可能信息内容逻辑不通；信息内容与常理不符；信息违背某些规定。从信息渠道出发，有可能信息来源不正规，是通过道听途说得来的，这样的信息真实性较弱，多含有虚假成分。作为个体，在获取信息的过程中要理性地对信息作出判断，判断其是否真实。②信息的增删与梳理。信息存储在大脑里，直接构成了人的认知结构的一部分，可以随时提取使用，但大量的信息储存也会增加大脑的负荷，而且大脑会出现遗忘情况，从而导致信息的遗失，并且在信息化时代，信息瞬息万变，不断地与时俱进，作为个体必须随时增纳信息，淘汰过时无效信息，这样才能提高信息的使用效率。

在统计的过程中，保证收集到的信息准确，是统计的基础和生命，没有准确的统计，就不会有正确的决策，教师要注意培养学生实事求是的良好品质，和严谨的科学态度。同时在统计活动的过程中要帮助学生反思积累活动经验，如何才能保证信息的准确性呢？比如获取信息的渠道要正规，信息要注意不断地更新等。

（二）信息获取策略方法

1. 创设情境，体会收集信息的需求

有些学习者之所以不能选择信息，主要是因为信息需求不强烈或者根本不知道自己需要什么样的信息。要使学生接受统计特有的学习观念，最有效的方法是让他们真正投入让产生和发展统计思想的全过程，使他们在经历收集数据、整理数据的过程中，体会信息的需求。教学中教师应注重设计贴近学生生活情境的问题，让学生在解决实际问题中感受到信息的需求。

比如一位老师在教学人教版义务教育课程标准实验教科书一年级（下册）的统计内容时创设了让小朋友自己主持班会，讨论队活动课将进行什么活动的情境：

（1）老师电脑出示配音录像

大家好，我是明明。今天老师有事，让我来主持这次班会，周三下午队活动课举行什么活动好呢？问问同学们吧。

生1：我喜欢跳绳。

生2：我喜欢踢毽子。

生3：我喜欢拍球。

生4：我喜欢拔河……（同学们意见纷纷）

（2）自主探究，研究问题

①师：看来喜欢这三种活动的同学比较多，你们能帮明明想个办法知道哪种活动

是同学们最想参加的吗？

生1：让同学们举手表决。

生2：我用画"丨"来算。

生3：用电视上的画"正"字来算。

②师组织学生开始收集信息。

③提问：通过刚才的民主表决，你们认为他们会进行什么活动呢？

2. 讨论合作，学会选择合适的整理方法

统计意识的培养，绝不能仅仅靠课堂教学，课堂教学由于受时间和空间的限制，往往很难完整地展示统计调查全过程，所以在教学中可以适当地设计一些实践活动，将课内、外结合起来。

如一位教师在教学一年级"统计"后有这样的片段：

师：同学们，你们喜欢吃水果吗？

师：瞧，老师这里有四种水果，你最喜欢吃哪一种呢？

生：我喜欢……

师：看来每个人喜欢吃的还都不一样。食堂叔叔就为这件事犯愁了。原来他要给小朋友准备中饭的水果，为了发得方便，他只能统一买一种，到底我们班喜欢哪种水果的小朋友最多呢？你有什么好办法知道啊？

生：可以用举手的方法。

师：怎么举手啊？

生：喜欢苹果的举手，数一数。然后喜欢草莓的举手，再数一数。

师：请你上来试一试。

生：（数出喜欢苹果的人数）

师：这个办法可以吗？接着后三种水果也像这样通过举手的方法数出各有几人，就能知道喜欢哪种水果的人最多了。还有别的办法吗？

生：可以让喜欢每种水果的人排队，再数一数。

师：排队也可以啊，让喜欢吃梨的小朋友排排队，再数一数有几人就可以了。

生：还可以用投票的方法。

师：怎么投呢？

生：给每人一张纸，每个人把喜欢的写下来，然后放在一起，最后只要数一数票就行了。

师：你觉得这种办法可以吗？那它有什么好处呢？

生：不用像排队和数人数那么麻烦，人多的时候也可以用。

师：对呀，如果现在食堂叔叔想知道全校同学最喜欢吃的水果，也用排队、举手好不好？

生：不好，太麻烦了。

师：是啊，投票这种办法可以不用点人数那么麻烦，只要数一数大家交上来的选

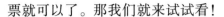

票就可以了。那我们就来试试看!

本环节教师就通过创设食堂叔叔准备水果的情境,适时鼓励学生讨论收集数据的方法。学生在交流讨论中对收集数据的必要性有了比较丰富的体验,并且能够根据问题的需要来选择合适的方式获取数据。

3. 开放课堂,经历收集信息的过程

专家有比新手更快的信息识别和选择能力,是因为专家有敏锐的直接和深刻的洞察力,而专家的直觉与洞察力多源于其丰富的信息储存。因此教师应通过丰富学生的信息储存来提高其信息抉择的能力。学生要丰富信息储存,就要充分利用开放课堂,教师可以设定研究主题,让学生去收集整理相关信息,学会在纷繁复杂的信息中自己来提取和整理有用的信息。

二、信息分析策略

(一)信息分析策略概述

所谓信息分析就是根据特定问题的需要,对大量相关信息进行深层次的思维加工和分析研究,形成有助于问题解决的新信息的劳动过程。侧重于对信息进行精加工,既与研究对象有关,又与研究目标和任务相连。

从信息分析的整个工作流程来看,信息分析具有整理、评价、预测和反馈四项基本功能。具体来说,整理功能体现在对信息进行收集、组织,使之由无序变为有序;评价功能体现在对信息价值进行评定,以达去粗取精、去伪存真、权重、评价、荐优之目的;预测功能体现在通过对已知信息内容的分析获取未知或未来信息;反馈功能体现在根据实际效果对评价和预测结论进行审议、修改和补充。

而在以信息和技术为基础的现代社会,充满了大量的数据和随机现象,各种信息量成倍增长,事实上,每个人几乎每天都会遇到需要判断和推测的事情。比如,在商店购物时,要对商店的信誉作出判断;出门时,要对未来的天气做出预测;上班时,要对上班路线和交通工具做出选择;对于商人来说,经营哪种商品需要估计风险和利润等。所以常常需要人们在不确定的情境中,根据大量无组织的数据,做出合理的决策,这就需要人们能对纷繁复杂的信息做出恰当的选择和判断,具有一定的收集与处理信息、作出决策的能力,并且能够进行有效的表达和交流。义务教育的重要目标是培养适应现代生活的合格公民,所以教师有必要帮助学生了解统计与概率的基本思想和方法,初步形成运用数据进行分析、推断的思维方式,养成尊重事实,用数据说话的态度,能明智地应对变化和不确定性,自信而理智地面对充满信息和变化的世界。

数学课程标准就提出要培养学生的数据分析能力。数据分析观念具体表现在:"了解在现实生活中有许多问题应当调查研究,收集数据,通过分析作出判断,体会数据中蕴含的信息;了解对于同样的数据可以有多种分析的方法,需要根据问题的背景选择合适的方法;通过数据分析体验随机性,一方面对于同样的事情每次收集到的数据可能不同，另一方面只要有足够的数据就可能从中发现规律。"数据分析对于统计方法的重要性主要表现在以下两个方面：第一，需要运用统计方法研究的实际问题通常会涉及数量庞大甚至充满不确定性的数据，但人们却希望从中获得一些清晰的信息，发现一些隐藏的规律，这就需要运用各种数学方法对数据进行深入分析。第二，由于用统计方法研究实际问题时，通常是由已经发生事物的部分推断出整体，或是由已发生的事物来推断未发生的事物，因而这种基于局部特征和规律所做的判断也就不可能完全可信，于是就需要进行一个审视的过程，比如需要思考这个统计的前提和结论是否具有相关性；推理中用到的数据样本是否具有足够的代表性；推理中用到的数学方法是否恰当。由此推断出来的结论究竟有多大的可靠性，或者出现错误的概率究竟有多大等。回答这些问题同样需要进行数据分析。史宁中教授就强调说："人们在实际生活和各行各业中面临的数据越来越多，必须树立利用数据的意识，掌握一些分析数据的方法和模型。"所以数据分析观念是非常重要的。

（二）信息分析策略方法

统计学是通过数据来进行分析和判断的。因此，统计研究的基础是数据，核心是通过数据分析来实现对相关问题的了解和把握。对于小学生来说，培养数据分析观念，主要依赖于经验，特别是亲身经历的经验。也就是说，要让学生完整地经历收集数据、整理数据、分析数据的过程，逐步学会提出用数据表达的问题，通过收集、组织以及展示数据来回答这些问题，选择和运用恰当的方法分析数据，策划和评价数据所进行的推理和预测。

1. 让学生经历数据分析过程，体会数据中蕴含的信息

（1）鼓励学生用多种手段整理和描述数据

分类是整理数据的开始。当学生面对调查来的一大堆数据，看起来很杂乱，那自然而然就会想到如何进行分类，确定怎样的分类标准。统计图表是描述数据的重要手段，在描述数据的过程中，要使学生不断体会各种统计图表的特点，能根据实际问题选择合适的统计图来描述数据。

（2）鼓励学生分析数据，从中获取信息

例如有位老师组织大家调查班级同学的身高情况，把数据调查出来以后，进行分析。从数据中你能得到什么信息？

生1：我可以了解到我们班同学的身高情况。我还可以知道我自己的身高在班级内处于什么水平。

生2：我们班同学年龄有8岁的，还有9岁的。我今年8岁，看到9岁同学的身高，我可以预测一下我到9岁大约有多高。

生3：学校可以根据我们班的身高情况，确定我们课桌椅的高度。

在这个案例中，教师让学生在数据收集完毕后进行了分析，获取数据背后蕴含的信息，让学生感受到除了根据身高数据分析谁高谁矮以外，这些数据还能帮助人们解

决其他问题。所以，有的学生想到能帮助自己预测身高，还有的同学想到课桌椅高度与身高的数据有关系。尽管学生的想法不一定完全符合实际，但认识到了数据的作用，可以进行判断、预测。

2. 让学生经历分析数据过程，感受多种数据分析方法

例如，一位教师在教中位数时，创设了这样一个问题情境：张明今年刚刚大学毕业，想找一份合适的工作。他四处打听信息，终于看到了这样一则招聘启事。

招聘启事

由于业务量扩大和公司发展的需要，现在向社会公开招聘市场销售员。我公司员工待遇优厚，月平均工资可达2000元，欢迎有意者前来应聘。

红星科技有限公司

张明觉得待遇不错，前去应聘，结果真的被录用了，他很高兴。可是一个月下来只拿到了1100元工资，于是张明找到了公司经理，指责公司有欺骗行为。公司经理给张明出示了这样一份员工工资单：

员工	经理	副经理	职员A	职员B	职员c	职员D	职员F	张明	杂工
月工资/元	6000	4000	1700	1300	1200	1100	1100	1100	500

师：公司究竟有没有欺骗行为？

生1：我觉得没有，因为工资平均数算下来确实是2000元。

生2：我觉得公司有欺骗行为，你看，除了经理和副经理没有一个人拿满2000元，杂工只拿到500元。

生3：在这里用中位数1200来表示更合适。

生4：我认为在这里应该用众数1100来表示这个公司员工工资的整体水平，因为它出现的次数最多，也就说明它是员工最可能拿到的工资。

这则案例让我们感受到，现实世界中的数据纷繁复杂，即使同样的数据，也可以根据实际情况以及自身的实际需要，有多种分析的方法，所以需要根据问题的背景选择合适的方法，对数据背后的信息做出正确的判断。

3. 经历数据分析过程，让学生感受数据的随机性

数据的随机性主要有两层含义：一方面，对于同样的事情每次收集到的数据可能会是不同的；另一方面，只要有足够的数据，就可能从中发现规律。袋中装有若干个红球和白球，一方面，每次摸出的球的颜色可能是不一样的，事先无法确定；另一方面，放回重复摸多次，就能发现一些规律，知道是红球多还是白球多、红球与白球的比例等。再如，学生统计一个路口10分钟内经过的车辆，可能每次统计的车辆数是不同的，可以让学生感悟数据的随机性；更进一步，让学生感悟到虽然数据是随机的，但数据较多时具有某种稳定性，可以从中得到很多信息，又如通过一个月的调查，可以知道大概有多少辆车子经过，这个路口的交通是否繁忙，需要配多少名交警来维持交通等。

总之，在统计与概率的学习中，教师要引导学生始终抓住分析数据观念这一核心

词,培养学生的统计意识,引导学生通过数据分析来提取信息,做出合理的判断和预测,从而帮助自己解决问题。

第二节　综合与实践学习策略

一、合作学习策略

（一）合作学习策略概述

合作学习在中国是一种古老的教育观念与实践,我国儒学大师在教育实践中就已经重视合作并将其运用到教学实践中,"独学而无友则孤陋寡闻也",就是倡导学习者在学习过程中要相互切磋,彼此交流学习经验,以提高学习效率。

合作学习之所以发展至今并被广泛应用,是由于它的优势和特点完全顺应了课程改革的最新潮流。但是有些合作学习出现低效现象,很大程度上在于教师对小组合作学习缺乏足够的重视,同时疏于相应的组织管理。

数学学习需要独立思考,通过学习者个人的主观努力去获取数学知识,解决数学问题。但是仅有个人的努力是不够的,数学中的许多问题需要大家合作研讨,通过集体的智慧去解决。同时,培养学生的合作精神也是时代赋予小学数学学科教学的一项重要任务。合作研讨不仅可以切实解决数学学习中的一些重大疑难问题,帮助学生更好地掌握数学知识,同时还能促进学生能力、情感、态度,特别是合作意识的发展。这一学习策略的主要特征是合作和研讨,其中合作反映了数学学习的组织形式和学习同伴之间的交互关系,研讨则进一步反映了学生集体探索创新的特点。如果说合作主要反映了学习策略的外部特点,那么研讨则更多地表达了这一学习策略的内在本质属性。正是这种内在本质属性体现了合作研讨学习与我们通常所说的集体学习或练习的根本区别。

小学数学学习中的合作形式是多种多样的,既有全班同学之间的合作,也有小组内部同伴之间的合作,同时还有同座位几个同学之间的合作。合作研讨作为一种学生之间通过互相启发、互相交流,共同解决数学问题的学习策略,在学生数学学习的过程中起着举足轻重的作用。

合作学习策略是在学生自主学习的基础上,通过小组讨论协商,完善和深化对主题的意义建构。常用的合作学习方式有课堂讨论、角色扮演、竞争、协同和伙伴五种。在实际教学中往往是多种协作式方式的共同开展。

1. 课堂讨论策略

课堂讨论是指学生在教师的指导下,就学习内容或活动过程中遇到的疑难问题,在独立钻研的基础上，共同进行讨论、辩论的教学组织形式。课堂讨论可以加深学生对理论知识的理解，有助于启发学生独立思考，相互交流，培养他们独立分析问题、解决问题的能力和训练口头表达的能力。进行课堂讨论，一般要求：讨论前，教师根据教学目标确定讨论的问题并提出具体要求，指导学生搜集有关资料，认真准备意见和写出发言提纲。讨论进行时，充分启发学生的独立思考，鼓励他们各抒己见，引导他们逐步深入到问题的实质并就分歧的意见进行辩论，培养实事求是的精神和创造性地解决问题的能力。讨论结束时，教师作出总结，也可提出进一步思考和研究的问题。"课堂讨论"的设计通常有两种不同情况：学习的主题事先已知和学习的主题事先未知。

一是学习的主题事先已知。对于这种情况，课堂讨论策略的设计应包括以下内容：围绕已确定的主题设计引起争论的初始问题；设计能将讨论一步步引向深入的后续问题；教师要考虑如何站在稍稍超前于学生智力发展的边界上（位于学生的最邻近发展区），通过提问来引导讨论，切忌直接告诉学生应该做什么（不能代替学生思维）；对于学生在讨论过程中的表现，教师要适时作出恰如其分的评价。

二是学习的主题事先未知。由于事先并不知道主题，这时的课堂讨论策略设计没有固定的程式，主要依靠教师的随机应变和临场的掌握，但应注意以下几点：教师在讨论过程中应认真、专注地倾听每名学生的发言，仔细注意每名学生的神态及反应，以便根据该生的反应及时对其进行正确引导；要善于发现每名学生发言中的积极因素（哪怕只是萌芽），并及时给以肯定和鼓励；要善于发现每名学生通过发言暴露出来的、关于某个概念（或认识）的模糊或不准确之处，并及时用适合学生接受的方式予以指出（切忌使用容易挫伤学生自尊心的词语）；在讨论开始偏离教学内容或纠缠于枝节问题时，要及时加以正确的引导；在讨论结束时，应由教师（或学生自己）对整个合作学习的过程作出小结。

2. 角色扮演策略

角色扮演通常分为师生角色扮演和情境角色扮演。

一是师生角色扮演。师生角色扮演就是让不同的学生分别扮演学习者和指导者的角色，学习者被要求解决问题，而指导者则检查学习者在解决问题过程中是否有错误。当学习者在解决问题过程中遇到困难时，指导者帮助学习者解决疑难。在学习过程中，他们所扮演的角色可以互换。让学生分别扮演指导者和学习者的前提是他们对学习问题有"认知上的差距"，怎样衡量和认识这种知识上的差距是运用这种教学策略的难点之一。

二是情境角色扮演。情境角色扮演是要求若干个学生，按照与当前学习主题密切相关的情境分别扮演其中的不同角色，以便营造一种身临其境的气氛，使学生能设身处地去体验、去理解学习的内容和学习主题的要求。

3. 竞争策略

竞争策略是指两个或多个学习者针对同一学习内容或学习情境，进行竞争性学习，看谁能够首先达到教学目标的要求。运用竞争策略需要注意以下问题：教师要发挥主导作用，要注意恰当选择竞争对象，巧妙设计竞争主题，一方面要避免学生产生受挫感，另一方面又要巧妙利用学生不愿服输的心理刺激其进一步学习；各成员间的努力是相互促进的，某成员的成功作为外界激励，经过竞争会在其他成员身上产生积极的促进作用，从而形成整个协作小组内的成功正反馈。

4. 协同策略

协同策略指多个学习者共同完成某个学习任务，在共同完成任务的过程中，学习者发挥各自的认知特点，相互争论、相互帮助、相互提示或者是进行分工合作。学习者对学习内容的理解和领悟就在这种和同伴紧密沟通与协作的过程中逐渐形成。

5. 伙伴策略

在现实生活中，学生们常常与自己熟识的同学一起做作业。没有问题时，大家各做各的，当遇到问题时，便相互讨论，从别人的思考中得到启发和帮助。伙伴学习策略与此类似，它可以使学生在学习过程中感觉到他并不是孤独的，而是有伙伴可以互相支持、互相帮助的，当一方有问题时，他可以随时与另一方讨论。由于个人的思考范围有限，若在学习过程中，能和伙伴相互交流、相互鼓励，会达到事半功倍的效果。

"综合与实践"这一领域的教学主要是指以问题为载体、以学生自主参与为主的学习活动。"综合与实践"是积累数学活动经验的重要载体。从"综合与实践"的内涵看来，要有两个"突出"，一是突出"综合"，二是突出"过程"。"综合"的含义很广，包括数学几个问题各分支的综合、数学与其他学科的综合、数学与学生日常生活实际的综合，以及学生的各种能力、各种方法、各种工具的综合等等。这说明，综合与实践基于数学，却又超越数学，其目的是发展学生的综合素质。突出"过程"的意思是要有足够的时间和空间经历观察、实验、猜测、计算、推理、验证等活动过程，从中积累数学活动经验，提升数学能力和素养。因此，综合与实践是为学生积累活动经验服务的，而这样的活动不局限于课内，活动的空间更为广阔，把活动的空间拓展到课外，可以增强学生对数学与生活密切联系的认识，使学生在积累活动经验的同时形成比较全面的数学能力。

所以，在"综合与实践"内容的学习中，合作学习策略便可以发挥其应有的优势和特点。

合作学习中，要有明确的问题引领，诱发合作需求；要有合作的规范，保证合作顺利进行；要有合作后的评价与反思，提高合作实效。

（二）合作学习策略方法

1. 指导学生"学会倾听"

课堂上有时我们发现，一些学生没有注意倾听他人的发言，学习好的同学有时看不起学习差的同学。合作学习中，倾听是一种最基本的素质，是合作交流的基础。学

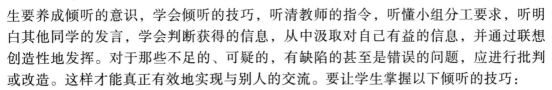

生要养成倾听的意识，学会倾听的技巧，听清教师的指令，听懂小组分工要求，听明白其他同学的发言，学会判断获得的信息，从中汲取对自己有益的信息，并通过联想创造性地发挥。对于那些不足的、可疑的，有缺陷的甚至是错误的问题，应进行批判或改造。这样才能真正有效地实现与别人的交流。要让学生掌握以下倾听的技巧：

①听人发言要专心，眼睛注视对方，以微笑点头表示赞同。

②努力听懂别人的发言，边听边想，记住要点，并及时判断他说的话是否符合实际，有没有道理。善于捕捉对自己有利的信息，并加以记录整理。

③在别人发言时不要随便插嘴打断，如有不同意见，要耐心听别人说完后再及时提出。

④听人发言如有疑问，请对方解释说明时，要用礼貌用语。如"好主意，但你有没有想过……""也许你是对的，但从另一方面来说……""抱歉，我觉得不太恰当……""让我们重新想个办法。"等等。

⑤学会换位思考。当与发言人有不同意见时，首先学会换个角度看问题，避免纠缠和争吵。

2. 训练学生"学会分享"

合作问题的交流，能在 2 人同桌间完成的，不要在 4 人小组内解决，4 人小组能解决的，就不在 8 人大组中解决。本组能解决的问题，就不在组间完成，不是疑点、难点、重点的问题，尽量不在全班进行展示。切忌任何人以自己为中心，为一点小事就将全班学生卷进去。这样只会浪费别人的时间，无益于全班的共同发展和提高。交流中，教师既要把握交流的进度，还要把握交流的广度，更要调控交流内容的深度。

讨论交流的功能具有多元性。交流分享自学阶段的学习成果，并对知识进行迁移运用和对感悟进行提炼升华。这就要求交流方式应当具有多样性。一般形式有小组内回顾，即同桌之间兵教兵、一对一的帮扶检查，你说我听，你写我看，互相检测对错，加深理解记忆等。也有同组之内的讨论交流；还可以是师生、生生间互动，组与组内信息互递实现组间沟通，更多的是向全班的汇报交流、演示实验或板演。

班级讨论交流的内容，应根据所学知识的重点、难点、学生的疑点，衍生出新的生长点中具有研究价值的题目，有选择性、有针对性地组织学生交流，以期对所学内容进行提升和拔高。

交流之初，发言人要用规范的语言：如"我们组要展示的内容是……""我们组认为……""我们组的答案是……"等。

交流过程中，发言人不仅要说明答案，而且要说明解题思路，解题方法，应该注意的问题及从该题中得出的一些规律等。其他人要学会聆听，注意做好笔记；学会质疑，能够大胆提出自己的见解。

发言结束时，要说"我讲完了。""我们组的意见就是这样。大家谁还有补充？""谢谢大家。"等。

3. 培养学生"学会包容"

为避免优势学生独霸课堂，主宰小组或全班的活动，限制其他学生的发展，在鼓励弱势学生活动和发言的同时，教师还要学会限制优势学生的活动与发言，如限制学生的发言次数和限制发言时间。限制发言次数，有两个比较好的方法。一是用发言卡或发言棒，每节课给学生2到3次发言机会。二是编织发言网，小组成员全部发言一次后，再开始下一轮交流，顺序不必固定。这样，让部分优势的学生学会包容，学会退让，目的是为更多的学生提供尽可能多的平等参与的机会。长此以往，学生间的合作就不至于被部分强势学生主宰。

4. 随时做到"关注全体"

合作学习时，最让人担心的就是有个别学生游离在小组之外，却与其他辛苦工作的组员一同共享着成果。例如，别人在讨论老师提出的问题时，他们却在想着昨晚刚看的电影或电视剧；大家都在做题时，他们却在纸上乱涂一气。这些搭便车的学生，不仅丧失了自己学习的机会，还挫伤了整个小组的积极性。

如何解决这一问题呢？首先要分析导致这一结果的真正原因。与学生单独谈话或用对话日记的方法，看他们为什么没有参与。是学生天生就懒，还是教师设计的问题让他们不感兴趣。若是前者，那么可以通过缩小小组的规模来解决。小组成员越少，学生参与的机会就越多。其次注意座位的安排，均匀地安排座位能鼓励每个学生参与；统计发言次数，并坚持由每节课发言次数最少的同学负责写本组的课堂备忘录，这样不但弥补了他发言次数少带来的损失，也对发言次数少的同学做了提醒，同时也为一周的总结提供了材料，这需要充分发挥监督员、检察员、协调员、记录员的作用。最后提醒学生学习怎样与他人合作，进行更多的班级和小组共建活动，在班级内营造更多的团体的氛围；对那些不愿参与的学生有目的的布置一些任务，让他们尽自己的能力完成任务；有些不爱说话的学生，可能更愿意写、画、唱或以其他方式参与，需要老师创设多种才能的任务，使所有的小组成员都有机会展示；小组分工时给那些不善言谈的学生一些需要说话的任务，比如调解员，给爱说话的学生一些只需要听的任务，比如记录员；教会学生轮换和鼓励他人参与的合作技巧；若是教师方面的问题，则教师应该注意设计合作问题的技巧，使问题具有趣味性、实效性和层次性，使每名同学都有适合自己的学习问题。

5. 用心做好合作学习前的充分准备

合作学习之前，教师和学生一定要做好必要的准备工作。

（1）充分准备材料，为合作创造条件

如果不能提供合适的材料，那么活动是绝对无法开展的。因此，在合作学习开展之前一定要准备好充分的材料。这里的材料包括两类：一是指与本课学习相关的知识材料；二是指本课学习所必需的物质材料。能由学生自行准备的材料，尽量放手让他

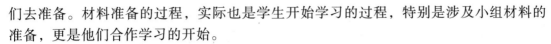

们去准备。材料准备的过程，实际也是学生开始学习的过程，特别是涉及小组材料的准备，更是他们合作学习的开始。

如在学习"你寄过贺卡吗"一课前，教师可先布置学生预先分小组调查"本小组成员及其家庭在去年收到的贺卡数量"，并根据本小组的调查情况，制成统计表，以便在上课时使用。统计表的格式可以让学生自由制作，也可以根据书上给出的格式制作。这样，就将课堂拓展变成孩子们准备材料的过程，也是他们进行合作的过程。

（2）明确分工，确保合作效果

明确分工，是有效合作的前提。因此为保证有效的合作，需要教师针对合作的活动进行明确分工。如在学习"怎样滚得远"这一课时，教师首先引导学生明确实验的几个主要步骤：搭建斜坡、滚动物体、测量长度、记录数据、分析数据、得出结论。其中前四项是要分散在室外完成的。教师问："这些事情你一个人能完成吗？"学生表示不能，需要几个人合作。这时，教师接着让学生根据前四个步骤考虑至少要几个人，学生认为是5个。考虑到活动时教师对学生的必要指导，教师根据班级的实际情况，把全班47名学生按照自然组分成了8组，有的组多出来的1名学生可以协助测量等。具体的分工由学生自己商量决定。在随后的实验中，各小组的学生忙而不乱，他们合作得很愉快，明确分工，对学习起了重要作用。

（3）精心预设问题，确保合作顺利推进

教师作为教学活动的组织者必须成为一个思考周密的设计者，要针对学生的特点以及所要学习的内容的特点预设教学问题，指导教学活动，进而促进学生主动参与。

可见，合作学习之前的各项准备，对于保证学习效果起着重要作用，只有做好各方面的准备，才能为学生积极、有效的合作学习创造可能。

二、自我调节策略

（一）策略概述

自我调节是社会认知学习中的一个重要概念。所谓自我调节学习，是指学习者系统地引导自己的思维、情感和行为。例如，我们都有这样的经验：当我们表现很好时，不管别人怎么评价，我们都很清楚自己出色地完成了某项工作，并感到欣慰。同样，当我们的表现不尽如人意时，自己也很清楚。要作出这些判断，我们得有一个学习目标并需要对自己的行为表现有所预期和监控。

对于自我调节学习，不同理论家的关注点是不同的。认知论强调心理活动，如注意、复述、学习策略的使用、理解监控，以及对自我效能感、结果和学习意义的认识等。而行为论则关注外显反应：自我监控、自我指导和自我强化。但他们都认为自我调节学习包含许多因素，如目标指向的认知、行为的激活与维持。有一种观点认为自我调节学习包含三个过程：自我观察（或者自我监控）、自我判断和自我反应。学习者带着各种不同的目标进行学习，如获得知识和解决问题的策略、完成作业或者实验等。

学习者心中带着这些目标，对自己的学习进程进行观察、判断和反应。而这三个过程又是相互联系、相互影响的。

个体在学习进程中对自己能力和技能的自我评价由两个部分组成：一是自我判断，即通过将当前操作与目标进行比较以判断自己的当前操作；二是自我反应，即通过证明成绩是否突出、是否令人满意等来对这些判断作出自我反应。积极的自我评价会使学习者增强学习的效能感，并更加努力学习。如果学习者认为自己有能力获得成功，只是当前方法不当，这种较低的自我判断和消极的自我反应不一定会降低其自我效能感和动机。他将改变自我调节过程，努力将学习活动导向成功。

掌握了自我调节策略的学习者能够机智地运用四种不同类型的知识促使学习取得成功：①关于学习者自身的知识。例如，我的优势在哪里？一天中什么时候我感到最有劲儿？我现有的学习习惯是什么？②关于学习任务的知识。例如，为了成功地完成这项学习任务需要做些什么？这项任务的结果将得到怎样的评价？③关于多种策略的知识。例如，哪些认知策略有助于回忆信息？为了保持强烈的动机我应当做什么？环境中哪些缺陷必须排除和抵消？④关于内容的知识。例如，这个论题我懂得多少？

自我调节学习者能主动去获得知识和技能，而不是依赖教师、家长或其他教育机构；自我调节学习策略与学生成就的高低有密切的联系，高成就组学生在自我调节学习策略的运用、策略运用的频率以及坚持性上都显著高于低成就组学生。自我调节学习强调学习者为达到学习目标，依据自我效能感灵活运用某些特殊的自我调节学习策略。学生能够积极激励自己选择适当的学习策略进行学习，其核心是"自我"。自我调节学习是偏向于非智力因素的心理调适，只有充分调动学生认知、情感、行为、生理等诸多因素参与，才能有效地促进学生主动探索与发展。

在"综合与实践"内容的学习中，教师要密切关注学生的自我调节意识和能力。只有关注了这一点，才真正关注了每一个参与者的学习状态与学习成效。同时，"综合与实践"这一领域内容的开放性、实践性与灵活性，也为训练学生的自我调节能力提供了很好的机会和可能。

（二）自我调节策略方法

要培养学生的自我调节策略，养成自我调节的习惯，需要教师和学生两方面同时用心。

1. 学生方面：做好有意识的训练
（1）认真拟定计划

在一项学习任务开始时，学生必须考虑三件事：①任务要求（如所要参加活动的目标、内容）；②个人资源（如在运用多种策略时所具备的知识与技能）；③任务要求与个人资源的潜在匹配(如在活动中，采取哪些具体的方式来提高自己的活动效率）。

（2）随时进行检查

对学习行为进行检查是一个综合复杂的过程，它涉及以下三点：一是意识到正在

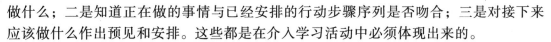

做什么；二是知道正在做的事情与已经安排的行动步骤序列是否吻合；三是对接下来应该做什么作出预见和安排。这些都是在介入学习活动中必须体现出来的。

（3）积极进行自我评价

在完成整个学习任务之后，能自我调节的学生会评估他所采用的过程及达到的结果。通过评价，对自己整个活动做出一个客观的认识。评价的过程有两个作用：一是认定结果；二是提高自我评价能力。

（4）经常进行反思

反思起到了一种在元认知知识和自我调节之间架起桥梁的作用。一个学生对学习过程的反思将使未来的认知加工发生改变并增加有关学习的元认知知识。作为思维与行动之间的一种强有力联系，反思能够提供有关结果的信息及其所选择策略的效果，因而使学得的学生有可能从具体的学习活动中获得策略知识。

在一个实际学习情境中，反思可以使得学习者在实际介入某项任务前考虑其计划，在实际执行任务时做出评价和判断，在任务完成后作出总结。

2. 教师方面：进行必要的指导、帮助与监督

（1）精心策划有效情境，在学生的积极参与中实现自我调节

《数学课程标准》倡导学生要在"生动具体的情境中学习数学""在现实情境中体验和理解数学"，即要求教师在课堂教学中，要"充分利用学生生活经验"，创设与生活情境、知识背景密切相关的，又是学生感兴趣的学习情境，这样，学生就能联系自己的生活经验和已有知识，调整自己的认知结构，从而积极地参与学习过程。

例如，有位老师在开展"铺一铺"这一活动时，为了让学生理解密铺的特点，课前搜集了许多密铺的实际场景，让学生欣赏。通过情境创设，学生对密铺的认识逐渐由模糊到清晰，由无序到有序，学习积极性也一下提高了，参与意识也增强了。在积极参与的过程中，学生兴致盎然，自我调节能力明显提升。

（2）巧设矛盾，在"冲突"中实现自我调节

数学知识间存在着一定的逻辑联系，当学生运用已有经验解决新问题遇到困难时，教师要引导学生借助新旧知识的联系，通过转化，寻找解决问题的途径与方法。在这一过程中，教师要善于设置问题情境，制造认知冲突，让学生在解决问题的过程中不断地调节解决问题的策略。

（3）引导合作，在同伴互助中实现自我调节

引导学生自我调节，教师还可以让学生在合作交流的过程中，相互启发，取长补短，调整自己的认知错误，优化自己的解题方法，或生成新的创新见解。因此，在"综合与实践"的教学中，要多引导学生开展课堂讨论、同伴协作、小组学习、调查走访等，促使他们一起进行交流、沟通、协作，互相帮助、互相启发，共同提高，从而使不同层次学生都有机会参与到学习过程中，都能得到不同层次的发展。

（4）引导多元评价，为自我调节提供强劲动力

《数学课程标准》提出："评价是为了全面了解学生的数学学习进程，激励学生

学习和改进教师的教学；应建立评价目标多元、评价方法多样的评价体系。"多元评价具体包括评价主体多元、评价内容多元、评价价值多元、评价方法多元。开放的课堂教学评价的主体应该是多元的，要倡导教师评价、学生互评、自我评价相结合的评价方式，而且要以学生互评、自评为主。

近年来认知心理学对"元认知"的研究表明：自我评价是元认知的主要组成部分，它对学生的智力与非智力因素的发展都起着至关重要的作用。学生能否客观地评价自己的学习目的与学习态度，认真地总结各种学习方法，检查学习活动进行的质量与效果，直接影响着学生进一步的数学学习。可见，追求评价主体多元，目的是突出学生在评价中的主体地位，让学生成为学习的主动者，而不是被动者。开放的教学过程中，评价的内容是多元的，不仅包括知识与技能，还包括数学思考、解决问题、情感与态度等。

三、质疑策略

（一）质疑策略概述

心理学研究表明，意识到问题的存在是思维的起点，没有问题的思维是肤浅的思维、被动的思维。因此，在数学教学中，特别是在"综合与实践"这一领域的教学中，更要注意对学生质疑意识的培养和质疑策略的掌握。

质疑，词面上的意思是指提出问题。也有人认为就是对事物产生新的认识。其实所谓质疑，应界定为人们在学习或工作中，遇到一些按照常规推理或按原有的思维定式无法解决的问题时，产生疑问、提出疑问的心理过程。它的最大特点是，使人们怀着渴望求知的心情对某个问题探个究竟，促使人的智力活动变得丰富。

质疑策略在人的学习过程中主要有以下几个作用。

一是质疑促人求知。质疑是人们的天性，是孕育探索未知世界的摇篮。大千世界纷繁复杂，大到天文宇宙，小到粒子微观，新的问题、新的方法、新的观点和新的流派层出不穷，但是人的生活空间却是有限或单一的。二者的巨大反差造成了人类认知世界的大片盲区。人们对某些问题的怀疑实属正常现象，人类社会的文明正是在不断质疑—求知—获解的过程中积淀起来的。

二是质疑促人探索。所谓探索，就是瞄准既定的目标，搜集整理信息，开动思维机器释疑的艰苦思维过程。质疑是探索的源泉。古人云：未解之惑，未知之物，未辨之味，未通之理，皆可谓之疑。疑是思之始，学之端，怀疑的产生是探索的开始，学若无疑，哀莫大于思维僵化。质疑是探索的不竭动力。质疑不是神经过敏，也不是疑神疑鬼，而是一种批判性质的创造性思维。

三是质疑促人成功。敢于质疑的人总是成功者，而成功者总是拒绝人们画出的分界线，向传统的一切提出挑战。敢于质疑的人极富自信心，并通过自己的智力思维时常让自信心得到升华，而自信却是成功的奠基石。

教育心理学研究表明：质疑是指问题成为学生感知和思维的对象，从而让学生心里产生一种悬而未决的求知思维。质疑能力则是发现问题，进而提出问题的一种能力。

质疑的类型可分为理解性质疑和怀疑性质疑。理解性质疑是指学生在理解的基础上提出自己不懂的问题。通过思、查、问等手段达到对问题的澄清，这是对理解的加深。怀疑性质疑是对现象、结论的怀疑或否定。当然，由于学生年龄小，他们提出的问题有时可能会是肤浅的、有偏颇的，甚至是错误的，教师要认真对待，切忌武断，更不能讥讽嘲笑，只要我们不断地给予鼓励，并循序渐进地诱导，学生将不但乐于发现问题，而且还会善于发现问题。在学生提出的一个个问题中，你会看到他们在思维中闪耀的灿烂火花。

培养学生的质疑能力是一个长期的过程，其间需要教师调动学生敢于质疑、善于质疑的信心，需要教师加强质疑习惯的养成，还需要教师训练与指导质疑的方法与技巧。

需要特别指出的是，质疑策略的训练需要与"释疑"同步进行。通过及时巧妙的释疑，不仅可以让学生深入理解，澄清认识，还可以进一步激发学生质疑的兴趣。

（二）质疑策略方法

1. 培养质疑兴趣

课堂教学是师生多元化的互动过程，是教师、学生、教材三个基本要素组成的动态结构系统。在这个系统中，包括教师教和学生学两个方面，在教师教的系统中，教师是主体，学生是客体，教师和学生主客体的对立，以教材做中介（介体）实现统一；在学生学的体系中，学生是主体，教材（教学内容）是客体，学生和教材主客体的对立，由教师做中介（介体）实现统一。优化组合两个主体，能让学生动起来，使课堂活起来，学生能自主地、能动地、愉快地投入到探究的内容上来，这恰是我们之所求。

（1）创设和谐氛围，激发质疑动机

心理学研究表明：良好的心境可以使人联想活跃，思维敏捷，激情勃发；浓郁的激情能充分有效地调动智力因素，释放巨大的学习潜能，极大地激发创新积极性。教师要关注学生的内心情感需求，对学生充满尊重、关心、信任和期待，学生反过来也会给教师以相应的积极情感的回报。当这种情感达到一定程度时，会产生情感的迁移，学生由信任教师进而爱他所教的学科，对他所教的课产生兴趣，从而形成强大的学习内驱力。

（2）创设问题情境，培养质疑意识

探究性学习的一个重要特征是促使学生积极主动、有兴趣地认识事物，并由现象到本质进行研究，得出自己的结论（结果）。而学生探索知识的过程总是从问题开始的，又在解决问题的过程中得到发展。这就需要创设问题情境：根据"综合与实践"的教学内容，提供相关的文字资料、影视片段、图片、场景等，让学生去看、去听、去感受，由此产生兴趣，提出要求解决和必须解决的问题，形成问题意识。如在进行"节约用水"这一专题的活动之前，不妨先播放一段浪费水资源（或保护水资源）的视频材料，让学生感受到水资源的珍贵，产生调查与研究的兴趣，同时，提出感兴趣的研究问题。这样，把学生探究的欲望兴趣激发出来，为探究性学习的深入打下坚实的基础。

2. 培养质疑习惯

"综合与实践"的学习，不同于其他内容的学习，要使学生真正成为探究学习的主体，光有探究问题的意识远远不够，还要在不断地探究学习中，养成良好的质疑习惯。

（1）重视主体感悟

可在学生感知综合与实践活动中，根据活动内容，适时创造机会，让他们想一想，议一议：是什么问题，怎样解决？怎样处理最好（或选哪一点为突破口进行深入探索）？教师大胆地把学习的主动权交给学生，学生得到了主动权，就会以昂扬的情绪给进入最佳的学习状态。

（2）重视个性张扬

能否提出问题是思维能力、创造能力高低的表现，但只要能提出问题（不管是什么问题）就说明学生在积极思考，在努力创造。教师要尊重学生的个体差异，引导他们积极思考，鼓励他们根据个人经验提出自己的问题。对提出问题有困难的学生，教师可示范性地提出与之思维水平相联系的问题供学生讨论，引导他们融入学习群体之中。让每一类学生、每一个学生都有充分展现自我的机会。这就需要教师充分信任学生，真心鼓励学生根据自己的情感体验去阅读、去思考，按自己的思路去发现疑问、提出问题。学生想提什么就提什么，想提多少就提多少，只要学生自己能"动"起来。

（3）重视合作攻关

学生提出的问题难易程度参差不齐，有难以究其因的，也有浅显不值得探究的，此时教师要在鼓励他们、保护他们积极性的同时，充分引导他们发挥集体的力量，对问题进行分析归纳，选择适应自己认知水平的问题进行个体探究，较难问题开展集体攻关，发挥团体优势，培养学生的合作意识：小组交流、同类合并、归纳整理，使问题有明确的出发点和针对性，便于指向探究的目标。这里需要特别说明的是小组长由学优生担任，能组织组员充分发言，能归纳整理发言要点，能做中心发言人（或指导中心发言人）概括表达组员的中心问题，使问题有一定的价值取向。

3. 培养质疑方法

学生一旦对所学内容产生兴趣，便会主动探究，并在探究过程中发现问题，继而提出问题。但是，学生在提问时往往不能准确抓住要点提问。心理学家弗雷得和施瓦茨说："学生提出高水平的问题会对知识的理解更加深入，保持也更为牢固，但如果不经过教学指导，即只能提出低水平的问题。"可见，要想提高学生质疑的质量，教师要给学生加以引导点拨，教给学生质疑的方法。

（1）在问题困惑处质疑

在学生进行"综合与实践"活动的过程中，他们随时会遇到问题，这时，教师要抓住时机，及时判断问题的价值并引导学生围绕有价值的问题展开深入探究。这样，就让问题学生产生深入学习的线索与动力。

（2）在矛盾冲突处质疑

在学生学习与活动的过程中，特别是在汇报交流的环节，教师要密切关注学生面对不同信息的意识与能力。特别是当各小组（或个人）汇报的结果不同时，要及时引发学生质疑。通过质疑，澄清不同结论背后的原因，加深对问题本质的理解。

（3）在活动总结处质疑

活动总结，虽是数学活动的尾声，却是一个举足轻重的环节。一个好的总结，不仅能引导学生从知识、技能、思想、方法、情感等方面予以总结与反思，更重要的是能引发新的问题与思考，能激励学生从一个成功走向另一个成功。

4. 质疑问题的"三性"

在引发学生质疑的过程中，应注意以下三性：

（1）现实性

数学问题应源于生活或生产实际，不是空洞的，人为制造的，而是让学生感到可亲且富有情境的。由于问题背景紧密联系生产和生活实际，能使学生感到数学就在自己身边，所以能够最大限度地激发学生浓厚的学习兴趣，增强学生运用数学的意识。面对现实性数学问题，学生相互交流非常自然、及时、投入，学生的思维能够与日常思维接轨或相匹配。由此激活学生已经形成的数学知识和经验，调动学生内部已经形成的经验、策略、模式。这样学生就能更好地、更自如地产生一个个想法，在这种广泛的迁移中，对数学问题就会有一种深入的感受和认识，对学生来说，他们得到的不仅仅是知识，更重要的是求知欲望的满足和创新思维能力的提高。

（2）挑战性

具有挑战性的问题应坚持做到变中求知、平中出奇、引入矛盾对比、多重设问、逐层深入，引发学生弄清问题的强烈欲望。在提问中问题不能过于简单，尽量少使用"对不对、是不是……"等诸如此类的提问。提倡设计具有开放性的数学问题，其特点是问题可源于教材，可源于生活，可源于教师，也可源于学习主体 —— 学生。教师要善于启发引导学生自己提出问题，这有利于全方位地培养学生的数学意识。

（3）延展性

问题并不一定在找到满意答案时就结束，所寻求到的解答可能暗示着可以对原问题的各部分作种种变化，并把问题的答案引向一般，以获得更多的东西，同时也预示着引出一些问题。即使在一堂课结束的时候，教师的结语也不应是"这就是我们要研究的问题"，而应该是"大家可以继续思考这一问题"。只有不断生成新问题的课堂，才会有"绕梁三日"的效果。

第八章 小学数学教学评价

第一节 小学数学教学评价的基本问题

一、小学数学教学评价的对象

相关标准指出：评价的主要目的是全面了解学生数学学习的过程和结果，激励学生学习和改进教师教学。评价应以课程目标和课程内容为依据，体现数学课程的基本概念，全面评价学生在知识技能、数学思考、问题解决和情感态度等方面的表现。因此，小学数学教学评价的主要对象是学生。另外，对教师教学的评价也是小学数学教学评价的重要方面。

（一）小学生数学学习评价

小学生数学学习评价应包括以下四个方面：

①基础知识和基本技能的评价 —— 主要包括数学概念、法则、过程、计算方法、解决简单问题的数学活动经验等。

②数学思考的评价 —— 主要包括数感、符号意识、空间观念、几何直观、数据分析观念、运算能力、形象思维能力、抽象思维能力、合情推理和演绎推理能力、表达能力、独立思考能力等。

③问题解决的评价 —— 主要包括发现问题和提出问题的意识和能力、分析问题和解决问题的能力、创新和实践的能力、解决问题的基本方法、合作与交流的能力、评价与反思的意识等。

④情感态度的评价 —— 主要包括学生参与学习活动的情况、学习的习惯与态度以及学习兴趣与自信心、实事求是的科学态度等。

（二）小学数学课堂教学评价

小学数学课堂教学评价的出发点是促进学生和教师的发展，通过多种评价方式，获得真实的评价信息。评价的目标主要包括：

①教学目标是否符合相关标准的要求，是否明确、具体、具有可操作性和可测性，是否体现以学生为中心、关注学生的发展。

②教学内容是否符合相关标准中的课程内容，是否围绕教学目标选取，是否适合学生的承受力和发展需求。

③教学方法是否恰当合理，并能提高教学效率和学生学习兴趣。

④学生的参与度与参与面是否足够深广。

二、小学数学教学评价的功能

小学数学教学评价的功能主要体现在以下五个方面：

（一）导向功能

所谓导向功能是指教学评价对实际的教育活动有定向的引导作用。数学教学评价不仅指引着数学教学，而且指引着学校的办学方向。过去那种选拔性的评价导致应试教育的产生，当今提倡的促进学生全面发展的评价必将强化素质教育的理念，同时促进素质教育的发展。

（二）诊断功能

所谓诊断功能是指教学评价能对教育活动中存在的问题进行揭示与分析，找到症结和原因所在，进而指出改进和补救的建议。小学数学教学评价的诊断功能可以帮助小学生了解自己的数学学习状况，可以帮助教师了解自己的教学是否有效，可以检验课程是否科学合理。诊断既包括对学生学业成就、学习潜能等多方面做出诊断，为因材施教、因生施教和人才选拔提供依据；也包括对教师的教学态度、教学水平做出鉴定，为人事决策提供依据；还包括对课程的改进提供依据。

（三）信息反馈功能

评价本身是一种信息。一方面，把信息反馈给教师，使教师参照教学目标，了解自己过去的教学是否有效，以便判断在今后的教学中要做哪些调整，使教学更有效；而且，教师通过反馈的信息，了解学生学习过程中存在的问题，以便给学生提供建议。另一方面，把信息反馈给学生本人，使学生了解自己学习方面的强项和弱点以及自己学习效率如何，为自我评价提供信息。第三方面，给家长、学校及主管教育部门提供信息，可以促使家长和学校共同努力，有针对性地帮助、启发和教育学生，以提高教学质量，并促使学校和教育主管部门做出更好的教育决策。

（四）反思功能

所谓反思功能是指被评价者通过评价活动进行自我反思，重新发现问题和进行更有效的改进活动，发展自己的反思能力。当代教学评价强调被评价者的参与，而评价常会对学生产生不同程度的压力，适当的压力有助于调动学生的内在动机，使其成为自觉的反思者，认真总结过去，谋划未来，不断提高反思能力。

（五）激励功能

所谓激励功能是指通过教学评价使被评价者在正确认识自己的优势与不足的基础上，从正、反两个方面受到激励，增强发展的积极性和主动性。由于数学教学评价采用真实的、积极向上的、鼓励表扬的方式，所以评价在学生和教师中都会产生适当的压力，而适当的压力会转化为学和教的动力，它有利于调动学生学习数学的兴趣，有利于培养学生学习数学的自信心，有利于促进学生已有水平的发展，当然，也有利于提高教师从教的热情，有利于提高教师的教学水平。

三、小学数学教学评价的方法

小学数学教学评价的方法分为分量化评价和质性评价两种。第一学段采用以质性评价为主的方式；第二学段采用量化评价与质性评价相结合的方式。

（一）量化评价的方法

量化评价的方法主要是对成功与失败、好与坏的量化，强调精确度、信度、效度。它主要采用测验、实验、调查、统计等方法对教学进行评价。量化评价的方法简便易行，容易操作，具有具体性、精确性和可验证性等特点。

测验作为量化评价的主要方式，其优点是逻辑性强，标准化和精确化程度较高，结论也更为客观和科学。然而，影响、制约教学的变量很多，所建立的量化指标体系只能考虑有限的几个变量，容易忽略教学中那些不可测量的重要方面，从而影响教学评价的信度。

（二）质性评价的方法

随着建构主义时期的到来和社会批判思潮的兴起，人们对量化评价的实际功效产生了怀疑。依靠一系列测量所得到的数据不能对现象，特别是现象背后的原因做出合理、真实的解释。在对量化评价所存在缺陷的批评与反思中，质性评价的方法逐步兴起并被广泛地运用于教育评价的各个领域。质性评价方法力图通过自然的调查，全面、充分地揭示和描述评价对象的各种特质，以彰显其中的意义，促进理解。其实质意义在于，强调教学评价不仅要评价对象的行为变化，更要注重行为背后蕴含的特殊的文化意义，试图解释行为产生的原因。小学数学教学的质性评价方法主要有：观察法、访谈法、成长记录袋等方法。

第二节　小学数学教学评价的基本理念

一、多元化评价

传统的小学数学教学评价过于强调教师对学生、学校对教师的单向评价，被评价者处于被动地位。教师对学生的评价就是纸笔测验，其长处在于检测学生的双基，学生分析问题、解决问题的能力，空间想象能力，以及计算能力等，对于学生的其他能力（比如发现问题、提出问题的能力，合情推理的能力等）以及学生学习数学的情感态度等方面的评价没有顾及。其评价目的在于甄别和选拔。这种单向的、单调的评价方式，既不利于学生的发展，也不利于教师的成长，因此，要进行多元化的评价。

小学数学教学评价的多元化包括：

①评价主题的多元化，指将教师评价、自我评价、学生评价、家长和社区评价结合起来；

②评价方式的多元化，指量化评价与质性评价相结合，书面与口头相结合，课内与课外相结合，结果与过程相结合等；

③评价内容的多元化，指知识技能、数学思考、问题解决、情感态度以及身心素质等内容的评价；

④评价目标的多元化，指对不同学生有不同的评价标准。

针对学生的多元化评价应以促进学生持续、和谐、健康、全面发展为目的。

针对教师的多元化评价应以促成教师专业成长为目的。

相关标准给出了如下的评价建议：评价不仅要关注学生的学习结果，更要关注学生在学习过程中的发展和变化。应采用多样化的评价方式，恰当呈现并合理利用评价结果，发挥评价的激励作用，保护学生的自尊心和自信心。通过评价得到的信息，可以了解学生数学学习达到的水平和存在的问题，帮助教师进行总结与反思，调整和改进教学内容与教学过程。

二、发展性评价

现代教学评价的功能已经不再是证明，而是促进。发展性教学评价是形成性评价的衍生与深化，它着力于促进人的完美和发展，并以人格建构和智慧生成作为评价的最终目的。

发展性教学评价的基础和核心是强调评价、课程、教学三结合。这里仅介绍发展性学生评价和发展性教师评价。

发展性学生评价是以促进学生的全面发展为根本目的的学生评价理念和体系。它应基于一定的培养目标，并在实施中指定明确、具体的阶段性发展目标；发展性评价的根本目的是促进学生达到目标，而不是检查和评比；发展性评价注重过程和学生发展的全面性；倡导评价方法的多元性、关注个体差异，而且注重学生本人在评价中的作用。

发展性教师评价充分体现了如下理念：评价以促进教师的专业发展为目的，强调教师在评价中的主体地位、民主参与和自我反思；重视教师的个人差异，并且主张评价主体多元化，多渠道为教师提供反馈信息。

发展性学生评价的最终目的在于促进学生在知识技能、数学思考、问题解决、情感态度等方面的发展。在知识技能的评价方面，传统的评价指向学生对形式化、概念、定理的表述与运用，学生复杂的数值计算技能以及多种类型、多种套路的解题技巧等"纯粹"的数学基础知识与基本技能；而发展性学生评价则指向一个公民应具备的基本数学素养，指向学生数学学习的过程，指向四基和四能。在数学思考的评价方面，传统的评价主要是用"纯粹"的数学题来对学生进行考查，而数学题中有相当一部分是非思维性的；而发展性学生评价则指向学生数学的思考，强调思维成分的重要性。在问题解决的评价方面，传统的评价主要是通过"纯粹"的数学题对学生进行分析问题和解决问题能力的考查；而发展性学生评价则指向学生发现问题、提出问题、分析问题和解决问题的能力，以及创新意识和能力、与人合作交流能力、评价与反思的意识和能力等。在情感态度的评价方面，传统的评价过于注重甄别与选拔，几乎没有涉及学生的情感与态度；而发展性学生评价非常强调通过数学教学活动来调动学生学习数学的兴趣，培养学生实事求是的科学态度、克服困难的信心与学好数学的自信心等。发展性评价的终极追求是促进学生的数学基本思想、数学基本活动经验、数学基础知识、数学基本技能、数学思考、问题解决、情感与态度等的有机整合，形成健全的人格与丰满的个性。

三、过程性评价

过程性评价是一种在课程实施过程中对学生的学习进行评价的方式。学生的学习，包括前期的准备状态和预期目标、学习中的各种思考与活动的过程、学习后得到的结果，是一个不可分割的整体，不能将学习过程与结果分离，因此，过程性评价是目标、过程、结果相统一的评价。

过程性评价与形成性评价在理念上有本质的区别。在价值取向上，形成性评价虽然对学习过程有一定的关注，实际上还是属于目标取向，衡量的是一个较短的时段的学习效果与教育教学目标的一致性。过程性评价既重视学习成果的价值判断，同时注意到学习的过程也是反映学习质量水平的重要方面，强调过程的价值，采取目标性、过程性和结果性相统一的取向。在评价内容上，形成性评价虽也列出情意领域的学习效果目标，但这类学习效果是渗透在学习过程中的，不关注学习过程的本身，就无法评价这种体现在学习过程中的成果。因此，形成性评价实际上只是评价了智能领域和动作技能领域的目标，主要是相关的知识和技能的掌握。过程性评价主张凡是具有教育价值的结果，都应当受到评价的支持和肯定，主张对学习动机态度、过程和结果的评价，强调对过程的关注，设计多种力图展示学习过程的评价工具。在评价方法上，形成性评价更倾向于量化的评价工具，强调客观性试题和标准化测验。过程性评价既支持对学习成果进行必要的量化测量，同时倡导更加重视质性的方法。在评价的功能上，形成性评价注重评价的诊断作用。过程性评价则重视评价在确认学习质量、回流导向和学会评价等三个方面的功能。在评价主体上，形成性评价没有注意发挥学生的主体作用，学生只是被评价的客体、被诊断的对象，是被动的。过程性评价主张评价主体和客体的整合，通过师生间共同的参与、协商和交往的过程，共同判断学习进程，评价学习成果的价值，不断地进行反馈从而使学习过程得到不断的优化，同时也共同构建对评价的理解和把握。

由于数学学科的特殊性，数学过程性评价主要包括以下四个方面。

（一）学生参与数学活动程度的评价

对参与程度的评价，应从学生是否积极、主动参与和有效参与等方面进行考察。考察时可采用调查报告、活动记录、探究后的反思、感悟与总结等形式。

（二）合作交流的意识与能力的评价

对合作交流的意识和能力的评价，应关注学生是否主动地与同学合作，是否认识到自己在集体中的作用，是否愿意与同伴交流各自的想法；交流时表达是否清楚、流畅、简洁；表达的思路是否清晰，条理是否分明，逻辑是否严密，能否在小组间起调节、组织的作用，使全组同学进行有效的沟通。

（三）数学思维与发展水平的评价

对数学思维与发展水平的评价主要是对学生学习数学思维过程的评价，不仅要关注学生是否能积极主动地独立思考，更要关注他们在学习过程中所表现出来的数学思维意识、思维能力、思维方法等。教师可以通过平时的观察记录、课堂提问、交流讨论、作业分析、考试测验等了解学生思维的独立性、灵活性、广阔性和创造性以及思维的深刻性与批判性等思维品质，考查学生是否有发现问题和提出问题的意识和能力，是否有分析问题和解决问题的能力，是否有对问题解决的过程进行反思、质疑的能力，是否有对问题与结论作进一步推广的能力等。

（四）对学生情感与态度的评价

情感与态度作为非智力因素，直接诱导与决定着学生的学习行为，所以对人的发展具有十分重要的作用。情感与态度与知识技能、数学思考、问题解决是有机的整体，是不可分割的。在教学中必须关注学生数学学习中情感与态度的体验，可以通过实践活动、解答问题、学生的数学日记来观察。即考查学生在解决问题时的自信心，勤奋、刻苦、反思、质疑等良好的意志和实事求是的科学态度。

第三节　小学数学教学评价的基本方法

一、小学数学课堂教学评价的基本方法

要对小学数学课堂教学进行评价，首先要弄清楚小学数学课堂教学评价应该包括哪些要素，其次要掌握基本的评价方法。

（一）小学数学课堂教学评价的要素

经过人们的研究，小学数学课堂教学评价的要素应该包括：教学目标、教学内容、教学方法、课堂教学气氛、课堂上的师生关系、教师行为、学生行为、教学效果等。

1. 教学目标

教学目标是教学活动的出发点和归宿，也是预先想要达到的结果。在课堂教学中，教学目标对教师与学生的行为具有规范和约束的作用。任何远离目标或脱离目标的教学都应视为无效。教学目标包括知识技能、数学思考、问题解决、情感态度四个方面。

2. 教学内容

教学内容不仅包括教材所呈现的内容，也包括教师把生活中与教学目标相关的事物纳入课程教学中成为教学的资源，以及教师创造性地使用教材，把教材及相关内容还原为学生易于理解的教学内容。在处理教学内容时，首先，教师要根据本节课的教学目标确定内容和范围；其次，教学内容的安排应该有科学性（符合学生的认知规律，符合教学内容的系统性和逻辑性等）。

3. 教学方法

教学方法作为教师与学生在课堂教学中相对固定的行为方式，是课堂教学评价中的重要因素。教学方法的选择要依据不同学段的要求，灵活地选择不同的教学方法和教学手段，并且重视各种教学方法的有机结合，讲求实际效果，坚持启发式、参与式教学，充分发挥学生的主体作用。

4. 课堂教学气氛

课堂教学气氛是否活跃，直接影响着教学效果。学生积极参与教师设计的各种活动，勤于思考，积极回答问题，大胆提问，合作交流，教师及时点评等，这样的课堂，教学效果肯定会更好。

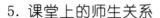

5. 课堂上的师生关系

课堂上的师生关系包括教师和学生间的关系，学生和学生间的关系，小组和小组间的关系，这些关系是否融洽，直接影响着教学效果。比如，教师和学生体现出互相尊重、地位平等的交流，则课堂气氛轻松，学生没有紧张感，更没有过多的压力，课堂为学生营造了良好的学习空间。

6. 教师行为

教师是课堂教学活动的组织者、参与者和引导者，他在课堂教学中的行为会直接影响课堂教学的效果。比如，教师的专业知识、教育教学相关知识、教育教学能力以及教师的人格魅力等行为特征都是进行有效教学的条件。

7. 学生行为

学生在课堂上的行为表现，包括学生的学习行为、学生与教师的交流行为、学生与学生的交流行为等，这些都是教学过程的组成部分，可以衡量一堂课的成败。比如，学生积极地独立思考、积极地与人交流合作、有积极的情感投入与良好态度的养成、在学习过程与教师和学生有平等的对话和沟通、在学习过程中进行自我监控并参与评价的过程等。这些都是学生在课堂上的良好行为。

8. 教学效果

教学效果主要是指运用多种评价方法，通过教学过程的反馈信息检验教学目标达到的程度，包括知识技能、数学思考、问题解决、情感态度四个方面的达成度。

（二）小学数学课堂教学评价的基本方法

小学数学课堂教学评价的基本方法有：观察法、访谈法、测验法、问卷调查法、表现性评价等。

1. 观察法

观察法是指研究者或观察者带着明确的目的，凭借自身感官（如眼睛，耳朵等）及有关辅助工具（如观察表、录音录像设备等）直接或间接（主要是直接）地从课堂情境中收集资料，并依据资料做相应研究的一种科学研究方法。观察法简便易行，操作灵活，能够在短时间内获取大量的原始资料。观察法也有本身不可避免的弊端（如与观察者的情绪、态度、水平、洞察力、鉴别力等有关），因此，对同一件事情的观察，因人而异会得出不同的结论。

课堂观察的基本步骤分为三个阶段：观察前、观察中和观察后。

（1）观察前。要明确观察的目的和必要的规则。没有目的的观察肯定是低效的。例如，要评价数学课堂上教师提问的质量，那么观察的中心就集中在教师身上，对教师所提的问题以及学生的反应加以记录。另外，要设计和选择适当的记录方法，才能保证收集到所需要的信息。

2. 访谈法

访谈法是评价者通过与被评价者面对面地交谈来收集资料、了解情况的一种方法。在小学数学课堂教学评价中，访谈法一般在课后进行。访谈，不仅是评价者向被评价者了解信息的有效渠道，也是评价者与被评价者进行沟通的最佳途径。访谈时，评价者能够充分尊重被评价者的观点和意见，鼓励被评价者畅所欲言，使评价者能收集到真实的信息，了解到真实的情况，使被评价者感到自己受到了理解和尊重，增强对评价活动的信任感，积极参与到评价中来，有利于进一步改进课堂教学。

访谈法的步骤有三个：制订访谈计划、正式访谈、整理和分析访谈结果。这里主要介绍访谈计划的制订。

在访谈前，首先要明确访谈的目的和主要内容。一般来说，访谈的目的主要有以下几点：

①了解教师的教学设计。看教师是否经过独立思考，是否有创新和自己独特的见解。

②了解教师的教学目标。评价应参考教师的教学目标进行，一是看教师的教学目标是否符合相关标准的要求，是否符合学生的认知规律；二是看教学过程是否达到了教学设计的目标要求。

③了解教师自己对这节课的评价。评价应该从多角度进行，不仅要有外部的评价，还要有教师自评。教师是教学的实践者，对教学过程有旁人不能替代的体会和心得，要进一步改进教学，必须有赖于教师自己对问题和不足的认识。

④了解教学的背景，包括教学内容的前后联系，教师和学生的基本情况等。背景情况能增进评价者对教学设计和教学过程中的理解，从而使评价结果更可靠，更有针对性。

其次是拟定访谈问题。要根据研究的目的，初步拟定访谈问题。要注意问题措辞的通俗性、中立性以及层次性。

教师访谈参考提纲：

①教学目标和教学设计。你这节课的教学目标是什么？你希望学生在这节课中学会什么？你做了哪些设计来达到这一目标？为什么要这样设计？

②在教学过程中，你是否根据学生的反应调整教学策略？做了哪些调整？

③课的背景。包括这节课与前后教学内容的联系，与单元教学内容的关系。

④教师基本情况。包括教育与培训经历、教学经历等。

⑤学生基本情况。包括教师对所教班级学生能力的总体印象，学生之间的差异。

⑥教师对教学的自我评价。你自己对这节课满意吗？与平时的课相比怎样？你认为这节课的成功之处在哪里？哪些达到了你设计的目标要求？你认为还有什么需要改进的吗？

学生访谈参考提纲：

①教师上课的内容，你都能听懂吗？

②你认为教师讲的内容能使你举一反三吗？有启发性吗？

③教师的讲课有趣吗？

④课堂上教师让你参加一些有趣的活动了吗？

⑤课堂上你都解决了哪些比较复杂的问题？

⑥你和其他同学认真讨论交流意见了吗？你们是怎样进行小组合作的？

⑦下课后，你有兴趣思考教师在这节课中讲的内容或题目吗？

⑧你能独立完成教师这节课布置的作业吗？

⑨你能说出这节课的内容与实际生活的联系吗？

最后，还需安排问题呈现的次序（简单的问题放在前面，复杂的问题放在后面）、确定访谈的方式和程序（采用单独访谈还是不同规模的分类座谈）以及确定访谈时间表等。

3. 测验法

测验在数学课堂教学评价中有着重要的作用。它是对学生进行的一种随堂快速调查，通过编制简单的测试题来了解学生对教学内容的掌握程度。评价者根据课堂教学目标和该节课的重点及难点，编制一些测试题，在下课前或者下课后，用几分钟的时间，或者要求全部学生回答，或者要求部分学生回答，以了解学生对教学内容的掌握情况。测验可以是书面测验，也可以是口头测验。

设计课堂测验包括以下几个基本步骤。

①明确测验目的。测验的目的一般有两种：一种是教学之前进行的测验，其目的是教师用于了解学生是否具备学习新知识的能力；另一种是教学之后的测试，其目的是考查学生对教学内容掌握的程度。

②编写测试细目表。细目表的编制有这样几个步骤：列出教学目标；列出教学内容要点；列出具体任务。例如，对"同分母分数加法"的测验，就可以这样：

同分母分数相加，结果小于 1（$\frac{1}{3} + \frac{1}{3}$）；

同分母分数相加，结果等于 1（$\frac{1}{3} + \frac{2}{3}$）；

同分母分数相加，结果大于 1（$\frac{2}{3} + \frac{2}{3}$）；

同分母两分数相加，并化简（$\frac{4}{6} + \frac{4}{6}$）；

同分母多分数相加，并化简（$\frac{1}{8} + \frac{5}{8} + \frac{6}{8}$）。

③编制试题。课堂测验的试题分为两类：客观题和主观题。客观题包括判断题、选择题等。主观题包括简答题、作图题等。

④测验的实施、测验结果的分析以及使用。这是最后一个环节。

小学数学课堂教学中使用的测验，其主要的使用价值在于确定学生对课堂教学内容的掌握程度，最根本的作用在于诊断学生的学习情况，改进教师的教学方式。

4. 问卷调查法

问卷是指对所有的抽样调查对象提出若干个同样问题的书面调查材料。问卷在教育研究中主要用于搜集那些不能通过直接观察得到的信息资料。问卷调查法主要用来调查人们的情感、态度、动机、成就以及经历等。

问卷调查法的优点是花费时间少而且成本低。问卷调查法的缺点是问卷的方式不能深入调查出答卷人的真实情感和观点，而且问卷一旦发出，即使某些答卷人对有些问题不太清楚，我们也无法去修正它们。因此，设计问卷要尽量详细具体，而且在发放之前，要进行小范围的测查，以修改那些不够具体、不够恰当、难以回答的问题。

小学数学课堂教学评价的问卷调查法，其主要步骤是：问卷调查前、问卷调查中和问卷调查后。

①问卷调查前。问卷调查是有目的的研究活动，弄清楚自己的调查目的才能搜集到确切有效的资料，才能达到预期的目标。调查目的确立之后，就要选择研究对象，研究对象的选择与研究者的实际情况要结合起来，一般可以在研究者的班级进行调查。此外，要搞好问卷设计，问卷设计的前提是对调查的对象有一个很好的了解，以便用他们能理解的语言，获得你所需要的信息，而且题目的设计可以激发他们的兴趣，使他们积极地回答。问卷的题目可以是封闭式的，也可以是开放式的。

②问卷调查中。预先测试问卷是问卷调查的必要前奏。你应该从计划调查对象的人群中选一个样本进行测试，对发现的问题进行修改，直到全部或绝大部分参加预测者准确无误地理解这些问题为止。小学数学课堂教学评价的问卷调查的具体实施环节是比较简单的。

③问卷调查后。问卷调查之后，就要对问卷数据资料进行分析，然后得出结论。

5. 表现性评价

表现性评价指通过观察学生在完成实际任务时的表现来评价学生已经取得的成绩。它重新回归于学生在课堂教学中完整而真实的生活，强调在完成实际任务的过程中评价学生的发展，不仅评价学生知识技能的掌握情况，更重要的是评价学生在创新能力、实践能力、与人合作的能力以及健康的情感、积极的态度、科学的价值观等方面的发展情况。

表现性评价的步骤主要有：确定评价内容和评价标准、设计表现性任务、预计问题的答案。

①确定评价内容和评价标准。表现性评价是对学生在完成任务时的具体行为表现的评价，因此，必须事先确定评价的内容，并将它分解为构成表现性评价成果的可观察的具体行为，制定评价这些行为优劣的标准。

②设计表现性任务。表现性任务就是在表现性评价过程中评价者要求学生完成的任务。因此，能否设计出表现性任务是保证评价的重要前提。而不同年龄、不同经验、不同文化背景的学生对真实问题的理解有很大的差异。在实际运用中，要根据实际的条件和学生的需要来设计和开发表现性任务。表现性任务并不是单纯地让学生进行游戏，也不仅仅是一个活动，其目的是从多个维度评定学生的学习情况。

③预计问题的答案。事先要尽可能多地预计问题的答案，并大致写出各种答案的步骤。因为表现性评价面临的是真实性较强的问题，是开放性的，答案多样化的。

二、小学生数学学习评价的基本方法

小学生数学学习评价是指有计划、有目的地搜集有关小学生在数学知识、使用数学的能力以及对数学的情感、态度、价值观等方面的证据，并根据这些证据对小学生的数学学习状况或某个课程或教学计划做出结论，并进行价值判断、做出改进的过程。小学生数学学习评价的基本方法可分为：考试型评价和非考试型评价。

（一）考试型评价

不管我们如何将教学与评价整合在一起，考试始终是评价的一个重要组成部分。考试型评价可分为：考试前、考试中和考试后。

1. 考试前

编制试题是考试前的准备工作，也是考试型评价的重要前提。编制的试题是否符合《标准》的要求，是否反映教学的目标，是否符合学生的实际水平，将会影响考试的结果，从而影响教师对学生学习的评价，影响学生对自己学习情况的比较真实的了解。因此，科学地编制试题是考试型评价的重要环节。编制试题的步骤是：

（1）确定考试目标

在编制试题之前，首先要明确考试对象是几年级的学生，要考学生什么，相关标准的要求是怎样的；其次要明确所编试题是用于单元测试，是用于期中考试，还是用于期末考试。

（2）对考试的总体设计

包括对考试的内容结构、题型，以及侧重点等的设计。例如，为考查学生从具体情境中获取信息的能力，可以设计阅读分析的问题；为考查学生的探究能力，可以设计探索规律的问题；为考查学生解决问题的能力，可以设计具有实际背景的问题；为考查学生的创造能力，可以设计开放性的问题。

（3）编制试题

编制试题要求教师有很高的数学专业知识、有丰富的教学经验、有大量的资料、有一定的命题经验等。试题编制完后，还要制定出参考答案和详细的评分标准。

（4）测试与修改

对于已经编制出来的试题，虽然在内容和形式上符合要求，但难度如何，区分度怎么样，都必须进行测试。对测试中发现的问题要进行修改。一套试题，必须具备以下质量标准。

①难度。一道试题对考生实际水平的适应程度，亦即一次考试中答对或通过某道试题的考生数在其总体中所占的比例叫作难度。国际上在计算难度时有一个通用的公式，即样本考生在该题中所得分数的平均数除以试题的满分值，即

$$p = \frac{\overline{x}}{\omega} \tag{8-1}$$

其中 p 表示难度（国内也有把 $q=1-p$ 称为难度的），也叫难度系数，X 为考生在某题上得分的样本平均数，ω 为该题的满分值。

从公式（8-1）知，难度系数在 0 ~ 1，难度数值越大，表示题目难度越小。难度过大或过小都不利于反映考生的实际水平。

在一套试题中，各道题的难度最好分布在 0.3 ~ 0.8，每套题的平均难度多控制在 0.5 ~ 0.6。

难度反映了一道题的难易程度，是评价试题质量的主要指标之一。

②区分度。用一道题区分考生水平的程度叫作区分度，记为 D。进行区分度分析的目的在于检验各题区分能力的强弱，即试题是否能准确区分不同水平考生的差异。

通常，我们是以学生在一次考试中各题的总得分作为其实际水平的指标，因此，考试中某一道题的区分度可以用各人此题的总分与各人总分之间的相互系数来计算。即

$$D = r = \frac{n\sum_{i=1}^{n} x_i y_i - \sum_{i=1}^{n} x_i \sum_{i=1}^{n} y_i}{\sqrt{\left[n\sum_{i=1}^{n} x_i^2 - \left(\sum_{i=1}^{n} x_i \right)^2 \right]\left[n\sum_{i=1}^{n} y_i^2 - \left(\sum_{i=1}^{n} y_i \right)^2 \right]}} \tag{8-2}$$

其中 D 为区分度，r 为相关系数，x_i 为某题个人得分，y_i 为个人总分，n 为总人数。

当 $D > 0$ 且值越大时，说明此题的区分度较大；当 $D=0$ 时，说明此题无区分能力；当 $D < 0$ 时，说明实际能力水平越高，此题得分越低。

计算区分度还有下面的简便方法，它的步骤为：

a.将全体考生按总分从高到低的顺序排列；

b.在两端划分高分组和低分组，即从最高分开始向下把 27% 的考生作为高分组（H），从低分开始向上取 27% 的考生作为低分组（L）；

c.分别求出高分组和低分组中某题的得分率，$P_H = \dfrac{\overline{x_H}}{\omega}$，$P_H = \dfrac{\overline{x_H}}{\omega}$（$\overline{x_H}$ 为高分组的该题的平均分，$\overline{x_L}$ 为低分组的该题的平均分，ω 为该题的满分值）；

d.算出该题的区分度 $D = P_H - P_L = \dfrac{\overline{x_H} - \overline{x_L}}{\omega}$。

区分度也是评价试题质量的主要指标之一。区分度的作用在于挑选优秀题和修订测试题。挑选题目的标准，一般为区分度系数越高，题越好。区分度系数在 0.65 以上的题是非常好的题；区分度系数为 0.4 ~ 0.64 的题是很好的题；区分度系数为 0.30 ~ 0.39 的题是良好的题，若能改进则更好；区分度系数为 0.20 ~ 0.29 的题勉强合格，需要修改；区分度系数为 0.19 以下的题是差题，必须淘汰。

区分度和难度是两个不同的概念，两者间存在一定的联系。若难度太小或太大，则所得结果可能是全体考生都通过或都不通过，这样的题就缺乏区分度，不能反映出考生的能力差异。一般来说，难度适中的题目往往有较高的区分度。

③信度。衡量一次考试可靠性、稳定性的指标叫作信度。信度的高低反映了考试中随机因素影响的大小，一次考试中随机因素影响小则信度大，随机因素影响大则信度小。如果考试中学生猜到了考题，或由于心理、身体因素影响了答卷，都会影响到考试的信度。信度通常用相关系数 r 表示，常把这种表明信度大小的统计量叫作信度系数。它的值在 -1.0 与 1.0 之间。一般要求 r 值在 0.9 以上，如果一份试卷有主观性试题，要求 r 值不低于 0.80；如果考试的信度等于 0，则表示考试测得的质与量完全是随机的。

信度是评价考试质量的主要指标之一，是各种考试必须注重的目标，特别是选拔考试中，更要追求高信度。

④效度。衡量一次考试有效性、准确性的指标叫作效度。如果一次考试，能准确地测试出它所希望考查的内容，就可称为有效的考试。因此，效度实质上是指所考查的与要考查的二者之间相符合的程度。它与信度的区别在于：信度反映了考试中随机误差的大小，而效度反映了考试中系统误差的大小。比如，对司机的考试，应考他驾驶技术如何，对交通规则的熟悉程度如何，排除故障的能力如何等，这就是效度较高的考试。如果考他会不会盖房子，会不会做木工活，就是效度不高的考试。平时应用较为广泛的效度有两种。一是内容效度，它与常说的知识覆盖面密切相关，要提高考查的内容效度就必须对《标准》、教材内容进行系统分析，确定各部分内容所占的比例，根据分析结果编制考查内容和教学要求的双向细目表，明确地指出考试目标，考试的范围、项目和应编出的题数等。二是标准关系效度，它是指根据现有成绩能够预示今后成绩的好坏，或根据标准测验的有效数据来估计现有成绩好坏的有效程度。分析的程度是用考试目标大体相同的两个考试中的一个考试去与作为标准的另一个考试进行比较，求出样本考生在这两个考试中所得分数的相关系数，从而得出不是作为标准的

那个考试的效度。怎样计算效度系数呢？通常是用求积差相关系数的公式。即

$$r_{xy} = \frac{n\sum\limits_{i=1}^{n}x_iy_i - \sum\limits_{i=1}^{n}x_i\sum\limits_{i=1}^{n}y_i}{\sqrt{\left[n\sum\limits_{i=1}^{n}x_i^2 - \left(\sum\limits_{i=1}^{n}x_i\right)^2\right]\left[n\sum\limits_{i=1}^{n}y_i^2 - \left(\sum\limits_{i=1}^{n}y_i\right)^2\right]}}$$

（8-3）

其中 r_{xy} 为测验的效度系数，n 为考生总人数，$\sum\limits_{i=1}^{n}x_i$ 为 x 考卷分数的和，$i\sum\limits_{i=1}^{n}y_i$

为 y 考卷分数的和，$\sum\limits_{i=1}^{n}x_i^2$ 为 x 考卷分数的平方和，$\sum\limits_{i=1}^{n}y_i^2$ 为 y 考卷分数的平方和，

$\sum\limits_{i=1}^{n}x_iy_i$ 为 x 考卷和 y 考卷分数乘积的和。

2. 考试中

这一过程相对来说简单具体。

3. 考试后

试卷评分结束后，教师要进行总结和分析，比如，从评卷中发现了哪些问题，学生的成绩是否服从正态分布，及格率如何、优秀率如何等等。对发现的问题要给学生进行讲评，使学生知道失误和错误所在，知道今后努力的方向。

〔二〕非考试型评价

考试型评价有其优点，同时也存在着不足。例如，考试型评价不能做到对小学生数学能力和情感态度等的有效评价，因此，需要如下一些非考试型数学学习评价方法。

1. 日常检查

日常检查包括口头提问、板演、作业、个别访谈、课堂练习、课堂观察等形式。日常检查不仅可以了解学生对知识技能的掌握情况，还可以了解学生思维的程度、问题解决的过程，以及情感态度的变化等。下面我们着重阐述课堂观察。

课堂观察由于既不加重学生的负担，也便于及时了解学生，因此是一种很好的评价方法。在进行课堂观察时，教师不仅要关注学生知识技能的掌握情况，而且要关注学生思维与方法、情感与态度、交流与合作等方面的形成与发展。

2. 成长记录袋评价

在工作和生活中，一些画家、摄影家、作家、建筑师等用档案袋方法汇集自己有代表性的作品，以向预期的委托人展示自己的技艺和成就。近几十年来，这一方法被广泛应用于教育评价领域，被称为"学生成长记录袋评价"或"档案袋评定"，用于汇集学生在某一方面领域的努力、进步和成就等。

关于成长记录袋评价的定义，国内外尚无统一的定义，但是通过有关学生成长记录袋评价的理论和实践，我们可以看到它在国内外共有的几个特点：

①学生成长记录袋中材料的搜集和选择是有目的的而不是随意的，是与一定的教学目标相适应的。它不是简单地汇集学生的作品，而是有意义、有目的地搜集与学生成长和发展有关的材料。在这一点上，它有别于一般的档案袋。

②学生成长记录袋的基本成分是学生的作品，但同时也包括对学生完成作品过程的描述或记录，还包括学生本人、教师、同伴和家长对作品的评价。

③学生应是选定自己成长记录袋内容的一个决策者甚至是主要决策者。

④学生成长记录袋评价的主要目的是要通过大量材料的搜集和学生本人对材料的反省，客观而形象地反映出学生在某方面的进步、成就及问题，以增强学生本人对自身的反省，提高学生自我评价、自我反省的能力。

设计学生成长记录袋评价的步骤如下。

（1）确定评价对象

对于学生成长记录袋评价，需要确定评价涉及的年级、学生等。如学科中的哪些内容适合用成长记录袋评价？评价哪些学生？这些学生是抽样选取还是选择典型个体？等等。

（2）明确评价目的与用途

不同的学生成长记录袋是与不同的目的联系在一起的。目的不同，搜集的材料就不同。所以，实施学生成长记录袋评价的第二步是明确评价目的。总而言之，学生成长记录袋评价主要有三种用途，并对应三种不同的评价目的：

①展示学生将其最好的或最喜欢的作品装入成长记录袋。这种成长记录袋的内容是非标准化的，允许每个人按自己的意愿选择装入哪些作品。

②反映学生进步这种成长记录袋是一个形成性评价的过程，其中的材料不仅包括学生的作品，还有观察、测试、家长信息、学生的自我评估以及一切描述学生发展过程的资料。为反映学生在一定时间内的进步，装入成长记录袋的并不一定是最好的作品。

③评价工具这种成长记录袋是一个终极性评价的过程，通常作为学生升学、留级与否的参考，也可用于一定时期的总结报告。故其内容通常是标准化的，是根据特定的评价任务而设计的。

（3）确定要搜集材料的类型以及搜集的时间和次数

确定要搜集材料的类型时，须注意以下几点：第一，与评价目的相联系。如果成长记录袋是为了展示，那么只要搜集学生最好的作业样本即可；如果是为了反映学生的进步，就应该搜集能表明学生进步性质与程度的材料，如观察记录、作业样本、测验分数等。第二，与评价内容相联系。第三，要考虑应该将谁的评价放入成长记录袋中。在这一点上，不能教条地理解和落实评价主体的多元化。如果每次作业都让学生自评、同伴评、老师评、家长评，显然会增加不必要的负担，甚至使学生的自评和同伴互评成为学生讨厌的活动，发挥自我评价和反省以及同伴评价的教育功能也就无从谈起。

成长记录袋中搜集材料的时间安排取决于评价的目的。如果目的是展示优秀作品，材料的搜集可以放在任何方便的时候，只要有好作品出现；如果目的是反映进步，就要在长时间内不间断地搜集学生的作品；而如果是为了某一特定选拔目的而生成成长记录袋，就要求在特定的时间，在同样的背景下，搜集所有被评价学生的作业样本。

（4）调动和指导学生积极参与

学生的积极参与是成长记录袋评价的一大特点。学生可能参与的活动主要有：

①选择将什么作品放在成长记录袋。

②撰写成长日志。

③对自己成长记录袋的部分内容进行评价和反思。

④对他人的表现和作品进行评价。

⑤与他人（包括教师、同学、家长）交流和分享自己的作品和进步。

（5）确定给成长记录袋评分的方法

成长记录袋的评分分为两个方面：一是给成长记录袋中所搜集的材料评分，即项目评分；二是对成长记录袋进行总体评分，即综合评分。第一个方面的评分一般在搜集材料时进行，与日常教学评价的方法相同；第二个方面的评分是在成长记录袋中所需要的材料全部搜集完以后进行，而且与日常教学存在很大的区别。成长记录袋的综合评分的设计要注意以下问题。

评分项目的选定：这应与教学目标相结合。

评分方式与标准的确定：成长记录袋的评分宜采用等级制，以便在一定程度上模糊个体之间的差异。如有人将成长记录袋评分的等级划为"优秀表现""可接受表现""需要改进"三个等级。为了评分时有所依据，提高评价的信度，对于每个等级都应制定详细的评分标准。

评分者的选择：这须具体分析。如果在课堂教学评价中应用成长记录袋，则主要由教师来评分；而如果是在学区或更大范围内的评价中运用成长记录袋，则往往由教师组成的评价或网络来评分。对于学生参与评分，应该特别慎重，因为它可能会带来一定的负面影响。

权重的确定：学生成长记录袋的结果应占每学期学生总分的多大比例，是一个非常重要但却没有固定准则的问题。一般说来，在刚开始使用时，成长记录袋评分最好只是作为课程评价的一小部分而引进，在学生总分中的比例不宜太大。待积累一定的经验之后，再逐步提升比例。这样，就可以给教师和学生学习"这种体系"留出时间，避免因孤注一掷而可能带来的各种问题。

（6）制订评价结果交流与分享计划

成长记录袋评价结果的交流与分享是成长记录袋全过程中一个重要的步骤，是发挥成长记录袋的发展性功能的关键环节。因此，一定要事先制订详细的评价结果交流与分享计划。一般来说，评价结束时应把评价结果及时告知学生本人及家长。

3. 数学日记评价

数学日记是让学生以日记的形式记录下他们自己每次对教学内容的理解、评价、意见，包括自己在数学活动中的真实心态与想法。数学日记可以分为课堂日记（课堂中与数学学习相关的一切内容）、生活日记（主要记录孩子们在生活中遇到的感兴趣、并有亲身体验的有关数学的情景）、情感日记（主要记录学生在数学学习中所表现出来的情感、态度发展变化的情况）。可以看出，数学日记的功能主要在于帮助教师多角度地评价学生的数学知识及其思维方式，这样就利于培养学生的自我评价能力、自我监控学习能力以及自我评价能力。

但是，目前数学日记评价在理论和实践方面还是比较欠缺的。原因有二：一是因为教师在批阅时比较费时；二是在传统观念中，写作是语文学科的任务，数学学科的作用是强调学生的推理。

（1）数学日记的内容

数学日记的内容涉及很多方面，大体可以分为：侧重于知识、技能学习的日记；反映学生思考能力和问题解决能力的数学日记；体现学生个性认识和情感方面的数学日记。有些日记可能侧重于以上两个方面或三个方面。只是为了说明问题方便，我们才进行了简单的区分。下面就这几个方面进行说明。

①侧重于数学知识和技能方面的日记。这种日记是关注学习过程中的一些基本的数学概念和原理，用学生自己理解的方式进行陈述、表达。如生活中的数学（涉及平面图形、立体图形、可能性的大小、事情发生的概率等一些基本的概念）。

②侧重于数学思考和问题解决能力方面的日记。这种类型的日记是展示自己在解决问题中的思考过程，如何建立模型、寻求解决问题的策略，并对解决问题进行反思。它有助于评价学生的反省认知的能力。为此可以让学生对数学活动和问题解决的过程进行反思，可以参考下列两种形式。

形式一：列出所完成的数学活动，并对活动进行反思。要求学生对活动以及活动所涉及的问题进行反思。在引导学生反思时，教师可以提出如下几个方面的问题。

a.该活动与你以前进行的活动有什么联系？

b.这个问题与其他学科或现实生活有什么样的联系？

c.你是如何解决这些问题的？

d.对于活动或活动中的问题，你认为哪部分最具有挑战性？你是怎样思考的？

形式二：直接给出学生几个问题，让学生围绕着一系列的问题来展开想象和反思。这些问题是。

a.本周学习中最困难的是哪些？原因是什么？

b.本周你进行了哪些数学活动？请列举其中之一，描述你参与活动的过程和思考的过程。

c.本周你解决了哪些问题？请列举其中两个阐述你解决的过程。

d.本周最难的家庭作业是哪些方面的问题？你是如何解决的（是独立完成、家长协助、还是电话向同学求助）？

在学生写这类日记时，教师要加以引导，并规范写作的一些基本要求。首先让学生用自己的语言确定问题，然后提出解决问题的策略，要注意如下几个方面。

a.列出问题及答案。

b.说明你学习数学的全部过程，包括所有的计算和推理。

c.有效地组织你的材料，尽可能地使用图表、图像、图片，使得文章通俗易懂。

d.语言严谨、推理严密、计算准确，突出核心的数学概念和数学问题。

e.文章整洁、流畅。

③侧重于学生情感、态度方面的日记。教师可以设计一些具体可操作的问题（如下），让学生去进行写作。

a.你对数学活动的哪些方面感兴趣？原因是什么？

b.你在数学活动中遇到了哪些问题？是如何解决的？有哪些情感体验（激动、紧张、高兴、自信、坚持、伤心、失望）？

c.你在数学学习中有哪些成功和不足之处？今后在哪些方面努力？

d.你对数学在人类发展和文化中的作用有哪些认识？

对于最后一个问题，教师可以给出学生一些可以选择的题目，让他们去查找资料并进行写作，以体会数学与人类社会和文化之间的关系。

（2）数学日记的实施与评价

在教学中，教师要注意对学生写的日记予以指导，提出写作的任务和要求，明确写作的要点，加强写作的指导并科学、及时地给予评价。具体来讲主要有这样几个方面。

①明确数学日记写作的目的和任务。在学生记日记以前，列出日记的目标要求。目标有两个方面：一是要求用一些基本的术语、图表、数字和符号等形式来表达；另一方面是要求文章突出核心的数学概念和数学思想，教师应明确等级的要求，这样有助于学生评价自己所处的水平以及所要达到的目标。

明确了目标以后，就要结合具体的情境提出日记写作的任务。如让学生尝试给他（或她）的朋友、父母或邻居写一篇文章，介绍自己学习数学的情况（假设他们都不懂数学）；再如让学生课前写作文，描述自己是如何实现从上节课的内容（或以前的内容）向新课内容（或新知识）转化的；还可以让学生在课要结束的时候写作文，总结所学的知识、方法、能力和体验等。此外，教师还要计划学生日记写作所用的时间，在课堂上完成还是课后作业等方面的问题。

②教师要对学生的日记写作进行指导。首先，数学日记的写作离不开数学语言，教师应先对学生的数学语言进行指导。数学语言包括语义和句法两部分。所谓语义是

指语言的表达式与它表示的对象之间的关系，它揭示了数学表达式的内在数学含义。句法是指语言的形式结构，而不管它的表达意义，也不管它在实际情况中表示什么。数学语言的句法是以逻辑为其基本结构的。先定义各种符号，并在定义符号的同时规定符号之间的正确组合规则。因此，在教学中，应使学生在熟悉数学语言的句法基础上，重视对其语义内容的理解和掌握。学生常常感到将数学语言转化为自己的语言比较困难，除了缺乏这方面的训练外，更主要的原因是缺乏对其语义和句法的理解，与数学语言的句法相比，学生对文字语言的句法更熟悉。

其次，教师要参与学生的数学写作活动，并进行反馈指导。当明确了写作的任务后，教师要和学生及时沟通。看学生在写作时会出现什么问题。学生写完后，教师要及时从学生的日记中获取信息，并及时反馈。

（三）恰当地呈现和利用评价结果

关于小学数学教学评价的基本方法问题，最后还需要强调一点，那就是：恰当地呈现和利用评价结果。相关标准指出：评价结果的呈现应采用定性与定量相结合的方式。第一学段的评价应当以描述性评价为主；第二学段采用描述性评价和等级评价相结合的方式。

评价结果的呈现和利用应有利于增强学生学习数学的自信心，提高学生学习数学的兴趣，使学生养成良好的学习习惯，促进学生的发展。评价结果的呈现，应该更多地关注学生的进步，关注学生已经掌握了什么，获得了哪些提高，具备了什么能力，还有什么潜能，在哪些方面还存在不足，等等。

例如，下面是教师对某同学第二学段关于"统计与概率"学习的书面评语。

王小明同学，本学期我们学习了收集、整理和表达数据。你通过自己的努力，能收集、记录数据，知道如何求平均数，了解统计图的特点，制作的统计图很出色，在这方面表现突出。但你在使用语言解释统计结果方面还有待进步。继续努力，小明！评定等级：B。

这个以定性为主的评语，实际上也是教师与学生的一次情感交流。学生阅读这一评语，能够获得成功的体验，树立学好数学的自信心，也知道自己的不足和努力方面。

教师要注意分析全班学生评价结果随时间的变化，从而了解自己教学的成绩和问题，分析、反思教学过程中影响学生能力发展和素质提高的原因，寻求改善教学的对策。同时，以适当的方式，将学生一些积极的变化及时反馈给学生。

另外，在必要时，教师对部分学生还可采用"延迟评价"（延迟评价是指在平时学习过程中，对尚未达到目标要求的学生，可暂时不给明确的评价结果，给学生更多的机会，当他取得较好的成绩时再给予评价，以保护学生学习的积极性）。

参考文献

[1] 郭力丹.小学数学情境教学研究 [M].福州：福建教育出版社有限责任公司，
2022.05.

[2] 刘东旭.小学数学"好活动"思与行 [M].北京：首都师范大学出版社，2022.05.

[3] 孟庆云.小学数学概念思维能力教学研究 [M].济南：山东大学出版社，2022.04.

[4] 邵汉民，钱亚芳，陈芳.小学数学整体设计的思与行小学乘法教学 [M].上海：上海
教育出版社，2022.07.

[5] 符霞.基于集体备课创新小学数学问题诊断的教学机制与方法 [J].中文科技期刊数
据库（全文版）教育科学，2022（9）：30-32.

[6] 朱松妹.基于课堂观察的小学数学听评课研究 [J].基础教育研究，2022（3）：34-36.

[7] 陈清.小学数学课堂提问的现象剖析及反思 [J].新课程导学，2022（13）：60-62.

[8] 梁小慧.智慧理答，让小学数学课堂充满魅力智慧理答，让小学数学课堂充满魅力
[J].数学学习与研究，2022（31）.

[9] 张丽梅.小学数学课堂"问题导学"策略 [J].名师在线，2022（22）：37-39.

[10] 杨清秀.小学数学课堂教学问题设置探究 [J].试题与研究，2022（12）：170-171.

[11] 蔡小妹.小学数学教学中"教、学、评"的一致性探析 [J].当代家庭教育，2022
（31）：197-200.

[12] 王晓霞."教学评一致性"的小学数学课堂有效实践 [J].新课程，2022（43）：
69-71.

[13] 林谢剑.探究教学评一致性理念下的小学数学教学策略 [J].读与写（下旬），
（12）：127-129.

[14] 王丹.探究教学评一致性理念下的小学数学教学策略 [J].今天，2022（7）：2022
153-154.

[15] 晏长春.小学数学核心素养培养的教学模式探索 [M].沈阳：辽宁大学出版社，
2021.10.

[16] 刘旺，陈素丽.数学关键能力提升教学策略 [M].成都：电子科技大学出版社，
2021.08.

[17] 许卫兵.小学数学教师小学数学整体建构教学 [M].上海：上海教育出版社，2021.08.

[18] 郑祥旦，吴昌琦，陈慧芳.小学数学一课一探究 [M].福州：福建教育出版社有限

责任公司，2021.08.

[19] 陆求赐 . 小学数学教学技能的微格训练分析 [M]. 吉林人民出版社，2021.09.

[20] 汤强，高明 . 实践取向的小学数学教学研究 [M]. 成都：西南交通大学出版社，
2021.07.

[21] 王庄姬 . 小学数学教学实践与探索 [M]. 海峡出版发行集团; 福州：海峡文艺出版社，
2021.08.

[22] 崔文闯 . 积跬步以至千里：小学数学新入职教师研修 [M]. 吉林人民出版社，2021.06.

[23] 师永帅 . 基于新课标的小学数学"教学评一致性"研究 [J]. 理科爱好者（教育教学），
2021（4）：241-242.

[24] 黄益领 . 基于小学数学教学评一致性的课堂教学评价 [J]. 新教育时代电子杂志（学
生版），2021（24）：193.

[25] 陈宝珍 . 小学数学"教学评一致性"背景研究 —— 任务驱动式教学法的应用 [J].
中学生作文指导，2021（11）：181.

[26] 颜景芳 . 站在跳板上学习数学 —— "教学评一致性"教学案例 [J]. 求学（教育研
究版），2021（4）.

[27] 刘相彬 . 浅谈小学数学教学中教学评的一致性思考 [J]. 理科爱好者（教育教学），
2021（4）：199-200.

[28] 李冬梅 . 小学数学教学中"教，学，评"的一致性分析 [J]. 中国科技经济新闻数
据库（教育），2021（6）：36.

[29] 陈雯 . 解析小学数学学习路径 [M]. 长春：吉林大学出版社，2020.07.

[30] 东洪平 . 小学数学教学与研究 [M]. 兰州：兰州大学出版社，2020.

[31] 边淑文 . 小学数学四步教学法的探索与实践 [M]. 济南：山东大学出版社，2020.09.

[32] 林碧珍 . 培植核心素养：小学数学教学与评价 [M]. 福州：福建教育出版社，
2020.01.

[33] 陈进 . 小学数学结构化思维的教与学 [M]. 长春：吉林大学出版社，2020.11.

[34] 吕云峰 . 小学数学高效课堂的建立 [M]. 天津：天津人民出版社，2020.11.

[35] 孔珍 . 小学数学综合实践活动课程：多元设计与校本实践 [M]. 北京：北京理工大
学出版社，2020.07.

[36] 李树军，范桉敏 . 基于大数据下的小学数学课堂构建研究 [M]. 长春：吉林人民出
版社，2020.06.

[37] 孙青媚 . 微课在小学数学创新教学中的应用探究 [M]. 长春：吉林人民出版社，
2020.08.

[38] 马晓兰 . 小学数学课堂教学行为问题诊断策略 [J]. 数学学习与研究，2020（20）：
150-151.

[39] 蒲友强 . 小学数学课堂教学中实验教学的问题诊断及改进策略 [J]. 少年科普报（科
教论坛），2020（9）.

[40] 徐会欣 . 浅谈小学数学课堂动手操作有效性 [J]. 百科论坛电子杂志，2020（3）：474.

[41] 杨秀娟 . 基于问题解决能力培养的小学数学教学研究 [J]. 天津教育，2020（15）：153-154.

[42] 李文静 . 小学数学课堂有效利用生成性资源的策略例谈 [J]. 黑龙江教育（教育与教学），2020（7）：48-49.

[43] 章亮 . 小学数学课堂问题的设计 [J]. 小学时代，2020（7）：70-71.

[44] 钟舒琪 . 浅谈小学数学游戏课堂的实施问题 [J]. 广东教学报（教育综合），2020（94）.